dtv

Eine ungewöhnliche Autobiografie: Zwei Männer, die über vierzig Jahre zusammen leben und arbeiten, erzählen ungeniert von ihrer offenen Zweierbeziehung. In stetem Wechsel geschrieben, vermitteln ihre Geschichten sehr private Erfahrungen, geben aber zugleich persönliche Einblicke in die kulturelle Szene der letzten Jahrzehnte. Über dreißig Jahre berichteten sie als Berater des Medien-Moguls Leo Kirch über zahlreiche Metropolen. Ihr Interesse galt jedoch nicht nur Filmen, sondern auch Büchern und nicht zuletzt der Subkultur, die sie selbst in Moskau und Tokio aufspürten. Obwohl sie ihre sexuelle Präferenz nie verleugnen, widmen sie Frauen wie Männern liebevolle Porträts. Zwar bestreiten die Autoren, daß ihr Lebensweg irgendwie beispielhaft ist, doch erlauben ihre Erfahrungen immer wieder den Vergleich mit der Lebensführung anderer Paare. Ein oft widerspruchsvolles Leben, dem aber Selbstkritik und Komik nicht fremd sind. Das Glück ist kein Haustier – daß es so ist, zeigt diese autobiografische Lebens- und Liebesreise zweier Männer.

Hans Stempel und *Martin Ripkens* leben seit über vier Jahrzehnten in München. Gemeinsam arbeiteten sie als freie Filmjournalisten, schrieben Kinder- und Jugendbücher und drehten Filme. Bei dtv veröffentlichten sie mehrere Anthologien.

Hans Stempel & Martin Ripkens

Das Glück ist kein Haustier

Eine Lebensreise

Deutscher Taschenbuch Verlag

Von Hans Stempel & Martin Ripkens
sind im Deutschen Taschenbuch Verlag erschienen:
›Hyperion am Bahnhof Zoo‹ (dtv 12524)
›Ach Kerl ich krieg dich nicht aus meinem Kopf‹ (dtv 20525)
›Der Engel neben Dir‹ (dtv 20578)

Februar 2003

München
www.dtv.de
Der Gedichtauszug auf S. 93 ist entnommen: Erich Fried,
Es ist was es ist, s. a. Gesammelte Werke, Berlin 1993

Umschlagkonzept: Balk & Brumshagen
Umschlagbild: ›Schlaf in Hollywood‹ (1953) von Jean Cocteau
(© VG Bild-Kunst, Bonn 2002)
Satz: KCS GmbH, Buchholz/Hamburg
Gesetzt aus der Bembo (QuarkXPress)
Druck und Bindung: Druckerei C. H. Beck, Nördlingen
Gedruckt auf säurefreiem, chlorfrei gebleichtem Papier
Printed in Germany · ISBN 3-423-20596-2

Die Stationen

Tous nous serions transformés
si nous avions le courage
d'être ce que nous sommes.

Wir alle würden verwandelt,
wenn wir nur den Mut
zu uns selber hätten.

Marguerite Yourcenar

Der Mann im grauen Anzug

MR. Wer jeden Morgen mit Bus oder Bahn zur Arbeit fährt, lernt bald, in den offenen Gesichtern seiner Mitfahrer zu lesen. Abends aber, auf dem Weg zurück in die häusliche Gewohnheit, ist manches Gesicht schon zur Maske erstarrt. Da ist es gut, ein Buch zur Hand zu haben, wenn es heimgeht von Düsseldorf nach Oberkassel, wo ein möbliertes Zimmer auf mich wartet – so wenig Heimat, dass ich meist zögere, ohne Unterbrechung vom Verlag nach Hause zu fahren.

Doch ich steige nicht nur deshalb am Graf-Adolf-Platz aus, weil ich noch ein, zwei Stunden durch die Stadt flanieren will. Dieser Platz ist ein Verkehrsknotenpunkt in weit mehr als nur einem Sinn: Gleich neben den Bussen nämlich gibt es unter der Erde eine öffentliche Bedürfnisanstalt, im Schwulenjargon Klappe genannt, ein Treffpunkt für alle, die ein schnelles Abenteuer suchen, Sex en passant, etwas für den kleinen Hunger zwischendurch, wie die jungen Schwulen von heute ganz ungeniert sagen.

Dass ich damals, im Juli des Jahres 1957, sehr viel anders gedacht hätte, wäre gelogen; die ganze Wahrheit ist es allerdings auch nicht. Vielmehr hegte ich die Hoffnung – und diese hochtrabende Formulierung ist hier durchaus angebracht –, im Umfeld jener Klappe den Typ wieder zu sehen, der mir tags zuvor aufgefallen war, den anzusprechen ich jedoch für unter meiner Würde hielt.

Sah er nicht aus, als sei er mindestens zehn Jahre älter als ich? Tatsächlich, wir klärten es noch am selben Abend, waren es neuneinhalb!

Der Mann, der mich reizte, trug einen nicht gerade maßgeschneiderten Anzug, der seine Figur mehr verbarg als offenbarte. Er trug keine Ringe an den Händen, Hände, die mir sofort gefielen, wenn er sich mal mit der Rechten, mal mit der Linken durch sein nicht eben fülliges Haar fuhr. Wahrscheinlich war das nichts weiter als eine Geste der Verlegenheit, auch wenn ich mir einbildete, er wolle mich heranwinken. Vergebens wartete ich auf ein deutlicheres Zeichen.

So ging ich gestern fort, vor Augen ein Gesicht, das ich heute vergeblich suchte. Glücklos durchstreifte ich den kleinen Park vor dem Landtagsgebäude, Schwanenspiegel genannt, und nachts durchaus ein geschätzter Jagdgrund für abenteuerwillige Männer jeden Alters. Jetzt jedoch, spätnachmittags, lag er verlassen da, nur ein paar Frauen schoben gleichmütig ihre Kinderwagen. Nach ein paar Minuten verließ ich den Park und ging zum Graf-Adolf-Platz zurück, und da sah ich ihn auch schon. Für eine Weile standen wir uns stumm gegenüber. Ich erwartete, dass er den ersten Schritt tat. Den Kopf schräg nach vorne geneigt, auf mein Buch starrend, sprach er mich schließlich an. ›Die Iden des März‹, las er laut. Erstaunen, so schien mir, mischte sich mit einer Spur von Spott.

Ein tolles Buch, sagte ich schnell, kein historischer Roman, auch wenn der Titel so klingt. Ich redete mich in Rage, gelernt ist gelernt. Drei Jahre Buchhändlerlehre, auch wenn sie kein Zuckerschlecken waren mit einem Chef, dem Literatur eigentlich das Überflüssigste war an diesem Beruf, sie hatten mich fit gemacht für Verkaufsgespräche. Nur: Was bot ich hier wirklich feil? Meinen verehrten Thornton Wilder oder mich selbst? Der Mann im grauen Anzug verzog keine Miene. Hörte er mir überhaupt zu? Sein Outfit, wie man heute sagen würde, verriet nichts über seine Leidenschaften. Lesen musste nicht unbedingt dazu zählen. Sein Kopf, lang und schmal, konnte auch der eines Naturwissenschaftlers sein.

Dass viele Fragen ihn bewegen, sehe ich wohl, aber ich kann sie nicht lesen in diesen grünbraunen Augen, die es mir gestern schon angetan haben. Und da ist auch ein Verlangen, das mehr meint als jene körperliche Umarmung, in der wir später wortlos versinken werden.

Als er dann endlich zu reden anfängt, bin ich verblüfft. Er spricht schnell und bestimmt. Wir sind erst auf dem halben Weg zu seiner Einzimmerwohnung in der Hüttenstraße, die dann für sieben Jahre unsre erste gemeinsame Bleibe wird, und schon weiß ich, wie er die Welt sieht. Dass er gescheit redet, gefällt mir, nur warum ist er gleich immer so schrecklich entschieden? Natürlich bin ich froh, dass ihn Opern, Autos und das neueste Klamottenangebot von Herbert Stock und Konsorten eher gleichgültig lassen. Aber was er mir da, ohne dass ich auch nur mit einem Wort danach gefragt hätte, über den Zustand unseres hoffnungslos vermufften und vermieften Adenauer-Staats erzählt, das hört sich an, als habe Heinrich Böll plötzlich den Ehrgeiz entwickelt, aus seinen sämtlichen Schriften ein einziges Pamphlet zu machen.

Ich wehre mich und fange wieder mit meinem Thornton Wilder an. Hinter der polemischen Verve meines Gegenübers scheint mir eine gewisse idealistische Verkennung der Wirklichkeit zu wohnen, und so lege ich den Finger auf eine Zeile, in der gefragt wird, ob »die bloße Entrüstung den Triumph des Feindes aufzuhalten vermöge«.

Jetzt, denke ich, muss er wohl erst mal durchatmen, aber er lacht bloß und legt mir nahe, vielleicht auch mal Brechts Buch ›Die Geschäfte des Herrn Julius Cäsar‹ zu lesen. So stehen wir, eigentlich ganz anderes im Sinn, mitten auf der Straße und streiten uns; und so geht es uns noch heute, mehr als vier Jahrzehnte danach: Sex hat uns nie entzweit, Geld Gott sei Dank auch nicht, aber wie die Welt einzurichten sei und wie sie denn überhaupt aussieht, das bringt uns noch immer zum Glühen, tagelang.

Versteht sich, dass dieser erste Disput nur kurz ist, unsere Neugier hat ein anderes Ziel. Gern würde ich meinem Mann im grauen Anzug sagen, dass er mir ohne dieses Kostüm viel besser gefällt, aber im entscheidenden Augenblick ist kein Platz für Worte: Wir haben alle Hände voll zu tun. Hinterher, und das nenne ich Glück, liegen wir lange schweigend nebeneinander. Das Fenster zum Hof, eigentlich mehr ein geräumiger Luftschacht, steht offen, nackte Wände sehen uns nackt, nirgends ein Grün, aber ich bin mir sicher, dass uns noch allerhand blüht. Der Schreibtisch unter dem Fenster ist wohltuend verwildert, ein Wust von Zeitungen bewegt sich schwach im Wind. Dass mein jetzt gar nicht mehr so grauer Mann für ein Wochenblatt schreibt, weiß ich inzwischen.

Musik, fragt er und legt eine Platte auf, Yves Montand singt ›Les Temps des Cerises‹, ich verstehe kein Wort, doch die Musik gefällt mir. Dein Standard, frage ich. Ein Lied der Résistance, ist seine lakonische Antwort, während er ins Bad geht. Ich erwidere nichts, ich will nicht als Romantiker enttarnt werden. Aus dem Bad kommt ein Brummen, laut und ziemlich tierisch, ich erschrecke. Heute weiß ich, dass dieses Brummen Ausdruck höchsten Wohlbehagens ist: dass es Glück bedeutet, dem Tier, das in uns schläft, nicht die Natur auszutreiben. Ich stehe auf und sehe nach, was der Verursacher dieser animalischen Laute so macht. Er steht da und kämmt sich, die Haarbüschel unter seinen Achseln schimmern rötlich, und zum ersten Mal fällt mir auf, dass er fast einen Kopf größer ist als ich. Er gefällt mir, ich lehne mich an ihn, unsere Augen begegnen sich im Spiegel, ich möchte die Zeit anhalten.

Ich schließe die Augen und denke daran, was meine Freundin und Kollegin Pauli wohl sagen würde, wenn sie mich jetzt sähe. Sie nämlich ist es, die mich hierher, nach Düsseldorf, geholt hat. Wir hatten uns in Köln auf der Buchhändlerschule kennen gelernt und auf Anhieb herzlich gemocht. Mit ihrer Offenheit, ihrem entwaffnenden Lachen und ihren warmen junonischen Augen gefiel sie mir sehr. Dass sie ein wenig meiner verstorbenen Mutter glich, wurde mir erst später klar. Komm doch zu uns in den Verlag, sagte sie, im Sortiment wirst du nichts, die appellieren bloß an deinen Idealismus. Bei uns könntest du Werbung machen: Klappentexte!

Ich musste lachen, obwohl mir klar war, dass sie mit dem Begriff Klappentexte natürlich nicht irgendwelche obszönen Texte auf Lokuswänden meinte, sondern Waschzettel, jene poetisch verbrämte Eigenwerbung der Verlage, mit denen Bücher gern hochgejubelt werden. Genau das habe ich dann später getan im Verlag Haus Altenberg, der sich noch katholischer gab als die Herdersche Buchhandlung in Münster, in der ich meine Lehre machte, mit der beflügelnden Aussicht allerdings, anschließend in der Münchner Filiale zu arbeiten.

So ging ich also erst mal nach München, dann nach Düsseldorf. Dass es Frauen gibt, die ernsthaft glauben, ihrer grenzenlosen Liebesfähigkeit könne selbst ein eingefleischter Schwuler auf die Dauer nicht widerstehen, war mir neu und machte mich zum Feigling. Pauli hat es geschafft, mir ein schlechtes Gewissen zu geben, aber keineswegs, weil ich schwul bin, sondern weil ich nicht den Mut fand, ihr wehzutun. Dass ich nicht davonkommen würde mit meiner Feigheit, ich wusste es noch nicht, während ich dastand in dem engen Badezimmer, mit geschlossenen Augen, in den Armen von Hans, wünschend, die Zeit würde stillstehen.

Mein möbliertes Zimmer in Oberkassel sah ich nur noch ein einziges Mal. Ohne viel Worte hatten wir beschlossen, zusammenzuziehen, drei Tage später schon hatte ich einen eigenen Schlüssel zu seiner Wohnung, die ich bald die unsere nannte. Am Ende des Monats warfen wir unser Geld zusammen. Der Hauswirt, ein Metzgermeister mit Toleranz, erhöhte die Miete nur mäßig und kam sich witzig vor, als er meinte, Ehepaare müssten auch mehr zahlen. Nicht sehr viel anders verhielt sich sieben Jahre später Leo Kirch, als wir uns bei einem ersten Treffen am Flughafen Düsseldorf einig wurden, für ihn zu arbeiten. Mit dem Hinweis, wir seien schließlich ein Paar, gelang es ihm, unser Honorar zu drücken. Aber der Weg dahin war noch unvorhersehbar an diesem Juli-Abend, der unser beider Leben so entscheidend veränderte, auch wenn wir mit scheinbarem Gleichmut so taten, als sei unsre Begegnung bloß ein weiteres jener meist folgenlosen Vergnügen, die jeder von uns dutzendweise hinter sich hatte. Ich weiß, dass dies für Hetero-Ohren prahlerisch klingt, aber die meisten Schwulen kennen wohl diese Erfahrung: Ein erotisches Abenteuer, bei dem beide Seiten nicht mehr, aber auch nicht weniger einbringen als körperliche Lust, ist leicht zu haben.

Ich will auch deutlich sagen, dass ich darin nichts Verwerfliches sehe. Erst wenn Gefühl ins Spiel kommt, beginnt doch der mögliche Schmerz. Das allerdings ist eine Lektion, die wohl keinem Menschen erspart bleibt. Ich musste sie in diesen Wochen lernen, als eines Morgens Pauli sichtbar verstört in mein Büro kam und mir schweigend eine polizeiliche Suchmeldung auf den Schreibtisch legte. Weil ich in meinem Glücksrausch vergessen hatte, meiner Wirtin in Oberkassel offiziell zu kündigen, hatte sich die gute Frau, von Angst getrieben, an die staatlichen Ordnungshüter gewandt. So musste ich Pauli beichten, was ich ihr gern verschwiegen hätte: dass ich seit Wochen mit Hans zusammenlebte.

Ein Aschenbecher zu dritt

HS. Noch eine Zigarette und dann raus! – Jochen riss eine Packung Roth-Händle auf, warf mir eine der Zigaretten zu und zog mit der gleichen, weit ausladenden Handbewegung meinen Aschenbecher auf seinen Schreibtisch. Fast nahtlos standen sich unsere beiden Schreibtische gegenüber, großflächige Ungetüme, auf denen Manuskripte und Fotos bequem ausgebreitet werden konnten, Schreibtische, die täglich mehr als ein Dutzend Mal auch als Rutschbahn für den Aschenbecher dienten. Dass ich es war, der dieses Objekt, ein quadratisch geschliffenes Stück Kristall, das Unmengen von Kippen aufnehmen konnte, in die Redaktion eingebracht hatte, war für Jochen irrelevant. Sein spöttischer Blick, nie ohne einen Anflug von Koketterie, ließ vermuten, dass er über Besitzdenken erhaben war, ja, dass für ihn gemeinsamer Besitz vielleicht auch Gemeinsamkeit stiften könnte.

Leicht zurückgelehnt zog er an seiner Zigarette. Sein schwarzes, strähniges Haar fiel in die Stirne und gab seinem schmalen, etwas knochigen Gesicht noch immer jungenhaften Charme. Gelassen streifte er seine Zigarette an unserem Aschenbecher ab. Nicht, dass ich in Jochen verliebt gewesen wäre. Im Gegensatz zu mir jagte er Frauen nach, wenngleich er sich einmal in mein Bett verirrte, was er als Ausdruck seiner Generosität interpretierte. Unsere gemeinsame Wellenlänge war eher anderer Natur.

Einige Monate zuvor hatten mich Manuskripte eines Jochen Ziem erreicht, ein Name, der mir nichts sagte. Seine Erzählungen und Kritiken, die er als Arbeitsproben vorlegte, erschienen mir wohltuend illusionslos, und da die Zeitung einen zweiten Kulturredakteur suchte, bat ich ihn, sich zu bewerben.

Das Blatt, bei dem ich seit Jahren arbeitete, nannte sich anspruchsvoll ›Deutsche Volkszeitung‹, prangte auf der Titelseite mit dem Namen des ehemaligen Reichskanzlers Joseph Wirth, berühmt geworden durch den Rapallovertrag, der die Versöhnung mit der jungen Sowjetunion besiegelte. Entsprechend wurde in dieser Wochenzeitung getrommelt, man solle doch endlich die Vorschläge Chruschtschows für eine friedliche Vereinigung Deutschlands testen, vermutlich eine Chance, die von Adenauer bewusst verspielt wurde. Verhielt sich der Ostblock aber weniger rühmenswert, blieb die ›Deutsche Volkszeitung‹ stumm, verlor sie ihre Glaubwürdigkeit.

Jochen stellte sich vor, und der Chef, ein sanfter, doch um Linientreue bemühter Kommunist, akzeptierte ihn ohne Palaver. Jochen betrat mein Zimmer und knallte lachend die Türe hinter sich zu: Keine zwölf Monate gebraucht, um aus der DDR in die DDR zu kommen. Er, der Nestflüchter, hasste den Mief des Ulbricht-Staates, hoffte im Westen als Schriftsteller zu reüssieren. Doch offene Türen suchte er vergeblich. Erst das veränderte Klima unter Willy Brandt bot ihm eine Chance, ließ ihn aufatmen. Über Nacht waren seine Theaterstücke und Fernsehspiele über die deutsch-deutschen Missverständnisse, die uns heute noch plagen, gefragt. Sie wurden sogar mehrfach ausgezeichnet. Fast ebenso jäh erfolgte der Absturz Ende der achtziger Jahre. Der Quotenwahn des Privatfernsehens steckte die öffentlichen Sender an, nicht wenige Redakteure knickten ein und favorisierten mehr und mehr anspruchslose Unterhaltung. Die Quote wirkte wie ein Zensor. Flapsig, aber treffsicher kommentierte Rudi Carrell: »Das Niveau sinkt, aber die Stimmung steigt!« Und wieder kein Platz für Jochen Ziem. Richard von Weizsäcker aber, der damalige Bundespräsident, erinnerte sich seiner und ließ ihm einen monatlichen Ehrensold anweisen.

Noch saßen wir uns gegenüber, rauchten, redeten oder schwiegen. Unsere Diskussionen waren ausgereizt, wir wussten, in welchem Boot wir saßen. War es wirklich das kleinere Übel? Warum konnte man nur zwischen einem größeren und kleinerem Übel wählen? Gab es keine schützenden Nischen im Kalten Krieg? Später, in seiner Erzählung ›Aufruhr‹, sie beschreibt den 17. Juni 1953 in Halle, lässt Jochen einen der Beobachter sagen: »Ich möchte wohl auch gerne Freiheit rufen, fürchte aber, dass sich meine Freiheit mit der ihren vermischen könnte. Deshalb halte ich den Mund.«

Schon damals ahnten wir, dass es sehr viele Arten von Freiheit gibt, nicht zuletzt abhängig von den ökonomischen Interessen. Wir trafen Gleichgesinnte, die Lyriker Adolf Endler und Gerd Semmer sowie der Romancier Werner Steinberg kreuzten unter anderen die Redaktion, Endler und Steinberg gingen sogar in die DDR, aber auch dort blieben sie Rebellen.

Wir sahen auf die Uhr, drückten unsere Zigaretten aus – wieder waren wir die Letzten. Warum eigentlich? Auch in dieser Zeitung konnten die Kulturseiten nicht retten, was der politische Teil verbockt hatte.

Ich lief über die Königsallee, der kürzeste Weg zu jenem Ziel, das ich fast jeden Tag anvisierte. Mehr Laufsteg als Promenade, schätzte hier jeder jeden nach seiner Schale ein. In allen Köpfen schien das Motto zu spuken: Haste was, biste was. Auch die Düsseldorfer Radschläger, nicht älter als zehn Jahre, verinnerlichten das Einmaleins des Wirtschaftswunders. Wie Goldgräber ihre Claims, so verteidigten sie aggressiv ihre Reviere, forderten barsch von jedem Passanten seinen Obolus. Die hohe Kunst des Flanierens, im Vorübergehen die Welt besser zu begreifen, hier war sie nicht zu Hause.

Am Graf-Adolf-Platz, einem der Verkehrsknotenpunkte

Düsseldorfs, verlangsamte ich meine Schritte, hielt ich nach denen Ausschau, die, wie ich, nicht den kürzesten Heimweg suchten. Die Treppe zur Klappe ersparte ich mir, die Gesichter dort kannte ich. Unschlüssig ging ich zum Zigarettenautomaten, der mal wieder keine Roth-Händle enthielt, umkreiste in einem langsamen Schwenk die Verkehrsinsel, kreuzte dann die Elisabeth-Straße und lief in den Park am Schwanenspiegel. Ich sah Frauen mit Kinderwagen, Angestellte, die aus dem nahen Landtagsgebäude eilten. Was konnte ich zu dieser Zeit anderes erwarten?

Erst am späteren Abend lohnte es sich, hier zu streunen, selbst hautnahe Kontakte waren dann möglich, wenn die Polizei sich nicht als Sittenrichter aufspielte. Vor einer Woche konnte ich ihr knapp entkommen, ich hatte Glück: Am Ausgang des Parks hielt ein Taxi, dessen Fahrer nicht danach fragte, warum ich außer Atem war. Während ich in meiner Hosentasche nach Geld kramte, sah ich durch das Rückfenster zwei Polizisten, auch sie außer Atem, aber wütend. Damals, 1957, hatten sie weder Auto noch Funkgerät.

Jetzt war es bald sieben Uhr abends, und der Verkehr beruhigte sich langsam. Ich verließ den Park ohne große Erwartungen. Da sah ich ihn wieder. Schon gestern hatte ich ihn flüchtig beobachtet, befürchtete aber, er würde zu jenen gehören, denen reiche Freunde lieber sind. Er musste wohl Anfang zwanzig sein, sein Gang war locker, federnd, aber nicht affektiert. Die Kleidung wirkte nicht einmal auffällig: dunkle Hose, helle Popelinejacke. Allein das Gesicht, betont große Augen, die Haut von irgendeinem Urlaub gebräunt, kontrastierte etwas provokativ mit dem offenen, weißen Hemd und gab seiner Erscheinung das Flair des leicht Abgehobenen. Und dann trug er auch noch Ringelsöckchen. Oder bildete ich mir nur ein, ein Typ wie er müsse Ringelsöckchen tragen? Er, den ich schon eine Stunde später in mein Mini-Apartment lockte, wird immer wieder abstreiten, je Ringelsöckchen getragen zu haben. So vermag auch Misstrauen die Fantasie zu beflügeln.

Was mich betraf, so fehlte mir damals noch jedes Gespür für Anzug und Aufmachung, C&A war mein Standard. Vielleicht zog ich den Gürtel etwas enger, hielt ich mich etwas straffer, wenn ich auf Tour ging. Jetzt war mir nur wichtig, ob er mich beobachtete. Wir standen auf Rufweite entfernt. Sah er herüber, wirkte sein Blick fragend, sogar leicht verlegen. Da entdeckte ich, dass er diesmal ein Buch in der Hand hielt. Das Buch als erotisches Accessoire? Sehr ungewöhnlich, aber kein schlechter Einfall. Mein Argwohn schmolz. Als Älterer musste ich ihn ansprechen, so verlangte es das Ritual: Das Buch bot einen idealen Anknüpfungspunkt.

Auf gut Glück zogen wir los, fort aus dem belebten Zentrum. Noch ehe ich fragen konnte, ob er Lust habe, zu mir zu kommen, wusste ich schon, dass Thornton Wilder einer seiner Hausgötter war. Ich konterte mit Bertolt Brecht und betonte wohl auch, dass Literatur die Verhältnisse durchschaubar machen müsse. Endlich kam sein Ja, er ging mit.

Meine Behausung war keine zwanzig Quadratmeter groß, Bad und Kochnische eingeschlossen, dafür aber eigenhändig möbliert: eine aufgebockte Schreibplatte, Radio mit Plattenspieler Marke Braun, ein Couchtisch, aber nicht in Nierenform, sowie eine weinrote Liege, die nicht nur zum Schlafen gedacht war. Neben der Liege stand eine Lampe mit zwei Schirmen in Tütenform. Zur Begrüßung schenkte ich Vermouth ein, französischen, Marke Napoleon, in strenger Harmonie mit meiner kleinen Plattensammlung, in der Georges Brassens und Yves Montand dominierten. Doch Napoleon, Brassens und Montand mussten noch warten.

Als wir erschöpft auf der weinroten Liege lagen, wurde es langsam dunkel, in dem Lichtschacht hinter dem schmalen Fenster verschwand der Tag. Wir rauchten die unvermeidliche Zigarette, seine erste Roth-Händle, wie er mir später sagte. Jetzt brauchten wir keine Worte. Aufregend, dass neben mir jemand lag, dessen Körper ich gerade erst erkundet, vielleicht sogar erobert hatte, mit dem ich aber reden konnte wie mit einem Freund, der mir seit Jahren vertraut ist. Selbst unser Schweigen war Einverständnis.

Drei gute Stunden waren wir vielleicht zusammen, noch keine Nacht, nichts war gesichert. Die Fantasie aber ließ sich nicht aufhalten, entwarf immer neue Wunschbilder. Diese Liege, so schmal sie war, reichte auch für zwei, und für ihn, der Bücher liebte, gab es schon ein Regal, nicht hoch, aber so lang wie die Liege, von Kopf bis Fuß. Und nicht nur Brecht und Marx standen da, zwar kein Thornton Wilder, aber zum Beispiel Ernest Hemingway. Ob er Hemingway kannte? So kalkuliert, so umsichtig wie er, müsste man mit seinen Gefühlen umgehen können, dachte ich damals. Ich streckte meine Hand nach dem Braun aus, stellte ihn an, drehte den Ton herunter, das Licht des Radios warf einen matten Schein auf Martins Körper. Mit einem Zeigefinger tastete ich langsam die Umrisse seiner Schulterblätter ab.

Am nächsten Morgen das übliche Hallo mit Jochen: Na, was erlebt? War es ein Buchhalter oder ein Modeprinz? Ich winkte ab: nichts Erwähnenswertes. Ob Helga gestern für ihn Zeit hatte, danach fragte ich heute nicht. Schweigend öffneten wir die tägliche Post. Einige Tage später, an einem Samstag, kam ich in Begleitung: Das ist Jochen, das ist Martin. Martin wohnt jetzt bei mir. Jochen lachte, wollte vielleicht auch ein Kompliment machen, sagte aber nur: Hallo! Ich gab eine Runde Roth-Händle aus und zog den Aschenbecher zu mir herüber. Martin raucht auch, sagte ich, so kühl wie möglich.

Wenige Monate später wurde ein dritter Schreibtisch ins Zimmer gerückt. Die Längsseite schnitt genau mit der Kopfseite der beiden anderen Schreibtische ab. Martin wollte lernen, wie man redigiert und umbricht. Der Aschenbecher musste nun ein Dreieck beschreiben. Obwohl wir uns in der

Redaktion betont reserviert verhielten, ließ sich auf die Dauer kaum verheimlichen, dass unsere Beziehung besonderer Natur war. Nach einem langen Betriebsausflug kehrten wir müde im gemeinsamen Bus zurück, lehnten uns aneinander, schliefen ein, umklammerten uns aber, wie es unter Kollegen nicht üblich ist. Der sanfte Chef, Fritz Hollstein, bat um eine Aussprache.

Mit seinem grauen Ziegenkopf saß er verlegen hinter seinem Schreibtisch. Er habe bestimmt nichts gegen Homosexuelle, aber wir wüssten doch am besten, dass wir unter Strafandrohung stünden, immer noch nach den Nazi-Gesetzen. Bei einer linken Zeitung wie dieser wären wir zudem politischer Erpressung ausgesetzt. Und dann sei die Partei, der er nahe stehe, leider sehr puritanisch. Er lachte uns an, als seien wir mit ihm einig. Das wurden wir sogar, wenig später.

Aus seiner Lebenserfahrung – ihm wurde im Dritten Reich übel mitgespielt – entwickelte er einen annehmbaren Kompromiss. Wir müssten die Redaktion verlassen, würden ein kleines, aber festes Honorar erhalten. Dafür sollten wir dann wöchentlich eine Filmseite liefern, sozusagen in Heimarbeit. Wir waren nicht unglücklich, Freiheit und zugleich Sicherheit, wie gerne hätten wir diese Quadratur des Kreises für immer beherrscht. Wenige Wochen später verließ auch Jochen Ziem die ›Deutsche Volkszeitung‹. Er suchte sein Glück, vielleicht auch nur das kleinere Übel, in der Redaktion des Wirtschaftsmagazins ›DM‹.

Paris zu Fuß

MR. Der Weg von unserer Wohnung zum Hauptbahnhof Düsseldorf ist nicht weit, zehn Minuten vielleicht, und so lasse ich meinen Hans alleine losziehen, als er wenige Wochen nach unserer ersten Begegnung ohne mich nach Paris fährt. Sein Urlaub ist eingeplant, auch eine Zeitung ist ein Bürobetrieb, wir nehmen die Trennung gelassen hin, äußerlich jedenfalls, nach einer Woche, so ist es ausgemacht, werde ich nachkommen. Hans verspricht, mich an der Gare du Nord abzuholen, da können wir dann jener kinomäßigen Melodramatik frönen, die wir uns jetzt versagen.

Ich weiß, ich sollte enttäuscht sein: Kaum kennen wir uns, schon sind wir wieder Single. Doch in Wahrheit freue ich mich, einmal in Ruhe meine bewusst verschwiegenen Gefühle zu überprüfen. Das Intermezzo, das uns beiden bevorsteht, vielleicht wird es zeigen, dass wir doch nicht füreinander geschaffen sind. Fest steht nur eins: Wir denken beide nicht daran, während dieser Zeit auf das zu verzichten, was im bürgerlichen Sprachgebrauch Fremdgehen heißt und doch nichts anderes meint, als in partnerloser Zeit Sex mit anderen zu suchen. Trotzdem scheint Hans verstört, als er mich dann an der Gare du Nord abholt und ich seinen stürmischen Umarmungen ausweiche. Er kann ja nicht wissen, dass mein Zurückweichen lediglich Ausdruck meiner Angst ist, unliebsam aufzufallen.

Das hier ist nicht Düsseldorf, sagt er, das hier ist Paris. Und dann zitiert er noch den Anfang eines Gedichts von Jacques Prevert: »Il dit non avec la tête/mais il dit oui avec le cœur.« Das verstehe ich erst richtig, als ich es später in der Übersetzung von Kurt Kusenberg lese: »Mit dem Kopf sagt er nein, doch er sagt ja mit dem Herzen.« Mein Französisch ist miserabel zu jener Zeit, und es ist auch heute noch nicht gut, obwohl ich mir nach jedem Paris-Besuch vornehme, mich zu bessern. Aber dann siegt wieder der alte Schlendrian – es reicht ja für Restaurants und Hotels und meist auch, um Filme zu sehn.

Aber das alles kümmert mich nicht im Geringsten an jenem ersten Abend in unserem schäbigen kleinen Hotel in einer Seitenstraße des Boulevard St. Michel. Sprachlich ist mir nicht einmal der Unterschied zwischen *grand lit* und *deux lits* klar, zwei getrennten Betten also. Ich erlebe ihn ganz einfach, als wir uns endlich einmal auf die Seite rollen wollen und unweigerlich wieder in der uterusartigen Kuhle unseres *grand lit* landen, was uns so unrecht nicht ist. Wir werden handgreiflich. Hinterher haben wir uns eine Menge zu erzählen: Da sind die Postkarten zum Beispiel, die Hans mir geschrieben hat. Keine aktuellen Ansichtskarten sind es, sondern kuriose Funde aus den Wühlkisten der Bouquinisten an den Seine-Quais, die man damals noch ablaufen konnte, ohne von Autoabgasen vergiftet zu werden.

Eine, zur Wehrertüchtigung gedacht, zeigt einen kleinen Jungen in einer französischen Uniform des Ersten Weltkrieges, ein Gewehr mit Bajonett stemmend, neben sich einen grimmig dreinblickenden Hund mit wilhelminischer Pickelhaube. Darüber konnte unser gemeinsamer Freund und Kollege Jochen Ziem, dem ich alle Karten arglos zeigte, wenigstens noch lachen. Eine andere fand er schon weniger lustig, obwohl sie weit mehr der gängigen deutschen Vorstellung von französischer Frivolität entsprach: Zwei leicht geschürzte Damen, topless zudem, helfen einander ins enge Korsett. Was Jochen daran störte, war der Text auf der Rückseite. Er habe, schrieb Hans ganz locker, eine tolle Begegnung in einer Sauna gehabt.

Das schockierte Jochen derart, dass er nicht nur meinen Hans der hundsgemeinen Untreue bezichtigte, er begann auch lautstark an meiner Moral zu zweifeln. Dass Treue, dieses große Wort, wohl eher eine Sache von Kopf und Herz ist, das konnte ich Jochen leider nicht vermitteln. Vergeblich erklärte ich ihm, dass eine andere Haut auf meiner Haut mir allemal mehr Befriedigung bringt als die eigene Faust unter der Bettdecke, auch wenn nicht jeder Mann – wie es unser Kollege Michael Lentz einmal formulierte – schon deswegen ein Selbstmörder ist, weil er Hand an sich legt.

Die erwähnte Sauna, ich besuchte sie ein paar Tage später, war in der Rue de Ponthièvre, nicht weit vom Elysée-Palast und wirklich noch ein Geheimtipp, sogar unter Franzosen. Heute kann jeder Schwule im ›Spartacus‹, einem internationalen Gay Guide, nachschlagen, wenn er weltweit einschlägige Adressen sucht. Damals galt das Aufspüren eines solchen Etablissements fast als die Entdeckung des Grals, eines höchst irdischen allerdings, dessen Vorhof, so im Fall der Rue de Ponthièvre, keineswegs die Vorstellung förderte, höherer Weihen teilhaftig zu werden. Die nicht eben zierliche Dame, die mit einer Horde fetter fauchender Kater hinter der Kasse thronte und sich wie eine Parodie der alternden Colette ausnahm, war eher dazu angetan, einen in die Flucht zu schlagen. Hubert Fichte, der etliche Jahre später dort anklopfte und offenbar nur noch einen einzigen kastrierten Kater neben der inzwischen wohl alterslosen Beschließerin antraf, hat im letzten Kapitel seines Buches ›Eine glückliche Liebe‹ treffend beschrieben, wie es zuging im Inneren dieses sehr irdischen Grals.

Weit mehr hat mich damals eine weit weniger handgreifliche Lust bewegt, die uns in den vielen kleinen Filmkunstkinos des Quartier Latin beschert wurde. Hier gab es Klassiker zu sehen, von denen ein deutscher Filmkritiker in den fünfziger

Jahren daheim nur träumen konnte, dazu die beiden Filmbuchhandlungen Contact in der Rue du Colisée und Minotaure in der Rue des Beaux Arts. Nicht zuletzt durch die Cinémathèque wurde uns Paris zu einem Paradies, in das wir von Düsseldorf aus flohen, sooft die Zeit und das Geld es uns erlaubten. Der russische Revolutionsfilm, das frühe skandinavische Kino, das Hollywood der dreißiger und vierziger Jahre und, nicht zuletzt, jene Blütezeit des deutschen Films, der Lotte H. Eisner – lange Zeit Augenzeugin und 1933 nach Frankreich geflüchtet – mit ihrem berühmtesten Buch den prägenden Namen ›Dämonische Leinwand‹ gegeben hat – all das war hier zu Hause.

Unsere ungezählten Abende in der Rue d'Ulm oder auch im Palais Chaillot, wo die Cinémathèque Française residierte, sie waren unsere wahre Universität. Das mag enthusiastisch klingen, ist aber zu sehen vor dem Hintergrund einer Zeit, in der Deutschland filmkritisch Brachland war. Es war im selben Jahr 1957, als Enno Patalas und Wilfried Berghahn im Verein mit Ulrich Gregor und Theodor Kotulla die Zeitschrift ›Filmkritik‹ vom Stapel ließen: ein kleines Torpedoboot, das mit der Wucht eines Panzerkreuzers die seicht dahindümpelnden Kähne des Feuilletons aufschreckte.

Doch nicht nur die Abende in der Cinémathèque boten Überraschungen, sondern auch die vielen Flohkinos, die damals durchaus noch ihrem Namen gerecht wurden. So sahen wir in einem winzigen Saal, nur wenige Meter von jener Mini-Bühne entfernt, die seit 1950 en suite Ionescos ›Kahle Sängerin‹ spielte, Tod Brownings Klassiker ›Freaks‹. Es geht um so genannte Missgeburten, die als Artisten einer Zirkusschau ihr Leben fristen und in deren Kreis die schöne und normal gewachsene Trapezkünstlerin Cleopatra tritt. Aus reiner Habsucht heiratet sie einen der verwachsenen Zwerge und versucht, ihn mithilfe ihres Liebhabers zu vergiften. Doch sie hat nicht mit dem Scharfsinn der Freaks gerechnet und wird am Ende von ihnen auf grotesk-grausige Weise in eine Art menschliches Huhn verwandelt.

Was uns bewegte, war weniger die schlichte Story von verletzter Sehnsucht, Solidarität und Rache, sondern Brownings Kunst, uns unwiderruflich zu Sympathisanten seiner Außenseiter zu machen. Sind sie unter sich, wirken sie keine Sekunde lang monströs, ja, nicht einmal exotisch. Erst der Blick der so genannten Normalen ist es, der sie stigmatisiert. Nicht zuletzt dank einer Kamera, die sich auf Augenhöhe der Zwergwüchsigen bewegt, zeigt Browning, dass diese Menschen keine Voyeur-Objekte sind. Er geht vor ihnen in die Knie wie vor Kindern und gibt ihnen so ihre gefährdete Würde wieder.

Was Wunder, dass wir uns in unserer Ergriffenheit badeten. Wäre da bloß nicht, in der Reihe hinter uns, dieser Typ, der dauernd vor sich hin kichert, gegen Schluss vor allem, wenn Olga Baclanova, die Cleopatra der Geschichte, so grausig verwandelt wird. Schon wollen wir unserem Zorn Luft machen, da geht das Licht an und wir sehn, dass dieser Mensch, dieser Banause, wie wir die ganze Zeit dachten, selber ein Zwergwüchsiger ist. Er hat, ganz offenbar, seine handfeste Freude gehabt an dieser Geschichte einer gewitzten Rache. Ihm ist unmittelbar unter die Haut gegangen, was wir als Schwule bloß metaphorisch begriffen haben.

Es gab, und es gibt noch immer, viele Paris, und eines der liebsten ist uns das heute so gefährdete, das uns damals zu passionierten Flaneuren werden ließ: Paris zu Fuß! Vor allem Hans fand es stets erfrischend, noch in der Nacht von den Tuilerien bis zum Jardin du Luxembourg zu laufen. Sein beharrliches Ausschreiten, das er in späteren Jahren auch Freunden und Kollegen vom Fernsehen zumutete, prägte einen Begriff für eigentlich unzumutbare Fußmärsche: ein Stempel. Damals konnte man sich bei solchem Wandern noch wunderbar vom stundenlangen Filmesehen erholen. Erholung vom Sog der laufenden Bilder boten uns aber auch die Bouquinisten und Antiquare. Bei den Bouquinisten an den Seine-Quais, hatten sie einem erst mal erlaubt, ihre sorgsam in knisterndes durchsichtiges Drachenpapier verpackten Schätze zu öffnen, gab es, gar nicht so selten, noch echte Entdeckungen.

Ich will, bevor ich ins Schwärmen gerate, nur von einer erzählen, weil sie einen Autor betrifft, den wir ungemein schätzen und der selbst heute noch ein sträflich Unbekannter ist: Georg Glaser. Wir kannten, als wir an den Seine-Quais sein zentrales Werk ›Geheimnis und Gewalt‹ entdeckten, immerhin schon sein erstes Buch ›Schluckebier‹, das 1932 erschienen war und die Geschichte eines aufmüpfigen Jungen erzählt, der vom Vater wie von der Gesellschaft kaputtgemacht wird und schließlich davonläuft, weil er, wie es wörtlich heißt, »lieber Räuber werden wollte, als weiter Untertan zu bleiben«. Dieses Buch hatte es uns mächtig angetan, und hier nun fanden wir die Erstausgabe seiner großen romanhaften Autobiographie, die in Deutschland niemand verlegen wollte. Bei Rowohlt zum Beispiel hatten die Herren Ernst von Salomon und Kurt W. Marek – besser bekannt als C.W. Ceram – die Veröffentlichung abgelehnt. So kam das Buch erst 1951 in zwei schmalen Bändchen in der Schweiz heraus, nachdem zuvor eine französische Ausgabe erschienen war, von den Intellektuellen des Landes sofort als großes zeitkritisches Dokument gefeiert.

Das Buch Glasers war, wie gesagt, keineswegs unsere einzige *trouvaille* an den Seine-Quais. Vergeblich aber fahndeten wir nach Jean Cocteaus Inkunabel schwuler Emanzipation, seinem ›Livre Blanc‹. Da wir uns zudem darauf kapriziert hatten, die erste von ihm selbst mit siebzehn Zeichnungen illustrierte Ausgabe zu finden, liefen wir auch in den gestandenen Antiquariaten gegen die Wand. Entweder waren die Exemplare, die wir in die Hand bekamen, für unseren schmalen Geldbeutel viel zu teuer oder sie waren in einem erbärmlichen Zustand. So haben wir uns das Buch erst in jüngster Zeit zugelegt. Sein zentraler Satz ist es wohl wert, stets aufs Neue zitiert zu werden: »Un vice de la société fait un vice de ma droiture.« Wie wäre das in aller Freiheit schöner zu übersetzen als mit den Worten unseres Freundes Karsten Witte, der das ›Weißbuch‹ 1982 ins Deutsche brachte? »Das Laster liegt bei der Gesellschaft und nicht in meinem aufrechten Gang.«

Von der Überzeugungskraft eines Chateaubriand für zwei Personen jedoch, wie Bertolt Brecht einmal schreibt, hatten wir damals in Paris herzlich wenig Ahnung, und selbstverständlich hatten wir unsere Nase noch nie in einen ›Michelin‹ gesteckt. Hotelzimmer hatten billig zu sein, Essen war ein Akt des Überlebens. Gefrühstückt wurde zwar im Zimmer, aber nicht mit *chocolat* und *confiture*, sondern mit *saucisson pur porc*, *baguette* und frischer Milch, die Hans aus einem kleinen Nachbarladen besorgte. Erst Jahre danach lernten wir durch Reiner Moritz, den späteren Filmproduzenten, der damals noch unter dem Dach von Leo Kirch arbeitete, dass Paris nicht nur aus Kinos, Kunstgalerien, literarischen Cafés und schwulen Treffpunkten besteht, sondern auch ein Mekka der Gaumenfreuden sein kann. Moritz, längst mit allen Finessen feiner Lebensart vertraut, führte uns geduldig und großzügig in diese Welt ein. Nachdem wir tagsüber Filme besichtigt hatten, gingen wir abends mit Moritz in Lokale, die nicht unbedingt mit mehreren Sternen prangten, aber garantiert touristenfrei waren und alle ihre eigene Note hatten. Sie trugen Namen wie »Chez les anges«, »Au petit riche« oder, betont tiefstaplerisch, »Le plat de jour«. Doch genau wegen dieses Tagesgerichts – so die wörtliche Übersetzung – kamen die wahren Connaisseure – mochte es sich um eine schlichte *brochette de rognon*, eine *daube de boeuf* oder ein *carré d'agneau* handeln. Es gab sogar Gäste, die eigens wegen eines bestimmten Desserts aufkreuzten, und nachdem ich meine erste *crème brulée* gegessen hatte, konnte ich das nachfühlen.

Was wir damals allerdings nicht ahnten: dass wir auf diese so überaus angenehme Weise einen Kurs in gehobener Lebenshilfe absolvierten. Über Jahrzehnte nämlich haben wir anschließend für Filmredakteure des Fernsehens und andere Freunde des Hauses Kirch eine Art Butler abgegeben. Keiner wurde – und das nicht nur in Frankreich – in ein Lokal geführt, das wir nicht vorher getestet hatten.

Das Gespenst der Freiheit

HS. Frauen gegenüber habe ich nie Vorbehalte, fühle mich ihnen eher verbunden, mal brüderlich, mal schwesterlich. Auch gegenüber Baby Doll empfand ich keinerlei Abneigung, obwohl es mich irritierte, dass sie immer zuschaute, selbst wenn wir uns küssten oder umarmten. Morgens, wenn ich aufwachte, fiel mein erster Blick auf ihren Schmollmund, auf ihre wollüstigen Lippen, die am Daumen lutschten.

Doch der beste Witz langweilt auf die Dauer: Wir hatten ein Großfoto Carroll Bakers als Baby Doll mit dem Motiv einer Westernparodie Jiři Trnkas collagiert und dieses Bild über unsere Liege gehängt. Jetzt blickten auf das Bettchen Baby Dolls, aus dem gleichnamigen Film Elia Kazans, zwei höllisch wiehernde Pferde. Und da man morgens, noch im Bett liegend, oft die schönsten Einfälle hat, sah ich unsere Montage plötzlich in einem Schaufenster von Dolf Selbach, einem Düsseldorfer Modemacher, der sich stolz Herrenausstatter nannte. Gegen drei Hunderter wechselte Baby Doll ihren Besitzer: für uns ein willkommenes Zubrot. Händler jedoch wollten wir nicht werden, wenngleich wir schon bald erleben sollten, was der Besitz an Rechten bedeutet.

Wir lernten Pitt Blank im Bobby, unserer bevorzugten Altstadtkneipe, kennen. Begeistert erzählte er von seiner Arbeit als Kameramann, ließ aber wissen, dass er höhere Ambitionen habe, sich in der Rolle des Regisseurs, auch in der eines Produzenten sehe. Nachdem er noch eine Runde Altbier, diesmal mit Schmalzbrot, bestellte, fragte er uns, ob wir ihm nicht ein Drehbuch schreiben wollten, ein kleines, für einen Kurzspielfilm. Ich fühlte mich geschmeichelt, Martin wohl ebenso. Und waren wir nicht der Meinung, dass zum Metier des Filmkritikers auch eine gewisse Kenntnis der Praxis, des Filmemachens, gehöre? Ideen hatten wir genug, nicht nur abends beim Altbier. Schauspieler und Schauplätze dürften aber nichts kosten, das hatte Pitt Blank unmissverständlich angesagt. Und bitte, keine Dialoge oder Kommentare, nur eine Bildgeschichte, dazu später etwas Musik.

Wir überlegten. Am leichtesten würde sich wohl ein Junge als Darsteller gewinnen lassen, und zugleich ließe sich an diesem Kind demonstrieren, wie Kinder in der Konsumwelt ausgebeutet werden. Wir gingen von einem etwa Achtjährigen aus, den wir Peter nannten.

Pitt machte sich stark, einen Jungen wie Peter zu finden. Dieser Peter zerschlägt sein Sparschwein, eilt davon, um den Baukasten für ein Segelflugzeug zu kaufen. Das Geld reicht aber nicht. Frustriert bummelt Peter durch die Stadt, kauft Schokolade, eine Cola, zwei oder drei Comic-Hefte. Schließlich gerät er in eine schlecht bewachte Spielhalle. Im Handumdrehen ist sein letztes Geld vertan. Verlegen, ratlos, blickt Peter wieder auf die Scherben seines Sparschweins. Titel: ›Groschenballade‹.

Dem Jungen, der Peter spielte, machten die Dreharbeiten viel Spaß. Er lernte sofort, dass man nur auf Kommando in die Kamera sehen darf. Mir blieb in Erinnerung, wie man mit Blende und Filter die unterschiedlichen Tages- und Nachtzeiten simulieren kann. Und dann der Achsensprung, immer an den Achsensprung denken, der eine ganze Sequenz vermasseln kann. Überspringt nämlich die Kamera die gedachte Achse zwischen zwei Dialogpartnern, so sehen sich diese Partner im Film nicht mehr an, sondern aneinander vorbei. Als Honorar erwarteten wir 500,– DM, Vorschuss 200,–, der Rest nach Verkauf des Films. Der Verkauf verzögerte sich, vielleicht war er wirklich schwierig. Pitt, der Produzent und Inhaber der Rechte, verschwand aus unserem Gesichtskreis. Ich fühlte mich frustriert wie der kleine Peter, verlor sogar die Lust, dem Film nachzuforschen. Waren wir zu naiv für diese Branche?

Nasses Herbstwetter wirkt selten ermutigend. Auch der Wind der freien Wirtschaft ist nicht immer geeignet, die Stimmung aufzuhellen. Wenn ich unruhig schlief, erschien mir im Traum meine Großmutter, die für meine Erziehung zuständig war. Eindringlich mahnte sie mich: Wenn du nichts lernst, wirst du Straßenkehrer. Was Hänschen nicht lernt, lernt Hans nimmermehr. Das waren wohl typische Herbstgedanken, und nicht zufällig findet der Buß- und Bettag in dieser meist trüben Jahreszeit statt. Ich aber fühlte mich weder zum Büßen noch zum Beten verlockt.

Etwas Inventur konnte jedoch nicht schaden. Ein gemeinsames Konto nutzt wenig, wenn es blank ist. Wollten wir zusammenbleiben, dann mussten wir auch über das Geldverdienen sprechen. Doch es gab ein Tabu: Konsequent hüteten wir uns, über eine gemeinsame Zukunft zu reden, ebenso radikal vermieden wir jede verbale Sympathiebezeugung. Wir waren gebrannte Kinder, nach vielen missglückten Begegnungen hatten wir Angst, den Zorn der Götter wachzurufen.

Schließlich verführten auch uns die grauen Herbsttage zur Einkehr. Was brachten wir mit in unsere Beziehung außer ein paar journalistischen Tricks und der Liebe zu Büchern und Filmen? Adorno und Marx konnten uns ebenso wenig weiterhelfen wie Martins herausragendes Zeugnis der Buchhändlerschule. Wo waren die Pfunde, mit denen wir wuchern sollten, wie es so schön in der Bibel heißt? Vielleicht hatte Martin, der als Erster von uns für die Zeitschrift ›Filmkritik‹ schrieb, bereits einen Grundstein gelegt. Diese Zeitschrift forderte – der entsprechende Aufsatz im Heft 3/1961 ist längst wieder aktuell –,

Kritik solle nicht die schöne Seele des Rezensenten offenbaren, sondern den Geist des Films wie den seiner Macher. In der ›Filmkritik‹ zu schreiben brachte uns zwar Renommee, aber Ehre und Brot sind zweierlei.

Zur ökonomischen Absicherung, und die war im Augenblick gefragt, eigneten sich eher Tageszeitungen. Ich könnte mich an unsere Kollegen Frauke Hanck von der ›Kieler Volkszeitung‹, an Heinz Ungureit von der ›Frankfurter Rundschau‹ wenden: Beide Zeitungen brachten regelmäßig Filmseiten, die unserem Filmverständnis entsprachen. Und ›Konkret‹, jene linke Studentenzeitung, die weit über die Studentenschaft hinaus wirkte, auch sie würde sich als Forum für uns eignen. Dieses Blatt entwickelte unter Ulrike Marie Meinhof eine erstaunliche Anziehungskraft, neben Beiträgen von Robert Jungk und Erich Kuby standen Texte von Hans Magnus Enzensberger, Peter Rühmkorf und Arno Schmidt. Später suchte Ulrike Marie Meinhof, enttäuscht von allen Parteien, ihr Heil im bewaffneten Kampf.

Wir steigerten uns ins Plänemachen, fühlten uns euphorisiert. Gab es aber genug Filme, über die zu schreiben sich lohnen würde, und liefen wir nicht Gefahr, uns selbst Konkurrenz zu machen? Nur eine Lösung bot sich an: Nicht alle Artikel durften wir unter unseren Namen veröffentlichen. Ein Pseudonym musste her. Jürgen Manthey aus der Redaktion ›Konkret‹ gab sein Okay; er sagte uns eine regelmäßige Filmseite zu und akzeptierte ein Pseudonym. Wir wählten Hansmartin Esser, S und R waren schließlich unsere Initialen. Wir hantierten also mit einer Maske, nicht ungewöhnlich für Schwule, seit früher Jugend geübt, gezwungenermaßen geübt, sich zu verstecken, zu schauspielern.

Wir wurden gute Futterverwerter, variierten einen Text oft mehrfach, kupferten uns selbst ungeniert ab. Obwohl unser Pseudonym durchsichtig war, wurde es nur selten durchschaut. Nur einmal, so berichtete Enno Patalas, der eingeweiht war, habe der Kollege Uwe Nettelbeck angerufen, in ›Konkret‹ schreibe jemand, der schamlos aus der ›Filmkritik‹ die Artikel von Ripkens und Stempel kopiere.

Unser Rollenspiel wurde nicht leichter, als aus Duisburg Hanns Eckelkamp anrief, der ehrgeizige Chef des Atlas-Filmverleihs. Ob wir nicht Lust hätten, Texte für Pressehefte zu schreiben, die sich auch an der Kinokasse verkaufen lassen. Damit begab sich der Atlas-Filmverleih auf den Pfad, den schon der Verleih Neue Filmkunst beschritten hatte: anspruchsvolle Filme durch Pressehefte und unverwechselbare Plakate zu unterstützen. Eckelkamps Anruf klang verheißungsvoll, er wollte uns schon in den nächsten Tagen treffen. Erstmals sahen wir eine Chance, mit der Filmwirtschaft zusammenzuarbeiten, höhere Honorare zu verlangen.

Nach diesem Anruf klingelten unsere Kettenarmbänder. Wir hatten sie kurz zuvor in Paris erworben, auf den Namensschildern unser Datum, XIX – VII – CVII, eingravieren lassen. In deutschen Landen aber galten derartige Armbänder damals als genauso feminin wie Ohrringe. Biedermann regierte. Unsere Armbänder konnten uns als Schwule verraten, den begehrten Auftrag gefährden. Ehe wir Eckelkamp aufsuchten, legten wir sie ab: die Feigheit siegte.

Die Arbeit für den Atlas-Filmverleih machte uns Spaß. Es war ein Vergnügen, mit den Grafikern Heinz Edelmann, Hans Hillmann oder Jan Lenica Pressehefte zu entwickeln, zu erleben, wie die gleichen Grafiker Filmplakate entwarfen, die sich mit den polnischen Plakaten – damals die besten der Welt – messen konnten. Und schon wieder meldete sich unser Erwerbstrieb. Könnte man nicht diese Plakate, Visitenkarten der modernen deutschen Grafik, gesammelt einem größeren Publikum vorstellen, vielleicht in den unterirdischen Passagen unserer Großstädte? Und grenzten nicht an diese Passagen die Eingänge von Kaufhäusern, die zu ihrem Ruhme solche Ausstellungen sponsern sollten? Die Werbeabteilung des Kaufhofs biss an, später übernahm das Goethe-Institut die Ausstellung für eine Auslandstournee.

Es waren die Jahre, in denen Ingmar Bergman bei uns entdeckt wurde. Der Reigen seiner sehnsüchtigen Frauen wie auch das faustische Suchen des schwedischen Pastorensohns füllten die Kassen der Filmkunst-Kinos. Sollte sich nur ein Bruchteil der Gerüchte bewahrheiten, so würde sein nächster Film, ›Das Schweigen‹, ein Höhepunkt sein, künstlerisch wie finanziell. Erstmals zeigte ein Film von Ingmar Bergman ungewöhnliche, ja, schockierende Sexszenen.

Als Promotion wünschte sich Eckelkamp einen Fernsehfilm über Bergman, im Mittelpunkt müsse aber ein aktuelles Interview stehen. Ob wir bereit seien? Nun ist es leichter, den schwedischen König zu interviewen als diesen Regisseur, der als starrsinnig, ja als autoritär gilt, der die Studios von Svensk Filmindustri ebenso als Teil seines Reiches betrachtete wie das Königliche Dramatische Theater. Die Verhandlungen zogen sich hin, bis Bergman erstmals einem ausländischen Team seine Gnade erwies. Als Gegenleistung verlangte er 3.000,– DM, die er, wie er sagte, der FLN, der algerischen Freiheitsbewegung, stiften wolle. Das fanden wir sehr sympathisch.

Die Spesen jedoch reichten nur für einen. Wir mussten also würfeln, das heißt diskutieren, bis wir uns einig waren, was meist nicht lange dauerte, sofern es nicht um Politik ging. Mir fiel schließlich das Los zu, Bergman im Frühjahr 1964 zu interviewen. Ich war angenehm überrascht, als mich Sven Nykvist in Stockholm begrüßte, mit diesem erfahrenen Kameramann fühlte ich mich sicher. Wir nahmen zunächst einige Straßenszenen auf, Menschen, die in der Frühlingssonne saßen, mit Kindern spielten, oder, etwas verdrossen, an den Haltestellen warteten: eine Stadt, die aus dem Winterschlaf erwacht.

Am nächsten Tag begleitete mich Nykvist ins Studio. Überall las ich *Tystnaden*, das erste schwedische Wort, das ich lernte. Es lässt sich mit Schweigen wie auch mit Ruhe übersetzen. Der

Meister war bereits anwesend, auch der Mann für die zweite Kamera, die immer Bergmans Kopf groß im Bild halten sollte, damit wir das Filmmaterial schneiden und montieren konnten. Aber ebendiese Kamera stand auf der falschen Seite, dort, wo Bergman eine Warze hat. Also Seitenwechsel. Dann fehlte noch etwas. Die Stadtkulisse als Hintergrund genügte Bergman nicht, er wünschte sich eine Kamera, aufgebockt, direkt hinter seinem Rücken, als könne der Zuschauer sonst verkennen, dass er der Regisseur ist. Noch einmal musste ein Assistent ihm den Handspiegel reichen, dann Ton ab. Bergman sprach fließend deutsch, die Fragen waren abgesprochen.

Das Spiel lief locker an, Bergman amüsierte selbst die Frage, ob sein Katalog der religiösen Themen erschöpft sei oder ob die Frage nach Gott wiederkommen werde. Vielleicht, antwortete er, wie Zahnschmerzen. Diese Antwort gefiel mir. Dann fragte ich ihn, warum er in seinen Filmen politisch immer abstinent sei, eine Frage, die nicht abgesprochen war. Sein asketisches Gesicht wurde noch schmaler, ich vernahm zwei, drei Kommandos auf Schwedisch, die ich nicht verstand, dann lächelte Bergman wieder. Ich spürte, wie die zweite Kamera hinter meinem Rücken verschwand und ich damit in der Falle saß, am Schneidetisch würde mir der Schweiß ausbrechen. Bergman aber lächelte und extemporierte. Er erzählte von den Schauspielern, besonders den Frauen, die sein Lebenselixier seien, und wie schön es wäre, Theaterarbeit und Film miteinander zu verbinden. Ich blickte auf meine Uhr: die Zeit, die wir eingeplant hatten, war längst überschritten.

Auf dem Rückflug dachte ich an eine Geschichte, die mir Erwin Leiser erzählt hatte, jener Regisseur, der durch den Film ›Mein Kampf‹ berühmt wurde. Für seinen Film ›Licht im Winter‹ wollte Bergman wieder einmal Gunnar Björnstrand engagieren. Er sollte die Rolle eines Dorfpfarrers übernehmen, der seinen Glauben verliert, als Seelsorger versagt und der Verzweiflung verfällt. Bergman war aber unsicher, ob er Björnstrand für diese schwierige Rolle ausreichend motivieren könne. Er ließ sich die Adresse von Björnstrands Hausarzt geben, suchte ihn auf und trug ihm eine Bitte vor: Er möge Björnstrand wegen des Verdachts auf eine heimtückische Krankheit zu einer Untersuchung bitten – das Wort Krebs müsse ja nicht unbedingt fallen.

Nach meiner Rückkehr aus Stockholm erschien mir diese Anekdote durchaus glaubwürdig. Der Film ›Licht im Winter‹ wurde ein großer Erfolg, und einige Kritiker meinten sogar, Gunnar Björnstrand habe noch nie so gut, so überzeugend gespielt.

Albumblatt für Constanze

MR. Fattys Atelier in der Düsseldorfer Altstadt, ganz in der Nähe des Kabaretts ›Kom(m)ödchen‹ gelegen, wo Lore Lorentz, damenhaft und drastisch zugleich, Anfang der sechziger Jahre ihre Attacken gegen den Adenauer-Staat ritt, war nicht unbedingt unser Stammlokal. Es hatte aber den Vorzug, ruhig und geräumig zu sein. Was als schräge Bar nicht recht funktionierte, bot immerhin Zuflucht für Verliebte oder für Grüppchen, denen das eigene Gespräch wichtiger ist als lautstarke Beschallung. An diesem Abend – der fast vergessene Gerd Semmer hatte Gedichte und Geschichten aus seinem Buch ›Die Engel sind müde‹ gelesen – saßen danach noch etwa zwölf bis fünfzehn Leute zusammen, die sich keineswegs alle kannten, aber einig waren in einem Punkt: dass sich Düsseldorf weit eher auf Persil und Henkel als auf Protest und Heine reimt.

Neben mir saß eine Frau von etwa fünfzig Jahren, klein, drahtig, rothaarig, mit dunkler Stimme, ständig rauchend, und mit wunderbar jungen, frechen, fragenden Augen, die sich nur jäh verschleierten, sobald man etwas von ihr wissen wollte. Es war, als zöge sie einen Vorhang zu, um dahinter in Ruhe nach einer Antwort zu suchen. Wie alt ist denn Ihre Vera, fragte ich. Zack, schon war er zu, der Vorhang, ging aber weit wieder auf, als die Antwort kam: Fünfzehn, mitten in den Flegeljahren, aber schon mächtig scharf auf Jungs. Ich muss schon froh sein, dass sie sie mit nach Hause bringt. Sie weiß eben, dass ihre Mutter auch kein Kind von Traurigkeit war. Was soll ich da sagen? Ich sage bloß: Vera, wie man sich bettet, so liebt man. Schau dir die Kerle doch erst mal an!

Die Offenheit der Frau, Constanze hieß sie, gefiel mir. Aber warum nur wollte sie mir unbedingt ihre Tochter verkaufen? Ich sagte es ihr auf den Kopf zu, sie lachte und brauchte nicht mal ihr Augenspiel für die Antwort: Ich dachte, ein Schwuler würde meine Sorgen verstehen! Das war, um das Happy End von ›Casablanca‹ zu zitieren, der Beginn einer wunderbaren Freundschaft, die bald auch Hans einschloss. An diesem Abend, wir waren schnell per Du, wollte ich natürlich erst mal wissen, was Constanze meinte, wenn sie sich selbst als kein Kind von Traurigkeit bezeichnete. Ich erfuhr, dass sie früh geheiratet hatte, einen Linken, der die Liebe zur Partei bald über die zur eigenen Frau stellte, während sie lange die unerschütterliche Gefährtin blieb, bis sie zuletzt der Ehe ohne Liebe eine Liebe ohne Ehe vorzog. Da kam ein Kind, Vera eben, das Kind ihres Liebhabers. Constanze sagte es locker und sah dabei, war es bloß Zufall, den Mann an, der am anderen Ende unseres Tisches saß und gerade beschwörend die Hände hob. Den Mann kannten wir, sollte das etwa Veras Vater sein? Nein, wiegelte sie rasch ab, nicht Rudi, der war damals längst in Südfrankreich.

Meine Gedanken blieben weiter bei dem Mann, der da am anderen Ende des Tisches saß: Rudi Lewandowski, in letzter Minute vor Hitlers Häschern geflohen und sich, auch bei seinen gelegentlichen Besuchen in seiner Düsseldorfer Heimat, längst Robert Levan nennend. Wir hatten uns erst vor einiger Zeit, nach einer langen verquatschten Nacht in einer Altstadtkneipe, kennen und schätzen gelernt. Er wusste unglaublich viel, konnte sehr witzig sein, war indes keineswegs ohne Schrullen und verstieg sich, hatte er tüchtig Wein getankt, in tollkühne Thesen über Gott und die Welt oder die Entstehung der Homosexualität. Es liegt am Adamsapfel, sagte er dann zum Beispiel. Schaut euch doch bloß mal um: Männer, die keinen oder nur einen schwach ausgeprägten Adamsapfel haben, sind meistens schwul!

Ich wandte mich wieder Constanze zu, die sich eben eine neue Zigarette anzündete. Da ich damals selber noch rauchte und durch Hans, was fast einer Nötigung gleichkam, von Filter auf Roth-Händle umgestiegen war, machte der Qualm mir nichts aus. Später, als wir beide weit über sechzig rauchten und erschrocken aufhörten, versuchten wir prompt, unseren ganzen Freundeskreis zu bekehren, doch bei Constanze stießen wir auf Granit. Eine Sucht braucht der Mensch, konterte sie kategorisch, und sie rauchte hemmungslos, selbst während jener Wochenend-Spritztouren, die wir im Auto unseres reichen Freundes Theo quer durch die Republik machten. Einmal, es war in einer Schwulen-Bar in Wiesbaden, lernten wir einen Burschen kennen, den wohl keiner von uns des Schlafzimmers verwiesen hätte, und so machten wir ihm alle schöne Augen. Auch er machte schöne Augen, doch keiner seiner Blicke galt uns, alle meinten Constanze. Wir bestürmten sie, ihn zu erhören, doch das erwies sich als ein hartes Stück Arbeit. Die ansonsten so Emanzipierte versagte kläglich und scheute selbst vor dem Satz nicht zurück, der in dieser Situation natürlich längst in der Luft lag: Er könnte glatt mein Sohn sein! – Liebe braucht kein Argument, konterte ich nun. Das half, und so fuhren wir in dieser Nacht zu fünft zurück nach Düsseldorf.

Es machte dem jungen Mann, nennen wir ihn Patrick, auch nichts weiter aus, tags darauf allein per Zug nach Wiesbaden heimzukehren. Es machte ihm so wenig aus, dass er bald regelmäßig übers Wochenende nach Düsseldorf kam. Erst als er, Gärtner von Beruf, auf der Suche nach einem besseren Job eine Stelle in Wien fand, wurden seine Besuche seltener. Constanze, an weit gravierendere Wechselfälle des Lebens gewöhnt, sagte, was sie auch sonst gern sagte: Nichts als Kummer und Freude hat man.

Henri, durch Constanze in unseren Kreis geraten, war völlig

anders, stets angespannt, immer in Habachtstellung, was sich manchmal selbst auf Puffel, ihren von Natur aus eher phlegmatischen Hund, übertrug, der dann unversehens sein sanftes Wollknäueldasein unterbrach und widerwärtig zu kläffen begann. Henris Gesicht war erstaunlich: Es hatte, nicht nur im Profil, etwas von jener sehnsüchtigen Trauer, die den Köpfen gewisser griechischer Jünglingsbilder eigen ist. Der zarte Schwung der zierlichen Nase, der volle, breite und selbst im Schweigen beredte Mund, der ins Unbestimmte gehende Blick und das glatt nach vorn gekämmte und tief in die Stirn fallende Haar – das alles unterstrich den Eindruck statuarischer Schönheit. Weder Hans noch ich ahnten, als wir Henri zum ersten Mal sahen, dass wir drei Jahre später mit ihr einen Kurzfilm drehen würden. Doch dass sie geschaffen war für die Kamera, sahen wir gleich, auch wenn ihr Zauber beim Sprechen nicht hielt, was er im Schweigen versprach.

Constanze war es, die uns auf die Idee brachte, diesen Kurzfilm zu machen. Sie arbeitete damals in einer Kanzlei für Wiedergutmachungsfälle und erzählte immer wieder von den jüdischen Schicksalen, die sich hinter all den Aktendeckeln verbargen, und von den bürokratischen Prozeduren, die es kostete, diesen Menschen auch nur ein Minimum ihres Rechts zurückzugeben. Das Thema ließ uns nicht mehr los, doch als wir dann endlich die Kanzlei kennen lernten, begriffen wir bald: Kein Film würde je die Kluft zeigen können, die sich hier auftat zwischen Recht und Gerechtigkeit. Aber, dachten wir dann, wie wäre es, diese Wüste aus Papier und nackter Funktionalität einmal mit den privaten Gedanken der Frauen zu kontrastieren, die hier scheinbar selbstvergessen tagaus, tagein an ihren Schreibmaschinen sitzen? Henri, so schien uns, müsse dafür das ideale Medium sein. Ihr innerer Monolog würde vorstellbar machen, was sich dem simplen Augenschein entzog.

Produzieren wollten wir den Film, nach der abschreckenden Erfahrung mit der ›Groschenballade‹, gern selbst, nur Geld hatten wir keins. Aus dem Kultusministerium Nordrhein-Westfalen, so hatten wir gehört, könne vielleicht Hilfe kommen – der zuständige Herr verwies uns aber lieber an den Jungproduzenten Peter Schamoni, der sich damals schon einen Namen gemacht hatte mit Filmen wie ›Brutalität in Stein‹ und ›Bodega Bohemia‹. Wir baten Schamoni also um ein Gespräch. Noch heute sehe ich ihn, kaum hatte er unseren schmalen Flur betreten, wie einen Westernheld verwundert dastehen, sichtbar erschüttert ob der Enge unseres Apartments. Was, sagte er, so wohnen Sie, und Sie wollen Filme machen? Wir haben den Film dann trotzdem gemacht. Unsere Freunde von der FLN, der Algerischen Befreiungsfront – wir werden noch von ihnen erzählen – liehen uns zweitausend Mark. Doch die Filmbewertungsstelle Wiesbaden konnte sich im ersten Anlauf nicht dazu durchringen, dem Film jenes Prädikat Wertvoll zu erteilen, ohne das kein Kurzfilm den Weg in die Kinos fand – von der mühsamen Suche nach einem Verleih ganz abgesehen.

»Es bleibt unerfindlich«, hieß es in der Ablehnung, die offenbar platten Realismus erwartete, »was in diesem Zusammenhang Beethovens Klavierkomposition ›Für Elise‹ zu tun hat. Wenn man schon die Atmosphäre eines modernen Büros bemühen wollte, hätte die Heranziehung der Schreibmaschinengeräusche und des Gerassels der Telefone wohl sehr viel näher gelegen.« In der ›Frankfurter Rundschau‹ meinte ein freundlicher Kollege dazu: »Alle Vorzüge rechnete sie (die FBW) den jungen Autoren als Manko an.« Derart ermutigt, gingen wir in die Berufung, und diesmal hieß es, dass es uns geglückt sei, »abseits ausgetretener Pfade des Kulturfilms eine sozialkritische Milieu-Studie zu geben«. Verkauft war ›Stenogramme‹, so hieß der Film, damit jedoch noch nicht. Erst als wir unsere Provision für die Agentin auf Anraten eines erfahrenen Freundes von zehn auf zwanzig Prozent heraufsetzten, nahm Warner Bros. den Film ins Programm. Sechstausend Mark gab es: Wir konnten unsere Schulden bei der FLN bezahlen, ein kleines Fest feiern und für kurze Zeit so tun, als seien wir richtig reich. Dennoch wurde ich das Gefühl nicht los, dass wir uns irgendwie verlaufen hatten.

Aber was denn, meinte Constanze, man kann sich ruhig mal verlaufen im Leben, es gibt eh nur einen Ausgang! Ihr Gleichmut, nicht zu verwechseln mit Gleichgültigkeit, hat mich immer wieder erstaunt. Sie gab uns Geschichtsunterricht durch ihr lebendiges Beispiel. Erst spät erfuhren wir, dass sie während der Nazi-Zeit im Gefängnis war. Es muss verdammt schwierig für sie gewesen sein, trotz des Hitler-Stalin-Pakts nicht von ihrer linken Position abzurücken, nicht einfach zynisch zu werden. Mal wieder Zeit für meine Lieblingslieder, sagte sie zuweilen grimmig, wenn hüben oder drüben politische Verlogenheit ihre Blüten trieb. Was sie, die rheinische Katholikin, damit meinte? Einmal das Kirchenlied ›Wir sind im rechten Christentum‹ und zum anderen die musikalische Parole ›Die Partei, die Partei, die hat immer Recht‹. Nichts war ihr peinlicher als Pathos: Wenn sich eine verfahrene Lage in Lachen auflösen ließ, war es ihr allemal recht.

Die Lage, in die ich eines Abends geriet, als Hans übers Wochenende bei Verwandten in Wuppertal war, schien mir so verfahren, dass ich Constanze anrief und bat, rasch zu kommen und so zu tun, als sei sie meine nichts ahnende Mutter. Der Typ nämlich, den ich aus einer schwulen Bar abgeschleppt hatte und der gerade im Bad verschwunden war, machte mir inzwischen Angst, obwohl er mir nicht ganz fremd war – was allerdings bloß ich wusste!

Ich hatte ihn vor ein paar Wochen auf einem jener privaten Tuntenbälle erlebt, die regelmäßig bei der Seidenraupe in Krefeld stattfanden. Die Seidenraupe, so genannt, weil sie/er der einzige Erbe einer namhaften Tuchfabrik war, gehörte zum weiteren Bekanntenkreis unseres Freundes Theo. Auf ihren Fummelpartys ging es hoch her, und ich weiß noch, wie einmal die schon ergraute Mutter der Seidenraupe überraschend hereinschneite und verschreckt meinte: Aber, Junge, was machen denn all diese merkwürdigen Menschen hier? Die passen doch gesellschaftlich überhaupt nicht zu dir! Und wie die Seidenraupe, längst nicht mehr nüchtern, beherzt konterte: Aber sexuell, Mama, aber sexuell! – Dort also war ich meinem Gast begegnet, den ich damals sehr niedlich fand. Jetzt aber, als er, wortlos sein komisches Köfferchen schwenkend, ins Bad verschwunden war und auch nach zehn Minuten trotz meines dringlichen Klopfens und Rufens nicht wieder auftauchte, wurde mir mulmig.

So hoffte ich auf Constanze in der Mutterrolle. Nimm ein Taxi, hatte ich sogar gesagt, aber das Taxi, so zeigte sich dann, war hinausgeschmissenes Geld. Denn ungefähr im selben Moment, als Constanze eintraf, tauchte auch mein Gast wieder auf, aufs Putzigste als ein Wesen zurechtgemacht, das wohl Ähnlichkeit haben sollte mit Audrey Hepburn als Holly Golightly in dem Film ›Frühstück bei Tiffany‹, Zigarettenspitze und Sonnenbrille eingeschlossen. Constanze war derart verblüfft, dass sie sich lachend in einen Sessel fallen ließ. Dass sie, mit oder ohne Distinktion, meine Mutter spielen sollte – sie dachte nicht mehr daran.

Agenten vor der Tür

HS. Politik ist kein Ersatz für Sex, in dieser Nacht aber blieb mir nichts anderes übrig. Wir lagen im Doppelbett, einem sehr komfortablen sogar, und blickten beide an die Decke. Fritz Vilmar, mein Freund und Studienkollege, der neben mir lag, war auf Frauen fixiert – unheilbar, wenn ich so sagen darf. Er mochte mich, ohne Zweifel, seine Sympathie ging weit über den politischen Gleichklang hinaus, er wäre mit mir auch unter die Dusche gegangen, aber bitte, keine Hautkontakte.

Zu meinem Glück war er nicht mein Typ, keine große Versuchung: Meine Hand streckte sich nicht nach ihm aus, wenn er neben mir lag. Dabei war er gar nicht unansehnlich, etwas kleiner als ich, blond, ein schmaler, agiler Körper, belebt von einem unbändigen Oppositionsgeist. Was mich zurückhielt, war die Aura des Puritaners, die ihn umgab – nicht leicht zu beschreiben. Vielleicht wusch er seine Hände zu oft und zu lange, vielleicht drehte er sein Kopfkissen dreimal um, ehe er sich hinlegte. Vielleicht störte es mich auch, wenn er über Frauen, die er bewunderte, distanziert und oberlehrerhaft sprach.

Dass er ein Skeptiker von hohen Graden war und ist – später sollte er einen Lehrstuhl für Sozialwissenschaft an der Freien Universität Berlin übernehmen –, das kam mir sehr gelegen. Wir befanden uns auf ungesichertem Boden: Die FDJ, die Jungs in den blauen Hemden, genauer gesagt ihre Führung, hatte uns 1951 nach Ostberlin eingeladen, um uns die Stalinallee zu präsentieren, den Stolz Ulbrichts. Großzügig wurden wir im Hotel Newa an der Friedrichstraße untergebracht, nicht weniger spendabel war die Bewirtung. Da uns die notwendige Bettschwere fehlte, auf den Nachtkonsolen stand nur Mineralwasser, zogen wir Bilanz: Die Stalinallee ein Bombast, als hätte es nie eine Bauhaus-Bewegung gegeben. Hier stimmte schon die Ökonomie nicht, von der Ästhetik ganz zu schweigen.

Fritz blickte verunsichert an die Decke: Ob sie mithören? Sollen sie! Vielleicht schicken sie auch Kundschafter, meinte er. Was war mit unserem lustigen Begleiter von der FDJ, der sich ebenso für meine Arbeit als Werkstudent wie für die Gegensätze im Frankfurter SDS, dem Sozialistischen Deutschen Studentenbund, interessierte? Mir erschien seine Lustigkeit zu forsch, zu forciert. Nur einmal, als er sich unbeobachtet fühlte, an einer Theke stand und in einer Tasse rührte, sah ich ihn entspannt. Nachdenklich starrte er auf seine Tasse, einige seiner blonden Haare fielen ihm in die Stirne, und jetzt konnte ich mir sogar vorstellen, ihn zu streicheln, obwohl er sicher ein astreiner Hetero war.

Blickte Fritz an die Decke, sah er Mikrofone, ich sah einen Kopf, dem die Haare ins Gesicht fielen. Vielleicht tat ich ihm unrecht – wo aber Misstrauen herrscht, geht die Vernunft auf Krücken. Fritz war inzwischen eingeschlafen. Ich lag noch wach und überließ mich meiner Fantasie. Ich wünschte mir ein Bär zu sein, jener Bär, den Kleist in seinem Marionettentheater beschreibt. Der fällt auf keine Finte herein, der durchschaut sein Gegenüber, und nur wenn wirkliche Gefahr droht, schlägt er zurück, schnell und spürbar. Über dieses Talent würde ich gerne verfügen.

Unser blonder Begleiter im blauen FDJ-Hemd, der, wenn ich mich recht erinnere, auch noch blaue Augen hatte, er wurde mir nicht gefährlich. In einen Strudel der Gefühle geriet ich eher durch einen blonden Typ mit dunkelbraunen Augen, und auch das geschah in Ostberlin. Es war im Januar 1956, als ich über den IV. Schriftstellerkongress berichten sollte, den ersten nach Stalins Tod. Die Hoffnung auf eine freie Diskussion erfüllte sich aber nicht, obwohl auf der Rednerliste unter anderen Ernst Bloch, Bertolt Brecht, Leonhard Frank, Ralph Giordano und Stefan Heym vorgemerkt waren. Erstaunlich für die damalige Zeit, dass Heym Ulbricht öffentlich widersprach und Giordano einen Satz von Bloch aufgriff, der bald zu einem geflügelten Wort wurde: »Die Diktatur des kleinbürgerlichen Geschmacks im Namen des Proletariats.« Die meisten Referate ödeten mich an, und ich zog mich ins Foyer zurück.

Ich saß an einem der Tische und machte mir Notizen, als mich jemand ansprach, wie es unter Männern nicht üblich ist: Sie sehen müde aus, darf ich Ihnen einen Kaffee mitbringen? Ich war überrascht, lächelte vielleicht, was er als Zustimmung nahm. Er stand auf und kam mit zwei Kännchen Kaffee zurück: Hier ist der Kaffee gut. Er sprach ein weiches, akzentfreies Deutsch, die Melodie der Sprache klang aber ungewohnt, ließ mich fragend, vielleicht misstrauisch aufblicken. Er sei Russe, berichte über diesen Kongress für eine Armee-Zeitung. Ich nahm eine seiner Zigaretten, eine amerikanische. Wie mir die Rede von Arnold Zweig gefallen habe? Ich hatte diese Rede verpasst, wie einige andere Ansprachen auch, und flüchtete in eine Gegenfrage: Wo er so fließend Deutsch gelernt habe? Zu Hause, nicht weit von Moskau, eine Tante, die aus Minsk flüchten musste, hätte ihm als Kind auf Deutsch Märchen erzählt. Wurden auch mir jetzt Märchen erzählt? Ich saß erstmals mit einem Russen zusammen, und der widersprach all meinen Erwartungen. Ich musterte seinen zivilen Dress, der in seiner Lässigkeit eher westlicher Lebensart entsprach. Das Haar, hellblond, kontrastierte mit dunkelbraunen Augen, die mich aufmerksam beobachteten. Da auch ich ihn musterte, nicht ohne Wohlgefallen, mussten wir beide lachen. Er heiße Igor. Wie Igor Strawinsky, sagte ich, und wie Igor Mussorgski. Er lachte wieder: Modest Mussorgski.

Abends trafen wir uns, auch diesmal wie zufällig, an der Theke der kleinen Bar, die meisten Kongressteilnehmer waren gegangen. Wir suchten nach Worten. Ich wollte wieder nach Westberlin in mein Hotel, er nach Karlshorst, dem Sitz seiner Dienststelle, er habe dort ein separates Zimmer. Das Wort separat überhörte ich – keiner wollte den anderen begleiten, aber auch nicht verlieren. Igor blickte mich an, verwirrte mich. Ich blickte zurück und sah ein Gesicht, das mir so traurig erschien, als habe ich ihn getreten. Kommen Sie wieder, bat er, wir teilen uns die Kosten, jeder zahlt die halbe Bahnfahrt. Und da ich nicht antwortete, fuhr er fort: nächsten Samstag, acht Uhr abends im Presse-Club, gegenüber Bahnhof Friedrichstraße. Wieder sahen wir uns an, schweigend, dann nickte ich und sagte eines der wenigen russischen Wörter, das ich kannte, *doswidanja*, auf Wiedersehen.

Am nächsten Samstag, schon frühabends, stand ich am Bahnhof Friedrichstraße, der Presse-Club zum Greifen nah. Die Fantasie aber spielte verrückt. Ich sah Igor, wenn er denn so hieß, in meinen Armen, dann mich in Igors Armen, sah mich in einem Bett, das plötzlich in einem Käfig, in einem Gefängnis stand. Ein braver Soldat hatte seine Pflicht getan, mich vorher vielleicht noch geküsst. Diese Liebe war zu heiß. Rollenspiele machten mir Spaß, aber nicht die Rollen Spitzel oder Spion, obwohl in diesem Fach einige Schwule sehr berühmt wurden. Eine Stunde später saß ich wieder im Zug nach Düsseldorf.

Fast wehmütig dachte ich an Igor zurück, als zwei Jahre später an unsere Türe geklopft wurde und zwei Russen in fast gleichfarbig grauen Konfektionsanzügen hereinkamen, zwei Herren der sowjetischen Presseabteilung Bonn-Rolandseck, die sich offiziell angemeldet hatten. Sie näher zu beschreiben ist mir unmöglich, nicht einmal die Gesichter blieben mir in Erinnerung. Sie stellten zwei Gastgeschenke auf unseren Couchtisch, eine Flasche Wodka und eine Dose Kaviar, wie konnte es auch anders sein. Sie verneigten sich noch einmal, wie Japaner, dachte ich, und trugen dann ihr Anliegen vor. Sie hätten Probleme mit ihrer monatlichen Zeitschrift ›Sowjetunion heute‹, ob wir sie nicht beraten, vielleicht sogar mitarbeiten könnten. Dieses Blatt, schlechter redigiert als eine Kundenzeitung der Metzgerinnung, war uns nicht unbekannt. Wir blieben reserviert, sie aber ließen nicht locker, baten schließlich, wir möchten doch unsere Einwände schriftlich formulieren, sie seien dankbar für jede Kritik. Als die Herren fort waren, atmeten wir durch. Auf unsere kleine Expertise, die wir versprochen hatten, haben wir nie etwas gehört, sie trug die Überschrift ›Gedruckt für den Papierkorb?‹

In diesem Reigen fehlten, wir schreiben inzwischen das Jahr 1959, dann nur noch die Herren der bundesdeutschen Dienste. Ich hatte bisher nur einen von ihnen kennen gelernt, einen Mitarbeiter des K 14, als ich in Frankfurt am Main Student war. Ich schwang damals in einem Saal der Bekennenden Kirche eine flammende Rede gegen die Wiederaufrüstung. Der Mitarbeiter der politischen Polizei stellte sich betont korrekt vor, da er, wie er sagte, sich nicht einschleichen wolle. So viel Taktgefühl ist nicht jedem gegeben, wohl auch nicht immer erwünscht. In Düsseldorf jedenfalls standen zweimal hintereinander dieselben Herren vor der Tür: zwei blasse Beamte, die um Einlass baten, aber nicht ihre Dienststelle nennen wollten. Wir ließen sie im Flur stehen. Wenige Tage später versuchten sie ihr Glück übers Telefon. Sie möchten gerne mit uns über berufliche Fragen reden. Diesmal waren sie höflicher, und auch wir boten alle unsere Freundlichkeit auf. Wir hatten uns etwas einfallen lassen. Wie wäre es, sagte ich am Telefon, morgen Mittag, um 13 Uhr, im Espresso an der Oststraße, direkt neben der Redaktion der ›Deutschen Volkszeitung‹, die sie wohl kennen würden. Ein freundliches Ja, danke, wir kommen bestimmt. Auch sie sprachen im Plural.

Schon kurz nach 12 Uhr des nächsten Tages saßen Martin

und ich in der kleinen, aber gemütlichen Espressostube. Diesmal suchten wir keinen Tisch in der Ecke, sondern mitten im Raum, einen Tisch mit vier Stühlen. Wir bestellten jeder einen Espresso und bezahlten. Da wir nervös waren, bestellten wir noch zwei Espressi und wurden noch nervöser. Wir zahlten wieder sofort. Punkt 13 Uhr kam der erste der beiden Herren, die wir von ihren vergeblichen Hausbesuchen schon kannten. Er nahm Platz und bestellte einen Espresso, sein Kollege käme gleich. Er kam, und auch er bestellte einen Espresso.

Der Raum hatte sich inzwischen bis zum letzten Platz gefüllt, es war Mittagspause. Ich erlaubte mir, das Gespräch zu eröffnen. Ich darf wohl annehmen, sagte ich, dass wir den Herren nicht ganz unbekannt sind. Sie nickten freundlich, fast gütig. Wir aber, fuhr ich fort, kennen Sie nicht, wissen nicht einmal, für welchen unserer Dienste Sie arbeiten. Die Herren sahen sich an, erwarteten wohl, der jeweils andere würde antworten. Ich nutzte die Pause und wurde einen Ton lauter: Bitte, für welchen Geheimdienst arbeiten Sie denn? Sichtbare Verlegenheit, die Gäste an den Nachbartischen drehten sich nach uns um. Ich räusperte mich, wurde noch lauter: Warum sagen Sie uns denn nicht, für welchen Geheimdienst Sie arbeiten? Jetzt verstummten alle Gespräche, alle Gäste blickten auf unseren Tisch. Wir standen auf, wir hatten ja bezahlt, verbeugten uns stumm und verließen das Lokal. Auch von diesen Herren haben wir nie wieder etwas gehört.

Königinnen sind so selten

MR. Es gibt Momente im Leben, da wechselt man gern die Straßenseite, möglichst rasch. Mag sein, dass einem ein Trupp frustrierter Fußballfans entgegenkommt oder der Zahnarzt, dessen unbezahlte Rechnung schon seit Wochen auf dem Schreibtisch liegt, oder eine stadtbekannte Tunte, die einen als Busenfreund begrüßt, während man grad mit dem erzkonservativen Erbonkel einen Kö-Bummel macht.

Kein solches Damokles-Schwert schien über mir zu schweben, als ich an diesem Rosenmontag ahnungslos unser Lieblingscafé in der Düsseldorfer Altstadt betrat, um Muzemandeln zu kaufen, ein typisch rheinisches Karnevalsgebäck. Ich schwankte noch – meine Stiefmutter stand uns ins Haus – zwischen drei viertel oder anderthalb Pfund, als eine Huhuh! flötende Stimme, die dann noch meinen Namen rief, mich zum Umdrehen zwang. Kein Zweifel, das demonstrativ als Dame aufgemachte Wesen, das mir zuwinkte, war Clotilde. Ich sah zur Tür, pausenlos strömten Leute herein, jeder Gedanke an Flucht kam zu spät, aber welches Gesicht, wenn überhaupt eins, hatte ich zu verlieren an diesem Rosenmontag, der doch ganz unter dem Motto stand: Jeder Jeck is anders!

Clotilde, eigentlich Tilman, wurde nicht etwa deswegen Clotilde genannt, weil sie eine überaus eifrige Klappenbesucherin war, sondern weil sie in der Innenstadt von Münster in einem Geschäft für sanitäre Einrichtungen arbeitete. Sie war mir lange nicht mehr über den Weg gelaufen. In Münster allerdings, während meiner Buchhändlerlehre, gehörte sie durchaus zu dem schwulen Kreis, in dem ich verkehrte. Ja, sie war einer der ersten Schwulen überhaupt, denen ich begegnete, aber das weiß sie bis heute nicht, und ich denke auch nur ungern an diese Begegnung zurück, die alles andere als ein Ruhmesblatt für mich war. Nur wenn sie mir auf die Nerven ging, dachte ich sofort wieder daran. So war es auch heute, und so setzte ich mich rasch zu ihr und sagte artig Hallo und Was hat dich denn nach Düsseldorf verschlagen und Deine Frisur ist einfach umwerfend!

Ich wusste natürlich, dass es eine Perücke war. Außer Haus trug sie nur Perücken, sie besaß eine stattliche Sammlung, vom seriösen grau melierten Herrn bis zum wasserstoffblonden Vamp; und wenn sie die trug, ging es nie ab ohne Gesang, und das seinerzeit unter Schwulen so beliebte ›Lass mich dein Badewasser schlürfen/Dich noch einmal abfrottieren dürfen‹ war bloß der Anfang. Heute kam sie vergleichsweise schlicht daher: mit einer Art Pony, mattblond, passend zu ihrem sandfarbenen Chanel-Kostüm, das nur leider viel zu eng war. Strafend registrierte sie meinen verhalten kritischen Blick: Bin ich etwa eine alte Schachtel? Was ist, mein Junge, du widersprichst mir nicht? Früher warst du wesentlich galanter!

Ich schwieg. Ich wusste, das war keine Frage, nur die Eröffnung eines Monologs, an dessen Vortrag sie nichts und niemand hindern konnte außer hübschen jungen Männern. Ein Bäckerjunge, plötzlich aus den hinteren Räumen auftauchend und die Mädchen hinter der Theke mit frischen Brötchen beliefernd, weckte denn auch prompt ihre Neugier, aber nur kurz. Der Junge, er hinkte ein wenig, war mehlbestäubt und blass und wirkte müde und abgespannt. Clotilde seufzte: Oscar Wilde hat schon Recht. Das soziale Problem wäre leichter zu lösen, wenn die armen Leute nur nicht so hässlich wären! – Ich winkte ab, sie trumpfte auf: Nein, ist das nicht von Oscar Wilde? Meine Erfahrung ist es jedenfalls!

Offiziell waren wir durch Gerd und Doris miteinander bekannt geworden, ein Geschwisterpaar, das am Rande der Stadt lebte. Ausrangierte Eisenbahnwagen, mal hintereinander, mal nebeneinander postiert, waren die Salons dieses wunderbar verrückten Paares, das vor dem Krieg als Zirkusartisten in Berlin gelebt hatte. War man bei ihnen erst mal durch einen Freund eingeführt, konnte man jederzeit kommen und gehen. Clotilde zählte zweifellos zu den Stars der Szene, nicht nur der permanenten Selbstdarstellung wegen. Vor allem ihre Art, die gute Fee zu spielen, festigte ihren Ruhm. Ein Klosettdeckel beispielsweise, in Seidenpapier verpackt und mit bunten Bändern behängt, wurde unter ihren Händen zur Super-Geburtstagstorte. Kein Wunder, dass Küche, Bad und Gästeklo bald zu den bestausstaffierten Räumen des sonst eher ruinösen Anwesens von Gerd und Doris zählten. Gerds blumige Dankesreden mündeten allemal in den Satz: »Königinnen sind so selten!«, und er prägte ihn, lange bevor Horst Wolfram Geißler einen Roman mit diesem Titel veröffentlichte. Er wurde ein geflügeltes Wort, sobald die Rede auf Clotilde kam, und man sprach viel von ihr, liebte sie es doch, ihre Einsamkeit hinter provozierendem Gehabe zu verstecken.

Im gesitteten Münster, seit den Tagen der Wiedertäufer vor ungezähmten Zuständen auf der Hut, gehörte dazu nicht viel. Es genügte, sich in unsere stockkatholische Buchhandlung in der Salzstraße zu wagen und nach Roger Peyrefittes jüngstem Roman – das war im letzten Jahr meiner Lehrzeit – ›Die Schlüssel von St. Peter‹ zu fragen. Dieses Werk, schnell als antivatikanische Schmähschrift erkannt und mit dem entsprechenden Bann belegt, führten wir natürlich nicht, ja, es war uns von unserem Chef ausdrücklich untersagt, es zu bestellen – für wen auch immer. Versteht sich, dass ich das in unserem schwulen Kreis prompt herumposaunte. So war ich in ärgster Verlegenheit, als Clotilde in den Laden rauschte und das Buch verlangte. Glücklicherweise nahm sie mich nicht wahr, während ich gerade einem Kunden versicherte, dass Hemingways ›Der alte Mann und das Meer‹ keineswegs ein Buch für Freunde des Angelsports sei. Der ältere Kollege aber, der Clotilde erklären musste, dass eine Buchhandlung wie die unsere noch Ideale habe, kam dafür sichtbar ins Schwitzen. Dann geh ich eben zur Konkurrenz, war Clotildes letztes Wort, und es gelang ihr nicht schlecht, dabei die Queen herauszukehren. Es hörte sich wirklich an wie: »We are not amused!«

Es gefiel ihr sehr, Königin zu sein, und außer ihrer prachtvollen Perücken-Kollektion besaß sie einen Schrank voller Hüte. Der Satz »Every hat can be a crown«, erst Jahrzehnte später in einem Film über die Hochzeit von Charles und Diana von der Königin-Mutter als Losung ausgegeben, hätte ihr bestimmt gefallen. Ihr eindrucksvollstes Stück, ein Erbstück angeblich, von dem sie behauptete, es auf der Flucht vor den Russen getragen zu haben, war ein spitzenbesetztes biedermeierliches Häubchen, das sie gerne aufsetzte, wenn man zu ihr zum Kaffeeklatsch kam. Muss ich ihre Wohnung beschreiben? Haben wir sie nicht alle längst viele Male gesehen, im Kino und auf dem Bildschirm? Entspricht das Klischee, das wir davon kennen, nicht wirklich der Wirklichkeit? Ja, die Wohnung ist groß und eng zugleich, voll gestopft mit Antiquitäten, deren Herkunft ebenso zweifelhaft ist wie ihr Stil: üppige Sofas, quellende Kissen, Jahrhundertwendebilder in bedrohlichen Rahmen, Öldrucke, auf denen ein Engel ein Kind über eine brüchige Brücke führt, unter der eine Schlange nistet.

Diese Wohnung ist aber wirklich Clotildes Zuhause und auf vertrackte Art vollkommener Ausdruck ihres Wesens. Hier ist sie nicht die schrille Mischung aus Mann und Frau, die im Glücksfall von den Heteros als amüsant, von vielen Schwulen aber – und das nicht nur in den fernen fünfziger Jahren – als Störenfried empfunden wird. Nicht im kantigen Alltag nämlich, sondern in diesem plüschig ausgepolsterten Chaos aus falscher Kunst und echtem Kitsch kommt ein Mensch wie Clotilde zu sich selbst. Ein preziös gerahmtes Foto auf einer pseudobarocken Kommode, ein Schnappschuss aus Kindertagen, der kleine Tilman auf dem Rücken eines mächtigen Neufundländers, scheint diesen Eindruck zunächst noch abzurunden. Doch da steht ein Spruch unter dem Bild, in ungelenker Schrift, der diese ganze grausige Gemütlichkeit in ein anderes Licht taucht: Was ist das Leben? Wie ist es gemeint? /Wir sollten fröhlich sein, doch einer weint./Wir sollten furchtsam sein, doch einer lacht./Wir sind, was wir auch tun, wie Kinder in der Nacht!

Einmal hätte ich ihr beinahe eine runtergehauen, aber eben nur beinahe. Das war an einem Sonntagvormittag im Café Schucan am Prinzipalmarkt. Sie hatte sich, ausnahmsweise ganz bürgerlich als besserer Herr aufgemacht, Kartoffelsalat mit Wiener Würstchen bestellt und mich eingeladen. Da an den Nachbartischen noch niemand saß, gab es für Clotilde auch keine Veranlassung sich aufzuspielen. Erst das Erscheinen einer einzelnen älteren Dame, die uns gegenüber Platz nahm und ebenfalls Kartoffelsalat mit Wiener Würstchen orderte, reizte Clotilde, den Bürgerschreck zu spielen. Kaum fing die Dame an, ihre Würstchen artig mit Messer und Gabel zu traktieren, legte Clotilde lautstark ihr Besteck aus der Hand und führte sich ein Würstchen mit gespreizten bloßen Fingern zum Mund. Empört sah die Dame von ihrem Teller hoch, den sie angeekelt von sich schob. Clotilde lachte meckernd, ich hatte schon meine linke Hand gehoben, da fiel mir ein, dass ich wohl der Letzte war, dem es zustand, sich als ihr Richter aufzuspielen.

Jäh stand wieder das Bild unsrer ersten Begegnung vor mir: es war an einem heißen Sommerabend. Ich hatte, auf der Suche nach einem Abenteuer, schon den halben Grüngürtel umrundet, der die Innenstadt Münsters ringartig umschließt und keineswegs nur braven Bürgern als Abendpromenade dient. Aus einer Klappe, die meinen Weg kreuzte, kam schreiend jemand gerannt, den ich im ersten Augenblick für ein weibliches Wesen hielt, der Tasche wegen, die er an einem Riemchen über der Schulter trug. Ein Halbwüchsiger rannte hinter ihm her, fluchend, mit erhobenen Fäusten. Es wäre leicht gewesen für mich, ihm den Weg zu verstellen, schlimmstenfalls hätte ich ein paar auf die Nase gekriegt, der Flüchtende aber, wohl ein Schwuler wie ich, hätte entwischen können. Doch ich verbarg mich rasch im Gebüsch und wartete, bis Verfolger und Verfolgter aus meinem Blickfeld verschwunden waren.

Dass es sich bei dem Flüchtenden um Clotilde gehandelt hatte, wurde mir schnell klar, als wir uns einen Tag später draußen bei Gerd und Doris offiziell kennen lernten. Ich erkannte sie an dem Täschchen, das sie an einem schmalen Riemchen über der Schulter trug – auch ihr blaues rechtes Auge war nicht zu übersehen. Glaubte man aber dem, was Clotilde selber von dem Vorfall erzählte, so musste die ganze Geschichte keineswegs eine neue Erfahrung für sie gewesen sein. Ihr Täschchen wie ein Weihrauchfass schwenkend, berichtet sie stolz, wie sie ihren Verfolger in die Flucht geschlagen habe, und ihr blaues Auge war ihr bloß einen Witz wert. Streitsüchtige Damen, meinte sie, haben doch immer blaue Augen: wenn schon nicht vorher, dann nachher! Beifallheischend sah sie in die Runde, lustig kampfeslustig, und alle lachten. Ich aber schwieg. Tat ich es nur, weil ich sie nicht beschämen wollte?

Entfernung von der Truppe

HS. Ein Spätsommerabend. Auf den Sandwegen liegen Schatten von Kiefern und Fichten, die einzigen Schritte, die ich höre, sind meine eigenen. Doch die Idylle täuscht: Unter den Bäumen ducken sich grün gestrichene Baracken. Es ist August 1943, ich trage Uniform, bin Soldat auf dem Truppenübungsplatz »Wandern«, östlich von Frankfurt an der Oder …

Alle, fast alle, die in diesen Baracken leben, suchen heute in den umliegenden Dörfern ihren Spaß, Urlaub bis zum Wecken. Es ist eine der letzten Nächte, bevor die Transporte an die russische Front gehen. Doch was soll ich in den Dörfern? Die Jungs, die Kameraden, die mit mir auf der Stube liegen, freche Berliner, die auf alles eine Antwort haben, sie wollen saufen, träumen von Mädchen. Was ich aber will, ich weiß es nicht! Der Einzige, mit dem ich mich länger unterhalte, kommt aus meiner Heimatstadt, aus Wuppertal. Der aber redet am liebsten über Tennis, er sei, wie er behauptet, der beste Nachwuchsspieler, seine Freistellung sei beantragt, jeden Augenblick müsse sie eintreffen. Da sie nicht eintrifft, hängt er jede freie Stunde an irgendeinem Telefon. So bleibe ich allein.

Die Halsbinde kratzt, die Stiefel, die mich durch Russland tragen sollen, sind wieder zu eng. Wohin die Transporte gehen, keiner weiß es oder will es wissen, das Fußvolk lebt im Dunkeln. Denke ich an Russland, sehe ich die Farben Weiß und Rot, Schnee und Blut, nicht gerade einladend. In meiner Tasche steckt das Abitur, ein Notabitur, damit ich schneller an die Front geschickt werden kann, doch die bürgerliche Bildung erhellt meinen Horizont nur mangelhaft. Charkow erobert, Stalingrad eingekesselt, das eine beeindruckt mich so wenig wie das andere. Nicht einmal die Landkarte habe ich befragt, lebte windgeschützt in unserer Wuppertaler Wohnung, mit meiner alles verzeihenden Großmutter, die mich seit dem frühen Tod meiner Eltern umhegte.

Von irgendwoher ertönt Schlagermusik, die schrille Stimme Marika Rökks, den Text kann ich nicht verstehen. Ich gehe der Musik nach, erreiche eine Schreibstube, in der ein älterer Mann, ein Feldwebel, über irgendwelchen Papieren sitzt. Ich blicke noch einmal durch das offene Fenster, sehe, dass er eine Tropenuniform trägt. Afrika verloren, Rommel geschlagen, wozu noch eine Tropenuniform?

Wie durch einen Faustschlag getroffen, werde ich hellwach. Vor der nächsten Baracke sehe ich noch einen Soldaten in Tropenuniform: Er sitzt in der Türe, putzt andächtig seine Schuhe, über einem seiner Augen klebt ein Verband. Ich schleiche mich heran, versuche es mit der Kumpeltour: Schicke Kluft, wohin soll die Reise denn gehen? So fragt man Dumme aus, sagt er knurrend, du weißt doch, man soll mit keinem drüber reden. Vielleicht zu den Eskimos, entgegne ich. Er lacht, spielt den Überlegenen: eher dorthin, wo die Zitronen blühn! Ist das dein Ernst, frage ich und kann meine Erregung kaum bändigen. Er blickt auf meine schäbige, graue Uniform und grinst: Dir kann es doch gleich sein, gib lieber Acht, dass dir in Russland dein Schwanz nicht abfriert!

Ich spüre jeden Takt meines Herzschlags, laufe zurück zur Schreibstube, denn fragen kostet ja nichts. Mir fällt ein Spruch meiner Großmutter ein: Wer nichts verlangt, ist schon bedient. Ob ich hereinkommen darf? Der Feldwebel nickt, noch nie habe ich einen Feldwebel angesprochen. Ja, also, beginne ich, will fragen, ob noch jemand gebraucht wird, vielleicht für die

Nachrichtenstaffel, ich habe diese Ausbildung, bin Funker und Fernsprecher. Der Feldwebel blickt über den Brillenrand: Funker haben wir genug, nur ein Strippenzieher fehlt, haben Sie gehört, nur ein Strippenzieher. Mir verschlägt es die Sprache, ich nicke wie ein Esel. Der Feldwebel tippt einen Antrag, den ich zu meinem Bataillon bringen muss. Ich werde Strippenzieher im Land, wo die Zitronen blühn.

In einem Viehwagen fahre ich nach Italien, zwei Ballen Stroh und ein paar Bänke sind unser Komfort. Aber meine neue Kluft sitzt wie angegossen, in Khaki gefalle ich mir noch mal so gut. Die Ärmel sind zwar zu kurz, aber irgendwann werde ich die Jacke tauschen können, Schlipse gibt es nicht mehr, doch wichtiger ist mir das weiche Sporthemd, keine kratzende Kragenbinde, Schnürschuhe statt Stiefel, dazu eine Schirmmütze.

Brixen ist unser erster Halt, wo uns Südtiroler, von Großdeutschland träumend, mit Obst und Kuchen überhäufen. In Verona sind es Italiener, die sich vor unseren Waggons drängen, stumm und staunend, als wären wir wilde Tiere. Ich sehe elegante Frauen, onduliert und geschminkt, als gäbe es keinen Krieg. Jetzt sind wir es, die staunen.

In Pontedera dürfen wir endlich aussteigen, die Stadt bis Mitternacht erobern, in der Tasche die ersten Lire. Die kleine Stadt aber liegt schon im Halbschlaf, keine Straßenbeleuchtung, kaum ein Auto. Einige Fenster, nicht verdunkelt, leuchten magisch aus den Fassaden wie die offenen Türen der Kneipen. Ein milder Wind, für einen Herbstabend unerwartet warm, weht mir entgegen. Ich fühle mich wie auf Flügeln getragen, bleibe vor einem Schaufenster stehen, auf das der Lichtstrahl einer gegenüberliegenden Kneipe fällt, versuche, mich in der Scheibe zu spiegeln. Die Schirmmütze ziehe ich tiefer ins Gesicht, drücke fest auf den Kniff – zum wievielten Male schon? –, damit er der Mütze Pfiff gibt, eine kleine Korrektur, die bereits als unsoldatisch gilt, verboten ist. Als ich genauer ins Schaufenster blicke, sehe ich Uhren, runde Armbanduhren, noch nie habe ich runde Armbanduhren gesehen. Ein komisches Volk, diese Italiener, nicht ohne Stolz schaue ich auf meine viereckige, verchromte Konfirmationsuhr.

Längst sind die beiden Rheinländer, die mich begleiten, unruhig geworden: Sie wollen in eine Kneipe, haben sich ausgedacht, dass ich vorangehen soll. Also gehe ich voran. Die beiden stiefeln hinter mir her, und zu dritt stehen wir an der Theke, ziemlich ratlos. Seitlich sind mehrere Tische aufgebaut, trotz später Stunde wird noch gegessen: Nudeln und Salat, Fleisch sehe ich nicht. Wein aber scheint es genug zu geben, auf jedem Tisch steht eine offene Strohflasche. Wie gebannt blicken wir, alle drei, auf die Regale hinter der Theke: Dort stehen zwanzig, dreißig oder noch mehr Flaschen, jede hat eine andere Farbe, einen anderen Namen, Reichtum und Vielfalt wie in einem Märchen.

Die beiden Rheinländer streiten sich, ob sie angesichts dieser vielen Flaschen links oder rechts beginnen sollen. Ich treffe für sie die Entscheidung, zeige auf ein grünes Etikett. Dicker, grüner Sirup fließt in unsere Gläser, Pfefferminzlikör. Wir schütteln uns, nicht unser Geschmack, wir zögern, vielleicht sollten wir den Marsch durch die Regale vertagen. Lieber *vino rosso*, so viel Italienisch können wir schon. Ein Glas folgt dem anderen, wir werden immer lustiger, die Fantasie kommt auf Touren: Wann werden wir das Meer sehen, wann die ersten Palmen?

Der Mann hinter der Theke, kaum älter als wir, lacht mit uns. Als wir zahlen wollen, wird uns nichts berechnet, begeistert klatschen wir zum Dank in die Hände. Der Mann aber lässt uns noch nicht gehen, will irgendetwas von uns wissen, stellt eine Frage, die er wiederholt. Ich verstehe die Frage nicht sofort, erinnere mich aber an ähnliche lateinische Wörter und versuche eine Übersetzung. *Quando finisce questa guerra:* Wann endet dieser Krieg? Er will also gar nicht wissen, wer siegt, sondern nur, wann der Krieg zu Ende ist. Der Mann hinter der Theke nickt, er glaubt, dass ich ihn verstanden habe. Dann schaut er mich an, stumm und durchdringend, als sei ich Herr über Krieg und Frieden, als hätte ich den Krieg angefangen und müsse ihn auch beenden. Ich kann nur mit den Schultern zucken, sage so freundlich wie möglich noch einmal *grazie tante,* dann *buona sera* und auch *buona notte,* weil ich nicht weiß, wann für einen Italiener der Abend endet und die Nacht beginnt.

Lautlos ziehen wir uns zurück. Draußen ist es inzwischen stockdunkel, nur gelegentlich sehen wir, wie Schatten, einige Zivilisten. Plötzlich schallt in die Stille aus irgendeinem dunklen Fenster ein Spottvers, dringt wie der Schrei eines Nachtvogels in meine Ohren: *Duce, duce, duce – stasera niente luce – stanotte aeroplane – domani senza pane.*

Das Meer muss noch warten, dieses Meer musste schon auf viele Soldaten warten, Soldaten, die kamen, Soldaten, die gingen. Ich stehe an einer öden, staubigen Landstraße, hinter mir ein Pinienwäldchen, in dem meine Einheit campiert, vor mir ein weites Feld mit Zelten italienischer Soldaten, ungeschützt vor der Sonne und vor feindlichen Fliegern. Mir gegenüber steht einer dieser italienischen Soldaten, Mario, auch er muss an dieser verdammten Straße Wache schieben. Mario sieht nicht unsympathisch aus, schmal, schwarzhaarig, dunkle, brennende Augen, wie ich es von einem Italiener erwarte. Und immer wieder lacht er, als würde er mich komisch finden, doch lacht er nicht höhnisch, eher gutmütig, gestikuliert zugleich wie ein Clown mit seinen Händen. Sein Gewehr hat er längst, was ich nie wagen würde, an den Pfosten eines Wegweisers gelehnt: Pisa 20 km.

Dass er Mario heißt, bringt er mir als Erstes bei, er schlägt auf seine Brust und sagt: Mario. Er zeigt auf Kopf, Hände, Beine und Füße, ich wiederhole die Namen, die er nennt, sage ihm dann die deutschen, die er aber nicht wiederholt. Nur einmal, als er hört, dass *naso* gleich Nase ist, ergreift ihn ein Taumel der Freude, dann ruft er Katze, Katze, Katze. Erst abends, als ich den Dolmetscher des Bataillonstabes zufällig treffe, erfahre ich den

Sinn des Wortes. Was sich wie Katze anhört, wird *cazzo* geschrieben und gemeint ist der Schwanz, aber nicht der Schwanz der Katze.

Noch einmal stehe ich Mario gegenüber, lerne wieder ein paar Brocken Italienisch. Er zieht ein Hosenbein hoch und deutet auf seinen Strumpf. Er knöpft sein Hemd auf, damit ich begreife, was Knopf auf Italienisch heißt. Schließlich kommt er auf meine Straßenseite, legt eine Hand auf meine Schulter, als wolle er mir ein Geheimnis verraten, und zieht ein Lederetui mit einem Mädchenfoto hervor, *mia ragazza*. Ich aber kann ihm kein Foto zeigen, erstaunt schaut er mich an, sichtbar enttäuscht. Noch einmal ruft er mir *arrividerci* zu, doch ich weiß schon, dass wir uns nie wieder sehen werden, denn morgen wird unsere Einheit verlegt. Mario, mein Wörterbuch, ohne ihn wäre an dieser staubigen Landstraße mein Gehirn ausgetrocknet.

Ich sitze in einem Kino, in dem ein deutscher Film mit italienischen Untertiteln läuft. Es ist ein Glücksfall, dass unsere Einheit nach Portugruaro verlegt wurde, irgendwie sollen wir an der oberen Adria eine Landung verhindern. Seit vielen Monaten schon geht meine Reise in den Süden Richtung Norden: Briten und Amerikaner treiben uns in die Po-Ebene, und wir, die Deutschen, treiben Vieh vor uns her, Kühe italienischer Bauern, requiriert für die leeren deutschen Kochtöpfe.

Portugruaro wirkt wie ein kleines Paradies, hier gibt es noch eine Trattoria mit *polenta e pesce* und ein Kino mit deutschen Filmen. Doch ich achte nur wenig auf die Leinwand, denn der, der neben mir sitzt, drückt leicht, kaum spürbar gegen mein Knie, eine Berührung, die mich nicht gleichgültig lässt. Als ich das Kino verlasse, ist es bereits Nacht. Es fällt aber genug Licht auf die Straße, dass ich auf der Gegenseite, auf irgendeinem öffentlichen Gebäude, einen Spruch lesen kann, der wohl nie sehr ernst genommen wurde und jetzt nur noch lächerlich wirkt: *credere, obbedire, combattere:* glauben, gehorchen, kämpfen.

Mein Nachbar aus dem Kino steht schon neben mir, lädt

mich zu einem Espresso ein, geht wie selbstverständlich davon aus, dass ich ihm folge. Verlegen rühren wir in unseren Tassen, sehen uns schweigend an, obwohl ich gerne mit ihm sprechen würde. Ich vermute, mein Gegenüber ist ein paar Jahre älter als ich: weißes Hemd, Krawatte, schmales Gesicht, die dunklen Haare glatt zurückgekämmt, die Haut gelblich braun, eine Farbe, die auch Oliven manchmal annehmen, dazu leicht vorstehende Backenknochen, nicht unattraktiv. Um etwas zu sagen, greife ich nach einem Spruch, wie ihn die Italiener lieben: *amare le donne, dolce il cafe.* Je nach Lage und Laune lässt sich *amare* mit bitter oder lieben übersetzen. Ich freue mich, dass mein Gegenüber lacht, dann tauchen wir wieder unter im Dunkel der Straßen.

Aus der Ferne höre ich Kirchenlieder, die immer lauter werden, und schon bald sehe ich Frauen, die vor dem verdunkelten Bahnhof auf einem Rasen liegen, Pilgerinnen vielleicht, die auf den nächsten Zug warten. Ihre hellen, heiser klingenden Stimmen sind von einer schneidenden, fast verletzenden Schärfe. Wir gehen weiter, überqueren die Gleise und erreichen einen halb verfallenen Geräteschuppen. Die Türe steht offen, viel dunkler kann es nicht werden.

Mein Nebenmann wird wieder mein Gegenüber, zieht mich an sich, streicht mir über den Kopf und berührt meine Ohren. Dann aber legt er seine Hände auf meine Schultern und versucht mit sanftem Druck, mich in die Knie zu zwingen. Ich ahne, was er will, das aber will ich nicht. Ich greife nach seinen Händen, ziehe sie hinter seinen Rücken, drücke meinen Leib gegen seinen. Wortlos messen wir unsere Kräfte, sein Gesicht sehe ich nicht, nur sein weißes Hemd mit der Krawatte leuchtet im Dunklen. Keiner, so scheint es, bekommt das, was er sich wünscht, unsere Erregung aber bleibt, steigert sich sogar, fordert ihren Höhepunkt. Noch einmal lockern wir uns, greifen dann wechselseitig zu und spielen, wie Pennäler spielen. Sollte das alles sein?

Den Rückweg gehe ich allein. Die Frauen lagern immer noch auf dem Rasen, und ihr Gesang kommt mir jetzt wie eine nie enden wollende Klage vor, wie ein Abgesang auf eine heillose Welt. Doch merkwürdig, in ihrer Monotonie wirken die Lieder zugleich entspannend und beruhigend auf mich.

März 1945, nur wenige Wochen sind vergangen, ich liege in einem Straßengraben, bedeckt von üppig wucherndem Farnkraut. Auf der Straße, vielleicht noch hundert Meter entfernt, nähert sich eine Kolonne amerikanischer Panzer, das Rasseln der Ketten wird jede Sekunde lauter, bedrohlicher. Gut getarnt, wie ich bin, brauche ich nur liegen zu bleiben, in wenigen Minuten werde ich von meiner Einheit abgeschnitten, der Krieg, der nie mein Krieg war, ist dann für mich beendet.

Mein Bataillon, oder das, was von ihm übrig blieb, flieht seit Tagen durch die Alpentäler in Richtung Trient. Jeder von uns weiß, selbst wenn er es nicht zugibt, dass dieser Krieg längst verloren ist, dass jeder Tag nur neue sinnlose Opfer fordert, wenn Opfer überhaupt sinnvoll sein können. Doch keiner tauscht mit seinem Nebenmann seine Gedanken aus, es ist ein Rückzug der Stummen, der Verstummten. Ein Funker, Elsässer, mit dem ich befreundet war, entfernte sich schon vor vielen Monaten von der Truppe. Er bat mich mitzukommen, ich aber marschierte weiter. Ein Bauer war bereit, mich in seinem Keller zu verstecken, versprach mir sogar einen neuen Anzug, ich aber marschierte weiter. Jetzt brauche ich nichts zu tun, nur still liegen zu bleiben.

Die amerikanischen Panzer kommen näher, auch jetzt habe ich eine unbestimmbare Angst, ein nicht fassbares Gefühl, das meine Brust einengt. Darf ich meine Einheit verlassen, kann ich den Amerikanern trauen? Ihren tollen Jazz, ihre flotten Sprüche, auch ihre Aufforderung, überzulaufen zu den Demokraten – alle ihre Sendungen habe ich trotz strengem Verbot immer wieder über unsere Funkgeräte gehört. Die Menschen aber, die hinter diesen Sendungen stehen, blieben für mich blass, ohne Konturen. Vertrauenswürdiger klangen für mich die Stimmen des Schweizer Senders Beromünster, der stets die Heeresberichte beider Seiten verlas. Die Kommentare eines Professor von Salis, dass Hitler und seine Trabanten die wahren Volksfeinde sind, habe ich noch immer im Ohr. Vielleicht sollte ich in die Schweiz fliehen, die Grenze dürfte nicht zu weit sein. In letzter Sekunde springe ich aus meinem Versteck, überquere die Straße und renne zurück zu meiner Einheit. Mich den Amerikanern zu ergeben – ich schaffe es nicht, riskiere lieber mein Leben, um wieder bei denen zu sein, die sich einen Dreck um mein Leben kümmern.

Spätabends liege ich in einer verlassenen Schule, noch immer muss unsere Einheit gefechtsbereit sein. Als einzige Verpflegung gibt es Panzerplatten, weißes italienisches Knäckebrot, *galetta*. Mitten in der Nacht weckt mich jemand, ich soll Wache stehen. Die kalte Nachtluft ernüchtert mich, wieder denke ich an diesen Krieg: *Quando finisce questa guerra?*

Ich gehe auf ein Straßenschild zu, das mir wie eine Einladung entgegenleuchtet: Trento 25 km. Das schaffe ich leicht, denke ich, und in zwei oder drei Tagen wird sich mein Traum erfüllen, ich werde in der Schweiz sein. Ich gehe über einen Feldweg, der parallel zur Landstraße verläuft, ich nehme das Schloss aus meinem Karabiner 98 und zerlege es in seine Einzelteile, deren Namen ich auswendig lernen musste. Alle paar Meter werfe ich eins dieser Teile in den Graben, kein Mensch soll dieses Gewehr je wieder zusammensetzen.

Erwachen in Amsterdam

MR. Wer hat den längsten? Wer kommt am schnellsten? Wer spritzt am höchsten? Die Sex-Spiele kleiner Jungs sind kaum sonderlich fantasievoll und wohl alles andere als die Erfüllung schwuler Wunschträume. Bei uns daheim, in Hinsbeck am Niederrhein, hatte ich dennoch häufig an solchen Übungen teilgenommen, unausweichlich begleitet von verbalem Imponiergehabe. Im Internat, das dann ab dreizehn das niederrheinische Dorf ablöste, war kein Raum mehr für derart rüde Kumpanei. Nur in den Ferien flammte sie kurz wieder auf, die Notstandskameradschaft, wenn ich mit den Nachbarjungen schwimmen ging, durch die Wälder streifte oder im Dachboden der Bauernscheune saß, während unter uns gerade ein Hengst einer Stute zum Decken zugeführt wurde. Es war kein romantischer Anblick. Auf der Weide, wo diese schönen Tiere einander zärtlich umtanzten und sich wechselseits mit ihren Nüstern den Hals kraulten, gefielen sie mir viel besser. Ich sah weg, wenn Karl und Fritz ihre Hosen öffneten, ich sah auf das Schild, das unten am offenen Scheunentor hing: Beim zweiten Sprung sind Hafer und Deckgeld fällig!

Ich verzog mich – meine Träume sahen anders aus. Im Internat, wir Dreizehnjährigen schliefen noch alle gemeinsam in einem Saal, gab es einen Primaner, von dem ich träumte. Er war schön gewachsen, hatte wunderbar lange feste Beine, dunkles Haar und blaue Augen von eisigem Feuer. Er war älter als seine

Klassenkameraden, und er war noch nicht lange hier. Er war schon im Krieg gewesen und sollte auch nur kurz bleiben, um sein Abitur nachzuholen. Was sich vielleicht sonst noch hinter diesem Sonderstatus verbarg, wusste ich nicht, aber von ihm träumte ich. Dass er mich, wieso denn auch, keines Blickes würdigte, machte mein Verlangen nur noch stärker, und einmal habe ich mich sogar in sein Zimmer geschlichen, das er mit drei anderen Primanern teilte. Ich wusste, dass alle vier mit dem Rad ins nahe Goch gefahren waren, wo sie wahrscheinlich ins Kino gingen oder Mädchen trafen. Es war Samstagnachmittag, jeder war sich selbst überlassen. Was ich eigentlich suchte, war mir selbst nicht klar, aber der Schlafanzug, der zusammengerollt unter dem Kopfkissen seines Bettes lag, erregte mich, und schließlich nahm ich ein Taschentuch mit, das ich in seiner Nachttischschublade fand. Einmal habe ich ihn nackt gesehen, es war nach einem Fußballspiel, das sich die Großen mit einem Verein von auswärts lieferten. Es war ein heißer Tag, ein Gewitter zog auf, das Spiel wurde abgebrochen, die Spieler zogen sich aus und tanzten wie besoffen im Regen. Ich lief auf ihn zu, hätte ihn gern berührt, zitterte aber fürchterlich. Er legte seinen Arm um mich, ich fing an zu weinen. Aber es ist doch bloß ein Gewitter, sagte er.

Ich war gern in Gaesdonck, und ich habe auch den Wassergraben, der das ganze alte Gemäuer wie einen schirmenden Wall umgab, nie als Grenze begriffen. Für den Jungen vom Land, der nichts anderes kannte als sein Dorf, und für den das Ende des Zweiten Weltkriegs mit dem Einmarsch der Amerikaner ein einsamer Höhepunkt in seinem elfjährigen Leben war, stellte sich das Internat als große Welt dar. Neben den geistlichen Herren, die das Sagen hatten, und den Nonnen, die für unser leibliches Wohl sorgten, gab es auch weltliche Lehrer, Lehrerinnen sogar. Wunderbar bunt aber war vor allem die Schar der Mitschüler, darunter Kinder damals mächtiger Leute aus Wirtschaft und Politik. Doch gerade sie waren es, die sich nur schwer zurechtfanden und schnell eingesperrt fühlten. Aus den großen Städten kommend, sahen sie hier nur die Enge und rebellierten. Für nicht wenige folgte dem *consilium abeundi* – dem Rat, freiwillig zu gehen – schnell der endgültige Rausschmiss. Einige wenige provozierten ihn regelrecht.

Nicht vergessen habe ich den Fall eines heute bekannten Schauspielers, der gerne lautstark aus verbotenen Büchern vorlas, so einmal aus James M. Cains ›Serenade in Mexiko‹, in dem ein Paar, das sich in eine Kirche geflüchtet hat, ausgerechnet den Altar als Liebeslager wählt. Sex, in welcher Form auch immer, war tabu, was natürlich keineswegs heißt, dass er nicht stattfand. Was aber mit Sicherheit am wenigsten Befriedigung fand, war der Hunger nach Zärtlichkeit. Kam es vor, dass zwei Jungs, sei es im Unterricht, im Refektorium oder gar in der Kapelle, beim Händchenhalten ertappt wurden, gab es gleich eine gnadenlose Hatz. Die Kunst der heimlichen Rendezvous war entsprechend entwickelt. Wehe aber, etwas flog auf.

Ich lernte schnell, denn mir dämmerte bereits, dass ich mehr wollte als einfach Sex, der schnell vergessen und vergeben war. Mein Beichtvater aus dem nahen Goch – wir gingen nie zu einem der geistlichen Herren, die auch unsere Lehrer und Erzieher waren – war der Typ des gütigen Landpfarrers, der sich keine Illusionen machte über die Eskapaden Pubertierender. Er war gewiss überzeugt, dass meinen so genannten Fehltritten mit reichlich Rosenkranz, Frühsport und kalten Duschen beizukommen sei. Allerdings mahnte er bei mir schon sehr früh einen Ton von Hochmut an, der einem wahren Büßer, wie er wiederholt betonte, schlecht anstehe. Er sollte Recht behalten mit seiner Warnung, denn im Innersten tat mir nichts wirklich leid. Kriegten meine Klassenkameraden sich vor Begeisterung nicht ein, wenn unsere Englischlehrerin sich über ihre Schulhefte beugte und, willentlich oder nicht, einen kurzen Blick in ihre Bluse erlaubte, so wartete ich sehnsüchtig darauf, dass ein gewisser Oberprimaner mich wenigstens einmal freundlich grüßen würde.

Dann kam jener merkwürdige Sommer 1951, ich war gerade siebzehn geworden. Mein Vater hatte mir erlaubt, in den Ferien mit dem Rad nach Amsterdam zu fahren. Ich hatte behauptet, mich dort mit anderen Jungs aus dem Internat zu treffen, die, ebenfalls per Rad, aus dem Westfälischen herüberkommen würden. Natürlich durfte ich da nicht zurückstehen, ich, den der Vater möglicherweise für einen Träumer und Schlappschwanz hielt. Beim Kegelaufsetzen nämlich, mit dem ich mir an manchem Abend fünf Mark Taschengeld verdiente, kam ich schnell ins Schwitzen. So eine Tour, meinte er, könne mir nur gut tun.

An einem frühen Morgen fuhr ich los. An Venlo, der kleinen Grenzstadt, war ich schnell vorbei, und schon am Abend, den Glanz der großen Stadt wie eine Verheißung wahrnehmend, lag ich, selig und todmüde, in einem spartanischen Bett der YMCA, der Young Men's Christian Association, die damals am Leidse Plein, ganz in der Nähe des Hotel Americain, ihr Quartier hatte. Dass sich in diesem Hotel Amsterdams weltläufige Schwule zum *High Tea* trafen, dass sich im YMCA, Jahrzehnte später von der Gruppe ›Village People‹ dröhnend besungen, einschlägige Kontakte knüpfen ließen, ich ahnte es nicht einmal. Mit mäßigem Englisch schlug ich mich durch, schaute aber auch oft und gern in mein niederländisches Wörterbuch, das ich stets zur Hand hatte. Es erwies sich als äußerst hilfreich, schon sein Anblick zauberte einen Ausdruck des Wohlwollens auf die Gesichter der Amsterdamer. Deutsch war in jener Zeit wirklich nicht das, was sie hören wollten, sechs Jahre nach Hitler. Hass und Verachtung allerdings schlugen mir nirgends entgegen. Ich konsultierte also eifrig mein Wörterbuch, doch sind Lesen und Sprechen bekanntlich zweierlei. Das sprichwörtliche *kopje koffie* ist rasch bestellt, und auf den Matjes, *de nieuwe hareng,* kann man auch mit der Hand weisen. Was aber, wenn *mevrouw* hinter ihrer blitzblanken Theke das Tier nicht nur kunstgerecht in sieben Teile teilt, sondern auch freundlich fragt, ob man dazu *zuur met uitjes of alleen maar uitjes* haben möchte, Gurkenscheiben also mit feingehackten Zwiebeln oder nur Zwiebeln?

Zum Glück gibt es in Holland jene besondere Art von Schnellrestaurants, wo hinter schmalen Fensterchen allerlei Dinge auf den Hungrigen warten, die zunächst eher exotisch wirken. Das ist, in vielen Straßen über die Stadt verteilt: *de automatiek. De bal gehakt, de bami-bal, de nasi-bal,* alles Verwandte der alten deutschen Bulette, aber unterschiedlich gefüllt, mit Reis und Nudeln zum Beispiel und in Öl ausgebacken – das sind die Klassiker dieser Garküche, die vielleicht nicht jedermanns Sache ist, mir aber Anfang der fünfziger Jahre stets das Gefühl gab, König zu sein, solange noch genug *kwartjes* in meiner Hosentasche klimperten, kleine runde Geldstücke im Wert eines viertel Gulden. Nur allzu gern erlag ich der Versuchung, weit mehr zu essen als ich sollte. Das Einwerfen der *kwartjes* in die seitlichen Schlitze, das Aufklappen der Fensterchen, es hatte irgendwie einen Glücksspiel-Effekt.

Eines Abends aber, vor meinem bevorzugten *automatiek* in der Leidsestraat, im Herzen der Stadt also, wartete eine weit größere Versuchung auf mich. Während ich in meiner Gier, noch ein Bällchen zu angeln, an einem der Kästchen rüttelte – das Geldstück klemmte wohl –, legte mir ein Mann die Hand auf die Schulter und sagte sanft, aber entschieden: *Niet doen, jochie! Dat mag niet, jochie!* Ich drehte mich um, elektrisiert: Es war das Wort *jochie,* das es mir angetan hatte, klang es doch weit mehr zärtlich als zurechtweisend. Im ersten Augenblick glaubte ich, einen Doppelgänger meines angehimmelten Oberprimaners vor mir zu haben. Das einzige Wort, das ich hervorbrachte, war ein gestottertes *sorry*. Mechanisch wiederholte ich es noch ein-, zweimal, während der Mann wieder die Hand auf meine Schulter legte und mich auf die Straße schob. Ich hätte verstört sein sollen, aber da war etwas in seiner Art, mich zu führen, das mir das Gefühl gab, im Innersten erkannt zu sein.

Wortlos ließ ich mich gegen ihn fallen. *Goed so, jochie*, sagte er, und diesen Namen behielt ich, und ich habe ihn immer als zärtlich empfunden, obwohl er zunächst nichts anders meint als dies: grüner Junge.

Wo gingen wir hin, ich achtete nicht darauf, es war eine der klassischen Grachten, die von der Leidsestraat abzweigen. Wir betraten ein hochgiebliges Haus und landeten endlich im obersten Stock: ein Stück Bergsteigerarbeit. Wer sagt, Holland sei flach? Ich trat an das Giebelfenster und sah hinunter auf das silbern schimmernde Wasser und auf die Stadt, die noch lange nicht schlief. Ich kannte nicht einmal den Namen des Mannes, der eben anfing, mich auszuziehen und vor mir niederkniete. Ich stieß ihn nicht zurück, ging aber ebenfalls in die Knie, bis unsere Augen sich trafen. Seine Zunge war ein wildes Tier in meinem Mund, und schon war es unmöglich für mich, seinen Körper von meinem zu unterscheiden. Ich merkte, wie es mir kam, doch das war erst der Anfang einer Nacht, die mir bis heute als mein wahres Erwachen erschienen ist.

Morgens erst, nach kurzem traumlosem Schlaf, wollte ich mehr wissen. Eine Frauenstimme, freundlich und lockend, hatte mich aufgeweckt. Iwan, rief sie mehrmals, Iwan, Iwan! Wo war ich, wer war diese Frau? Sollte mein Geliebter tatsächlich Iwan heißen? Er hieß Iwan, und die Frau, blond, schmal und von fast jungenhafter Statur, wurde Corrie genannt und schien seine Schwester zu sein. Wir frühstückten zusammen, Iwan und ich in Unterhosen, als sei das die natürlichste Sache der Welt. Sie lächelte bloß, sagte nichts, servierte Kaffee und *uitsmyter*, brachte Orangensaft, lautlos und lieb. Sollte sie doch bloß seine Haushälterin sein? Fünf Tage blieben mir noch, wir sahen uns jeden Abend und liebten uns jede Nacht.

Die Rückkehr ins Internat war eine verrückte Mischung aus Widerwillen und Seligkeit. Bald kamen die ersten Briefe, nur mit dem Kürzel »I« gezeichnet, aber in Niederländisch. Was ich mir inzwischen beigebracht hatte, reichte zum Verstehen nicht aus. Rolando, ein Klassenkamerad, milchkaffeebraun und mütterlicherseits von den Antillen stammend, übersetzte für mich und staunte nicht wenig über den immer wiederkehrenden Satz »Ik hou von je«, eine ziemlich deutliche Liebeserklärung. Meine Rettung war das Kürzel »I«, zu dem ich rasch eine Ina erfand. So stand ich, zumindest in Rolandos Augen, auch noch als toller Hecht da. Meinem Beichtvater konnte ich das natürlich nicht erzählen. Ja, ich fragte mich, was es da überhaupt zu beichten gab. Die Faust unter der Bettdecke, die pubertären Plänkeleien mit andren Jungs: Da war ich mir nicht immer sicher gewesen, ob sie am Ende nicht doch den Tatbestand der Sünde erfüllten. Was aber ging meinen gütigen Beichtvater meine Liebe zu Iwan an? Vorsichtig, wenn auch nicht gerade demütig, begann ich dann doch davon zu erzählen, aber schon mein Ton unüberhörbarer Freude gefiel meinem Beichtvater gar nicht. Da könne er mir, donnerte er zuletzt, auf keinen Fall die Absolution erteilen. Ich meldete Zweifel an und fragte, ob es denn wirklich Gott selber sei, der mich hier brandmarke? Das war zu viel. Durch die engen hölzernen Rhomben des Beichtstuhlgitters, das mich, den außen Knieenden, von ihm, dem innen Thronenden, trennte, sah ich undeutlich, wie er sich mehrmals mit der Faust gegen die Brust schlug. Sekunden später zog er den Vorhang zu, ich stand auf und ging.

Ich heulte vor Wut und war doch zugleich auf angstvolle Weise frei, frei wie ein Vogel, der dem Käfig entkommen ist, aber noch nie wirklich seine Flügel gebraucht hat: ein grüner Junge eben. Schon bei meinem nächsten Besuch in Amsterdam lernte ich, dass es manchmal bequemer sein kann, in seinem Käfig zu bleiben. Ich kam dahinter, dass Corrie Iwans Frau war, eine ganz wunderbare, ganz großzügige Frau, der es nichts ausmachte, ihren Mann mit mir zu teilen. Ich kannte das Leben noch nicht, ich kannte nur meine eigene, einzige, egoistische Liebe: ein grüner Junge eben.

Abend mit Goldrand

HS. Diesmal war es Martin, der verrückt spielte: Wenn Trude nicht kommt, komme ich auch nicht, kann mir Fontana, dieser Meister der Löcher und Schlitze, gestohlen bleiben! Ich aber wollte noch in die Düsseldorfer Altstadt, Vernissagen waren für mich die Alternative zu den Altbierkneipen, meist gab es sogar ein paar Gläser Wein gratis. Trude, die schwarze Trude, eine leider nicht sehr erfolgreiche Bildhauerin, bot die ideale Begleitung, mit ihr konnten wir lachen und lästern: Die Schickeria dieser Stadt, die sich damals hochtrabend Schreibtisch des Ruhrgebietes nannte, lieferte dankbare Anlässe. Ohne Trude fühlten wir uns diesen Typen ausgeliefert. Doch unsere liebe Sandfrau, in deren Gesellschaft wir Dritten Sand in die Augen streuen konnten, meldete sich nicht, lag vermutlich im Bett irgendeines Freundes oder irgendeiner Freundin, genau wusste das keiner. Ich ärgerte mich über Martin, wollte wohl auch meinen Kopf durchsetzen: Willst du wirklich hier bleiben, oder willst du etwa streunen gehen? Auch du kannst mal nachgeben! Martin riss eine neue Packung Roth-Händle auf: Also gut, ich bin der Klügere, ich gebe nach. Bist du jetzt zufrieden? Damit war der Auftritt aus unserem beliebten Repertoirestück ›Wer unterdrückt wen?‹, in dem beide Protagonisten hartnäckig auf der Rolle des Opfers bestehen, beendet. Der Abend konnte beginnen.

Wie befürchtet, demonstrierte die Schickeria wieder Kunstverständnis, und wir hatten Mühe, in der renommierten Galerie Schmela, die schon Heinz Mack, Otto Piene und Günther Uecker zu Ruhm und Reibach verhalf, nicht gegen die kostbaren Objekte gedrückt zu werden. Auch diesmal provozierten mich die prätentiösen Posen der Besucher, und ich ließ mich unüberhörbar vernehmen: Wie genial, auf einer weißen Leinwand drei Löcher untereinander, bei vieren wäre dieses Objekt wohl unbezahlbar geworden, und dort, dieser vertikale Schlitz, leicht nach innen gewölbt, welch eine kühne Metapher! Ungnädige Blicke fielen mir zu, und auch Martin wurde unruhig: Du redest wie der letzte Reaktionär!

Nur einer in dieser hehren Runde fühlte sich belustigt: ein Mann Mitte dreißig, teures Tuch, dezent gestreift. Auch er stand vor einem dieser Objekte, sah Martin an, sah mich an, schaute dann aber in eine andere Richtung, als erwarte er jemand. Und schon näherte sich Alfred Schmela, der umtriebige Galeriebesitzer, und heftete neben das Objekt einen roten Punkt: Verkauft! Der Dezente strahlte. Er strahlte aber auch uns an. Tat er es nur, damit wir ihn strahlen sahen als neuen Besitzer eines kostbaren Werkes? Irgendetwas wollte er von uns und ich sah auch schon, wie er auf mich zukam: Sie diskutieren wohl gerne, mir wird es hier zu eng, haben Sie und Ihr Begleiter Lust, die Bühne zu wechseln? Und als ich zögerte, fuhr er fort: Ich wohne gleich um die Ecke, und meine Weine sind nicht schlechter! Eine private Weinprobe also, unsere Neugierde, wie einer von denen leibt und lebt, half uns, unsere Hemmungen zu überwinden.

Unterwegs stellten wir uns höflich vor, doch sein Name sei hier Schall und Rauch. Unter uns nannten wir ihn Dédé, denn der Dezente, das zeigte sich schon bald, war auch ein sehr Diskreter, wohnte im obersten Stock eines Geschäftshauses in der Schadowstraße. Als er die Wohnungstür öffnete, fielen wir in eine Diele, die als Parkplatz für einen Cadillac gereicht hätte. Ehe wir ins Wohnzimmer gingen, ich sollte vielleicht sagen, ehe wir den Salon betraten, bemerkte ich in einer Ecke der Diele ein Vorführgerät für 16-mm-Filme.

Der Wohnraum hatte Ausmaße einer Filmkulisse, die Fensterfront, bis zum Boden verglast, erlaubte einen imponierenden Blick auf das Drei-Scheiben-Hochhaus des Thyssen-Konzerns. Der Raum war sparsam möbliert, auf dem silbergrauen Teppichboden stand eine schwarze Sitzgarnitur, Leder, vermutlich Knoll International, an den Wänden keine Schränke, nur Anrichten, selbst der Barschrank erhob sich nicht über Hüfthöhe. Diese Betonung der Horizontalen verlieh dem Raum zusätzliche Weite, ließ ein Gefühl von Ruhe und Entspannung aufkommen und lenkte den Blick auf die Bilder.

Dédé verließ sich ganz auf die Ausstrahlung dieses Raums, griff locker zwei Flaschen aus der Bar, öffnete sie und stellte sie lautlos auf die Glasplatte eines schnörkellosen Couchtisches: Chablis oder Sancerre? Chablis, den Namen kannte ich, Ernst Jünger beschwört diesen Wein mehrfach in seinen elitären Kriegstagebüchern. Warum nicht Chablis?

Die Sitzgarnitur war so arrangiert, dass der Blick unvermeidlich auf die Bilder fallen musste. Nicht schlecht, begann ich die Konversation, drei dieser Maler kann ich ausmachen, Max Bill, Günter Fruhtrunk und Serge Poliakoff. Wer aber ist der vierte? Stuart Davis, ein Amerikaner, sagte er. Erst jetzt entdeckte ich, dass Dédé in seiner Jacke ein blassblaues Einstecktuch trug. Sehr kühl und kalkuliert diese Bilder, meinte ich. In diesem Reigen fehlte wirklich noch ein Fontana, Sie haben gut eingekauft. Warum aber von jedem Maler und aus jedem Land nur eine Arbeit? Wissen Sie, antwortete Dédé, Bilder sind meine Leidenschaft, doch auch der Kunstmarkt unterliegt schwer kalkulierbaren Marktgesetzen, und wer investiert, möchte nicht eines Morgens als Verlierer aufwachen. Ich muss also das Risiko streuen, eine Mischkalkulation.

Dédé redete wie ein Anlageberater, und ich versuchte dem Gespräch eine Wendung zu geben: Sie haben also nichts mit

Film zu tun? Dédé lachte: Weil Sie ein Vorführgerät gesehen haben? Nein, meine Bank, und das ist meine Branche, gab einige Werbefilme in Auftrag, Spots, die für das Kino gedacht waren. Doch das Ergebnis fiel deplorabel aus, diese Art Werbung sollten wir lieber Gabriele Henkel überlassen. Aber ich spüre, meine Bilder sprechen Sie nicht an, sind Ihnen vielleicht zu nüchtern, zu abstrakt. Ich kann auch mit Gegenständlichem dienen, darf ich Ihnen ein Buch mit Illustrationen zeigen? Sie haben vermutlich schon von Jean Genet gehört, von seinem delikaten Roman ›Querelle‹? Mir war ›Querelle‹ schon ein Begriff, doch gab es dieses Buch, von Rowohlt verlegt, nur in einer sehr begrenzten, nummerierten Auflage, praktisch unter Ausschluss der Öffentlichkeit.

Dédé trug, als er aus dem Nebenzimmer zurückkam, einen Folianten vor sich her: Dies ist die erste Veröffentlichung des Romans, 1948, von Jean Cocteau einfühlsam illustriert. Allerdings hielt sich der Meister bedeckt, der Name Cocteau taucht nirgendwo auf, obwohl seine geniale Handschrift unverkennbar ist. Dédé präsentierte uns das Buch wie ein gelernter Antiquar, legte es so vor unsere Augen, dass wir es lesen konnten und die ganzseitigen Lithografien, auf die es ihm ankam, ihre Wirkung nicht verfehlten.

Wir kannten, Anfang der sechziger Jahre, nur wenige Bücher Cocteaus. Die Illustrationen der Romane ›Kinder der Nacht‹ und ›Thomas der Schwindler‹, in den fünfziger Jahren im Desch Verlag erschienen, erlaubten noch ein interesseloses Wohlgefallen am männlichen Körper. Die Illustrationen des ›Livre Blanc‹, das wir bei einem Pariser Antiquar einsehen konnten, verliehen Männern und Knaben, in ihrer Körperlichkeit oft nur fragmentarisch angedeutet, bereits eine herausfordernde erotische Ausstrahlung. Angesichts der Querelle-Ausgabe jedoch konnte kein Betrachter gleichgültig bleiben: Er musste sich eingeladen oder abgestoßen fühlen. Ungeniert gab hier Cocteau seiner Lust auf den nackten Körper nach, auf junge Männer, die er einsam oder in enger Zweisamkeit porträtierte, wiederholt mit überproportional großen Erektionen.

Dédé schwieg und erlaubte sich größere Pausen, ehe er die nächste Lithografie aufschlug. Er gehörte wohl zu jenen Menschen, die ihren Besitz erst dann voll genießen, wenn er von Dritten bewundert oder gar geneidet wird. In dieser Stunde wollte er jedoch noch etwas mehr. Ich merkte, wie er uns beobachtete, unsere Reaktionen einzuschätzen versuchte. Ich spürte zugleich, wie sich Martin unter diesen Blicken ebenso unwohl fühlte wie ich. Beide hatten wir wenig Lust, Dédé näher zu kommen, noch weniger auf ein Spiel zu dritt. Unsere Zurückhaltung musste Dédé bemerkt haben. Gewollt oder ungewollt lieferte er uns ein Stichwort: Ich kann Ihnen das Buch auch ein paar Tage leihen. Genets Französisch ist übrigens sehr vertrackt, ich wenigstens kann es kaum lesen.

Auf der Straße beglückwünschten wir uns, dieser Falle entkommen zu sein. Doch das stimmte nicht. Einer von uns, meinte Martin, müsse diesen Folianten wohl zurückbringen, ihn mit der Post zu schicken wäre riskant und unfair. Das dürfte Dédé einkalkuliert haben. Auch mir kamen Zweifel an seiner Noblesse. Die Geschichte mit den Werbefilmen ist ein Ammenmärchen, schimpfte ich, Werbefilme werden auf 35-mm gedreht, schon der Brillanz wegen, und jeder Produzent besitzt heute seinen eigenen Vorführraum. Wozu also dieses Gerät? Ein total verklemmter Schwuler, typisch für diese Branche, vielleicht sogar verheiratet. Martin ärgerte sich: Stolpere nicht über deinen Hochmut. Ein Bankier muss wohl immer Theater spielen, selbst in der Chefetage. Das aber war mir zu viel: Mach aus Dédé, bitte, keinen Sozialfall!

Kopf oder Zahl? Mir fiel es zu, das Buch zurückzubringen, der Auflage nach, sie lag unter fünfhundert, musste es sehr wertvoll sein. Ich meldete mich vorsorglich für einen frühen Samstagnachmittag an, Dédé begrüßte mich gentlemanlike und sagte: Für einen kleinen Kaffee werden Sie wohl Zeit haben, es ist alles vorbereitet! Doch nicht nur der Kaffee war vorbereitet. Ich habe noch eine kleine Überraschung, meinte Dédé, vorausgesetzt, Sie schenken mir fünfzehn Minuten. Nun denn, fünfzehn Minuten für einen kleinen Kaffee und eine kleine Überraschung. Dédé führte mich wieder in seinen Salon, doch diesmal waren die Fenster verdunkelt, und auf dem Couchtisch stand, ich hätte es mir denken können, das Vorführgerät. Befürchten Sie nichts, rief mir Dédé zu, es ist kein Pornofilm, solche Dinge mag ich nicht. Es ist ein kleines Kunstwerk, das mir Freunde aus New York geschenkt haben. Es nennt sich ›Fireworks‹.

Natürlich kannte ich diesen Film und kannte ihn auch nicht. Er lief zwei oder drei Jahre zuvor in Oberhausen auf dem Kurzfilmfestival, jedoch an einem Abend, an dem ich mich irgendwo herumgetrieben hatte. Martin war derart begeistert, dass er mir fast jede Einstellung beschrieb. Jetzt schwieg ich und nahm den unerwarteten Nachhilfeunterricht an. Kenneth Anger, der amerikanische Regisseur, inszenierte die Vision eines Schwulen, der masochistisch genießt, wie er von Matrosen zusammengeschlagen wird. Für Anger, der diesen Film mit siebzehn Jahren realisierte und auch die Hauptrolle spielte, war diese Arbeit wohl eine Art Befreiungsversuch. Höhepunkt ist ein Orgasmus, vorgeführt als veritables Feuerwerk.

Wieder saß ich auf der schwarzen Couch, diesmal neben Dédé. Der Film näherte sich seinem Höhepunkt, und ich spürte, wie sich Dédé mir näherte – eine sehr simple Dramaturgie. Ehe noch die Sequenz mit dem Feuerwerk kam, legte er eine Hand auf meine Oberschenkel, und ich fühlte, er hätte gerne eine entsprechende Reaktion bei mir ausgelöst. Doch ich blieb zugeknöpft, ein Blick auf sein Einstecktuch genügte mir, jede Erregung zu dämpfen.

Dédé schaltete das Licht wieder ein. Ich stand auf und ging betont langsam, es sollte nicht nach Flucht aussehen, zur Türe. In der weiträumigen Diele wartete ich einen Augenblick. Dédé kam auf mich zu. Wäre er nackt gewesen, ohne gestreiften Anzug, ohne Einstecktuch, würde er sich nur eine einzige spontane, nicht dreimal kalkulierte Bewegung erlaubt haben, vielleicht wäre ich dann auf ihn zugegangen. Ich gab Dédé die Hand, bedankte mich für Kaffee und Kunst. Dann legte ich für einige Sekunden die Hand auf seine Schulter. Wenn ich mich recht erinnere, sollte es eine Geste der Entschuldigung sein – wie er sie aufnahm, ich weiß es nicht.

Wenige Minuten später stand ich auf der Schadowstraße, ging ich unter in der Masse der Konsumenten, die diesen verkaufsoffenen Samstag nutzten. Vor meinen Augen aber stand noch lange das Gesicht Dédés, freundlich und doch wie erstarrt. Ich kam mir wie ein Zechpreller vor.

Schweigen ist nicht immer Gold

MR. So dämmrig ist es eigentlich nicht, dass die Lampe hinter seinem Kopf, der halb im Schatten liegt, schon an sein müsste. Ihr Licht blendet mich ein wenig, und ich frage mich, ob das Absicht ist. Nichts im Benehmen des Mannes mir gegenüber legt diesen Schluss nahe: Er ist ungezwungen freundlich und beugt sich gelegentlich vor, wenn er seinen Sätzen Nachdruck verleihen will. Dass er mitunter auch ganz gezielt aus der Rolle fällt und seinen Gesprächspartner durch provokante Fragen verblüfft, erlebe ich erst später, als wir vertrauter miteinander sind.

Im Augenblick stört mich nur, dass ich nicht in seinen Augen lesen kann, aber ich bin überhaupt ein bisschen nervös, weil mich hier alles an meine Herkunft erinnert, die ich längst abgestreift glaubte. Der Mann mir gegenüber ist Klaus Brüne, Chef des katholischen ›Film-Dienstes‹. Gelegentlich sind wir uns schon begegnet, bei Pressevorführungen von Filmen und ein paar Mal auch im Verlag Haus Altenberg, wo auch der ›Film-Dienst‹ erscheint. Brünes Kritiken, seiner Art zu reden erstaunlich ähnlich, haben mir stets gefallen. Selbst wenn ihnen im obligaten Resümee eine fett gedruckte moralische Wertung angehängt war, ein ›2EE‹ etwa – die lakonische Kurzformel der unerbittlichen Warnung »Für Erwachsene mit erheblichen Einschränkungen« –, die Kritiken selbst blieben frei von jenem Muff. Ich wusste auch, dass Brüne aus der Jugendarbeit kam und viel für jene zuweilen aufmüpfige Zeitschrift ›Die Wacht‹ geschrieben hatte, deren treuer Leser ich, bis zum Ausbruch der Pubertät, in meinen Internatsjahren gewesen war. Sollte ich ihn vielleicht darauf ansprechen, darauf und auf das Buch mit Jungengeschichten, das er 1949 im Verlag Haus Altenberg veröffentlicht hatte?

Aber ich habe keine Lust, den Katholiken herauszukehren, der ich längst nicht mehr bin. Außerdem sitze ich als Filmkritiker hier, Aufträge will ich – also muss ich es mir auch gefallen lassen, ausgefragt zu werden. Seit einer Weile schon reden wir über Robert Bresson und seinen Film ›Ein zum Tode Verurteilter ist entflohen‹. Etwas Besseres hätte ich mir nicht wünschen können.

Dieser Film, der dann von Eckelkamps Atlas-Verleih bei uns herausgebracht wurde, zählt für mich zu den schönsten Geschenken des Kinos jener Jahre. Erzählt wird die Geschichte eines Leutnants der Résistance, dem 1943 die Flucht aus dem SS-Gefängnis Montluc bei Lyon gelingt. Wie der Gefangene mit einer Sicherheitsnadel seine Handschellen öffnet, wie er mit einem Esslöffel Bohlen aus seiner Zellentür bricht, wie er während des gemeinsamen Waschens Kassiber zugesteckt bekommt und wie er sich durch Morsen mit seinen Zellennachbarn verständigt, all das wird von Bresson mit dokumentarischer Kühle und Exaktheit registriert, und doch ist sein Film nur scheinbar ein Dokumentarfilm. Allein schon in dem Kunstgriff, im inneren Monolog des Leutnants all das noch einmal auszuformulieren, was wir gleichzeitig sehen, wird offenbar, dass es der Regie um eine bewusst beispielhafte Geschichte geht. Da wird eine Vorstellung von gelebter Christlichkeit sinnlich fassbar, der auch ich zustimmen kann, und natürlich ist auch Ernst Blochs »Prinzip Hoffnung« nicht weit.

Mich so im besten Einvernehmen mit einem möglichen neuen Auftraggeber wähnend, verpasst Brüne mir plötzlich eine kalte Dusche. Schön, sagt er, dann sollten Sie mir nur noch sagen, zu welcher Kirchengemeinde Sie in Düsseldorf gehören! Was tun? Ich atme durch und bekenne, dass ich längst kein bekennender Katholik mehr bin. Ich sage es, ohne zu zögern, und gebe mir gar nicht erst die Chance, nach Ausflüchten zu suchen. Auch Lügen ist schließlich eine Kunst. Schon überlege ich, mit welchen Worten ich meinem Hans die befürchtete Absage plausibel machen kann, da sagt Klaus Brüne, immer für eine Überraschung gut: Freut mich, dass Sie so offen sind, ich denke, wir versuchen es mal miteinander! So freunden wir uns an, sehr langsam, sehr vorsichtig. Doch als Klaus dann Chef der Spielfilmredaktion des ZDF wird, kennen wir uns schon so gut, dass er Hans und mir die Möglichkeit gibt, Robert Bresson bei den Dreharbeiten zu seinem Film ›Mouchette‹ in der Provence zu beobachten. Daraus wird dann, in Zusammenarbeit mit unserem Freund Theodor Kotulla, die Dokumentation ›Zum Beispiel Bresson‹.

Gemeinsame Entdeckungsreisen in Sachen Film haben unser Verhältnis im Lauf der Jahre noch persönlicher gefärbt, zahlreiche Streitgespräche haben es darüber hinaus kräftig gepfeffert. Klaus, für unseren Geschmack manchmal allzu jesuitisch zwischen Anerkennung kirchlicher Macht und seiner anarchistischen Lust an der Aushöhlung autoritärer Strukturen schwankend, hat dabei von uns wohl mehr Attacken ertragen müssen als wir durch ihn. Hans, als Calvinist, bemühte sich immerhin noch um eine gewisse Contenance, während ich, gebranntes Kind katholischer Prägung, schnell aggressiv wurde. Um Glaubensfragen ging es übrigens nie, immer nur darum, ob Menschen im Namen Gottes anderen Menschen ihr vermeintlich göttliches Sittengesetz aufzwingen dürfen. Fanden solche Fehden in den heimischen vier Wänden statt, konnte Brünes Frau Inge wenigstens noch ausgleichend wirken. Ihr kluges Diktum »Usen Herjott ise nit so!« – frei übersetzt mit »Gott selber sieht das nicht so eng!« – half indes nicht weiter, wenn wir irgendwo in der Fremde und an Gasthaustischen in

Harnisch gerieten. Mir genügte es schon, mich an dem Begriff Heiliger Vater festzubeißen. Wie kann ein Mensch, sagte ich, ein gewöhnlicher Mensch wie wir alle, sich bloß so nennen oder so nennen lassen?

Manchmal, meine ich, muss man einfach schreien und Spielregeln ablehnen und fragen: Wer hat sie gemacht? Ich weiß, dass es immer noch ein einträgliches Geschäft für die Mächtigen ist, den Machtlosen zu sagen, wo es langgeht. Doch nicht nur deshalb regte ich mich oft und gerne auf. Klaus hingegen, diplomatisch kühl, schwieg meist diskret, während seine Unaufgeregtheit mich nur noch mehr aufregte. Heute weiß ich, dass er auf seine Weise um Aufklärung bemüht war. Aus dem rigiden ›Film-Dienst‹ vergangener Jahrzehnte ist dank seiner Beharrlichkeit inzwischen Rowohlts großes ›Lexikon des internationalen Films‹ hervorgegangen. Geduld bringt also doch Rosen?

Dass auch ich, selbst in meinen jungen Jahren, keineswegs ewig in Aufruhr war, sondern zuweilen gar auf Pfaden wandelte, die ich eigentlich nie mehr betreten wollte, erwies sich, als im Dezember 1963 meine Kritik zu Ingmar Bergmans Film ›Schweigen‹ zunächst im katholischen ›Film-Dienst‹ und danach, am 13. Dezember, in der ›Zeit‹ erschien. Während ich mir weismachte, meiner katholischen Herkunft entwachsen zu sein, bot ich hier eine Sicht jenes umstrittenen Films an, die mir inzwischen peinlich ist. Wie heftig es wegen dieses Films damals im deutschen Blätterwald rauschte, ist heute, wo er sich gegen gewisse mitternächtliche Darbietungen im kommerziellen Fernsehen wie Kamillentee gegen Crack ausnimmt, kaum noch zu verstehen. Selbst eine Bundestagsdebatte, fast am Rande der Lächerlichkeit angesiedelt, gab es deswegen seinerzeit.

Die Geschichte des ›Schweigens‹ ist schnell erzählt: Die Schwestern Anna und Ester sowie Johan, Annas kleiner Sohn, werden während eines Urlaubs in einer fremden Stadt aufgehalten. Kontaktlos, suchen die Frauen Vergessen in sexuellen

Abenteuern, die sie aber nur noch tiefer in die Einsamkeit stürzen, während Johan, kindlich optimistisch, nach Licht in diesem Dunkel sucht. Schließlich flieht Anna mit ihrem Jungen, während Ester, sterbend und hoffnungslos, allein zurückbleibt. Doch Annas Flucht ist vergeblich. Längst ist sie von tödlicher Verzweiflung heimgesucht.

Dazu schrieb ich damals: »Worte und Bilder wie diese – offenbare Indizien der Einsamkeit, des Ekels und der Angst – fordern den Kritiker geradezu heraus, von Entfremdung zu reden. Ingmar Bergman aber hat mit diesem Begriff, zumindest solange wir ihn rein innerweltlich und rein gesellschaftsbezogen begreifen, nichts im Sinn. Ihm ist es zu tun um die Situation des Individuums in einer Welt, auf der das Schweigen Gottes lastet. Die Frage, die ihn quält, ist die Frage Christi am Kreuze: Mein Gott, warum hast du mich verlassen? Bergmans jüngsten Film anders zu verstehen, ist unmöglich.«

Bergmans unbestreitbarer Stilwille, seine Entschlossenheit, »die schlechthinnige Abhängigkeit des Menschen von einem höheren Wesen« parabelhaft zu demonstrieren, hatten seinerzeit viele Kritiker zu ähnlicher Interpretation veranlasst. Die Frage aber, die ich mir heute stelle, ist die: Wäre diese Parabel auf permanente Agonie, seinerzeit als Schweigen Gottes gedeutet, nicht auch innerweltlich zu verstehen gewesen? Einsamkeit, Ekel, Angst – alles das, wofür Bergman so bestürzende Bilder gefunden hat, können sie nicht auch ganz irdisch begriffen werden? Als Versagen des Menschen vor seinem Mitmenschen? Was, wenn jene Sex-Szenen, die den Film vor allem zum Stein des Anstoßes machten, nicht als freudlos und lähmend gezeigt worden wären? Stattdessen fuhr ich fast jedes theologische Geschütz, das sich mir anbot, mit Getöse auf, um nur ja auf Bergmans Spur zu bleiben und seinen Film metaphysisch zu verankern.

Dass selbst purer Sex niemals des Teufels ist und dass er auch außerhalb einer Partnerschaft zu den Freuden des Lebens gehören kann – als praktizierender Schwuler habe ich es doch eigentlich immer gewusst. Dass wir jedoch erst wirklich bei uns sind, wenn unser Verlangen auf den ganzen Menschen geht, das habe ich nie irgendwo treffender formuliert gefunden als bei dem französischen Schriftsteller Michel Tournier: »Es gibt ein untrügliches Zeichen, an dem du erkennen kannst, dass du jemanden wirklich liebst: Wenn sein Gesicht mehr physische Begierde in dir erweckt als irgendein anderer Teil seines Körpers.«

Das Geheimnis der Pralinenschachtel

HS. Ich hatte schon immer gewusst, dass ich kein Krawattentyp bin. Mürrisch blickte ich in den Spiegel, zog den Knoten noch etwas fester. Auch der graue Anzug, den Martin hasste, der lange Zeit unbeachtet im Flurschrank hing, kam heute wieder zu Ehren, die rot karierte Krawatte zum hellblauen Hemd vollendete das Bild. Stinknormal sah ich aus. Diese Aufmachung betonte noch meine Geheimratsecken, die Ansätze einer Glatze, und das Mitte dreißig. Wenigstens war meine Haut noch ohne Falten, angenehm glatt, und die Augen besaßen noch genug Kraft, um jemanden anzumachen, wenn ich denn wollte. Das aber war nicht der Sinn meiner Verkleidung, ich sollte den besseren, den soliden Herrn abgeben, so wollte es Christine. Der Brief, den ich nach Paris bringen sollte, lag schon auf der Schreibplatte, wenngleich noch nicht verpackt. Diesmal würde ich nicht die Caravelle nehmen, sondern den Zug, erster Klasse natürlich.

Christine zählte oder zählt, denn ich wünsche ihr ein langes und erfülltes Leben, zu jener Art blonder Frauen, die in Hollywood-Filmen immer etwas zu selbstbewusst, zu selbstständig auftreten, um sympathisch zu wirken. Hörte Christine jemandem zu, sah ihr schmales, blasses Gesicht so streng aus, als müsste sie alle Probleme dieser Welt lösen. Sprach sie aber, dann konnte ein fast mädchenhaftes Lächeln ihre Züge lockern, ihr jenen kühlen, leicht provozierenden Charme verleihen, über den nur blonde Frauen verfügen.

Ihren wirklichen Namen, manchmal soll sie sich Anna, manchmal auch Céline genannt haben, kenne ich nicht. Sie heißt weder Christine, noch ist sie eine Christin. Als polnische Jüdin musste sie schon in jungen Jahren fliehen, konnte nur knapp den deutschen Truppen entkommen und fand Schutz in der Sowjetunion. Auch dort wurde sie bald von der Wehrmacht bedroht, die wieder einmal der nachrückenden SS den Weg bahnte. Christine meldete sich zu jenen Freiwilligen, die vor Moskaus Toren die Verteidigungsgräben aushoben.

Nach Kriegsende, sobald es die Reisemöglichkeiten erlaubten, wanderte sie nach Israel aus, trat einem Kibbuz bei und verliebte sich dort in einen Mann, der wie sie diese sozialistische Alternative erleben wollte: einen ehemaligen französischen Offizier, den Algerier A. Razak Abdel-Kader, Enkel des sagenumwobenen Emirs. Er, der sich uns gegenüber Robert nannte, trat schon früh der FLN bei, der algerischen Freiheitsbewegung. Er unterstützte jedoch ihren linken Flügel, der Algerien vor einem arabischen Kapitalismus ebenso zu bewahren versuchte wie vor einem islamischen Fundamentalismus.

Neben Christine wirkte Robert klein und schmächtig, war aber von zäher Konstitution. Täglich unterwarf er sich einem streng kalkulierten gymnastischen Programm, schon deshalb, wie er betonte, weil er wenig Auslauf habe. Da er dem französischen Geheimdienst nicht als Zielscheibe dienen wollte, ging er auch in Düsseldorf nur selten auf die Straße. Dass er sich auch einer geistigen Disziplin unterwarf, bemerkte ich erst, als 1961 im Pariser Verlag Maspero sein Buch über den jüdisch-arabischen Konflikt erschien, in der Illegalität geschrieben und heute ein Standardwerk.

Roberts Vertrauen war nicht leicht zu gewinnen, uns betrachtete er zunächst mit großem Argwohn. Homosexualität kannte er nur als den Versuch von Heteros, sich Halbwüchsige gefügig zu machen, eine Praxis, die im Orient seit biblischen Zeiten existiert. Robert lockerte sich erst, als wir mit ihm über die chinesischen Volkskommunen debattierten, für ihn eine Möglichkeit alternativer Ökonomie, eines selbstbestimmten Lebens. Christine dagegen hatte keine Berührungsängste, suchte unsere Nähe auch bei heiklen Fragen, zum Beispiel, als sie eine Broschüre der FLN über die Geschichte der algerischen Juden ins Deutsche übersetzte.

Jetzt hatte ich wieder einen Brief der FLN in der Hand, nicht größer als ein Schreibheft, ohne Absender, ohne Adresse. Was ihn oder die anderen Briefe, die wir nach Paris brachten, so wichtig machte, wir haben es nie erfahren. Waren wir naive Schlachtenbummler, so fragten wir uns schon damals. Vielleicht nicht ganz so unwissend wie die meisten, nur schlecht informierte Bundesbürger. Zwar war bei Rütten + Loening das ›Schwarzbuch Algerien‹ erschienen, das die Methoden des Kolonialkrieges, auch den systematischen Einsatz von Folter und Napalm dokumentierte, aber das öffentliche Echo blieb gering. Volker Schlöndorffs Debüt, ›Wen kümmert's‹, ein Kurzspielfilm über den Algerienkonflikt, wurde sofort verboten.

Erst hinter Brüssel öffnete ich meine Reisetasche und nahm meine Pralinenschachtel heraus. Die beiden Damen mir gegenüber, reich mit Hermès-Accessoires versehen, waren mit sich selbst beschäftigt, bewahrten mich aber vor einer Kontrolle ohne Zeugen. Ich nahm zwei oder drei Pralinen, ließ die Schachtel dann aber offen neben mir liegen. An der belgisch-französischen Grenze dachte ich an Edgar Allan Poe, der in seiner Erzählung ›Der stibitzte Brief‹ einen Pariser Polizeipräsidenten vergeblich nach einem kompromittierenden Brief suchen lässt, der greifbar vor aller Augen liegt. Solange die Kontrolleure uniformiert waren, hatte ich von ihnen wohl wenig zu befürchten. Gefährlicher konnten die Agenten in Zivil werden, die sich mit der Bonhomie eines Staubsaugerverkäufers tarnen. Doch diesmal schaute nur einmal ein Zivilist herein: Er suchte für seine riesige Dogge ein leeres Abteil.

In Stalingrad, einem Pariser Vorort, sollte der Empfänger des Briefes wohnen. In der Metro las ich noch einmal in der Jean-Renoir-Biografie und setzte aus den angestrichenen Buchstaben die genaue Adresse zusammen. Der Empfang war überaus herzlich: Ein jüngeres Ehepaar begrüßte mich, zwei junge Männer, vielleicht Geschwister, nickten mir freundlich zu. Wie bestellt stand der Kaffee auf dem Tisch, eine Honigmelone wurde aufgeschnitten. Politik blieb tabu, umso ausführlicher diskutierten wir über Couscous und seine unterschiedlichen Zubereitungsarten. Sie würden den besten Couscous im Viertel kochen, ich müsse ihn unbedingt probieren, sie könnten mir auch in der Küche ein Bett aufschlagen. Guten Couscous kannte ich, Christine war eine hervorragende Couscous-Köchin, wir mussten ihr immer *garbanzos*, Kichererbsen, die es bei uns noch nicht gab, aus Paris mitbringen. Diesen Abend aber wollte ich keinen Couscous essen, auf dem Programm der Cinémathèque stand der umstrittene Olympiafilm Leni Riefenstahls, und vielleicht bot der spätere Abend noch Überraschungen.

Die Vorführung in der Cinémathèque, in der Rue d'Ulm, hatte schon begonnen. Ich hörte noch die letzten Sätze einer Einführung, die mir ein großes ästhetisches Erlebnis versprach, obwohl der Film im Dritten Reich entstanden sei. ›Die Macht der Bilder‹, wie später einmal eine Fernsehsendung über Leni Riefenstahl lauten sollte, nahm auch mich bald gefangen. Die animalische Anmut des farbigen Amerikaners Jesse Owens, damals der schnellste Mann der Welt, erfasst die Kamera nicht weniger andächtig als den Ritt des Hauptmanns Stubbendorff, der im Military die Goldmedaille für Deutschland gewinnt. Von einer der ersten Einstellungen an, wenn der Läufer mit der Olympiafackel im Halbdunkel über den Pass der Thermopylen eilt, bis zur Schlussvision, dem Scheinwerferdom, der das Berliner Olympiastadion mythisch überhöht, fühlte ich mich in ein Weihespiel versetzt: Die Starken wie die Mächtigen werden heroisierend ins Bild gesetzt, die Zuschauer dagegen in die Froschperspektive verwiesen.

Nach der Vorführung lief ich wieder in Richtung Boulmich, in einer der Nebenstraßen lag mein Hotel. Bald merkte ich, dass jemand hinter mir herging, sich langsam näherte, dann auf meiner Höhe mit mir Schritt hielt. Es war irgendein Afrikaner, ich kannte mich in diesen Ländern nicht aus. Wie beiläufig sah er zu mir herüber, und schon bald fühlte ich mich versucht, ihn anzusehen, ihn einzuschätzen. Er hatte etwa meine Größe, annähernd mein Alter, sein Körper wirkte aber schmaler, elastischer, seine Füße, so schien es mir, setzte er nicht hart mit der Ferse auf, sondern weich mit dem Ballen.

Es begann ein wortloses Geplänkel, ein Spiel mit vielen Unbekannten. Unmerklich kam er näher, berührte wie zufällig meine Hand, dann meinen Oberschenkel. Als ich nicht zurückwich, fragte er leise, ob ich nicht mitkommen wolle, er wohne in der Nähe. Seine Stimme klang verhalten, wie schuldbewusst. Vielleicht, antwortete ich ebenso leise, obwohl ich eigentlich Ja sagen wollte. Doch in meinem Kopf leuchteten alle nur denkbaren Warnlichter auf. Als weißer Herr im feinen Reiseanzug musste ich auf jeden Stricher wie ein Köder wirken. Und falls mein Nebenmann kein Stricher war, wie konnte ich Erwartungen und Verhalten eines Afrikaners richtig einschätzen? Ich versuchte ihn auszufragen, die Antworten auf ihre Glaubwürdigkeit hin vorsichtig abzuwägen. Er erzählte, und es klang unverstellt, er stamme aus dem Senegal, sei schon als Kind nach Frankreich gekommen und arbeite jetzt in einem Bistro nahe der Hallen. Das stimmte vielleicht oder auch nicht, er konnte ebenso gut Tellerwäscher wie Taschendieb sein. Als wir die Kreuzung zum Boulmich erreichten, gerieten wir ins volle Licht: Ich konnte Augen, Nase und Mund genauer sehen, und jetzt kam er mir noch attraktiver vor. Meine Krawatte hatte ich zuvor in der Jackentasche verstaut, jetzt knöpfte ich mein Hemd noch einen Knopf weiter auf. Diese Sprache ist international.

Das Zimmer, das wir aufsuchten, ging zur Straße. Das schwache Licht, das einfiel, genügte ihm, genügte mir, erlaubte der Fantasie Spielraum und zugleich, wie konnte es anders sein, der Vorsicht Anhaltspunkte. Wir standen uns jetzt gegenüber, auf Armeslänge entfernt, und noch ehe ich mich genauer umschauen konnte, war er schon ausgezogen.

Wie im Schnellgang lief ein Film vor mir ab. Ich sah die Athleten aus dem Riefenstahl-Film, Körper, die von der Kamera zu Idolen stilisiert wurden. Und ich, der ich mich eben noch über die Vergötzung des Körpers geärgert hatte, der die hündische, untertänige Perspektive auf die Starken und Schönen verachtete, ich stand jetzt vor einem Körper, der mir dank seiner Harmonie, seiner Ausstrahlung, fast den Atem nahm. Ich tastete nach seiner Brust, er tastete zurück, gab meiner Schulter eine leichte Drehung. Wieder berührte seine Hand meine Schenkel, dann waren es beide Hände. Ich fühlte, wie mein Blut heftiger pulsierte, immer stärker, bis in die Fingerspitzen.

Am nächsten Tag war ich wieder in Düsseldorf. Kaum hatte ich Martin begrüßt, froh, ihn wieder umarmen zu können, da klingelte das Telefon. Christine fragte, wie es mir in Rom gefallen habe, ob das Wetter schön gewesen sei. Ja, ich hatte bestes Wetter, konnte sogar auf der Piazza Navona Kaffee trinken. Ob sie abends vorbeikommen dürfe, fragte Christine.

Ich hatte Glück. Öfter als Verdienst bestimmt Glück das Leben des Menschen, an diesem Tag glaubte ich es. Nur wenige Stunden nach meinem Besuch in Paris setzte eine Großrazzia ein: Die drei Männer der algerischen Familie, die ich aufgesucht hatte, waren verhaftet worden, verschleppt in ein unbekanntes Gefängnis. Rätselhaft für mich, auf welchem Weg Christine so schnell informiert worden war. Mir wäre wohl nichts Schlimmes passiert, Deutsche wurden von der französischen Polizei nicht gefoltert, zudem trug ich immer die Telefonnummer der deutschen Botschaft bei mir.

Wenige Wochen später, März 1962, berichteten alle Zeitungen über den Friedensschluss von Evian, der Algerien die Unabhängigkeit geben sollte. Ein letztes Mal besuchte uns Christine. Wieder wusste sie mehr, als wir unserer Presse entnehmen konnten: Ungeklärt sei, wem das algerische Öl und die neu entdeckten Erdgasvorkommen gehören werden. Ebenso gravierend sei die Entscheidung der FLN-Führung, für alle Algerier die Koranschule einzuführen, laut Christine eine Methode, ein ganzes Volk zu entmündigen.

Christine, die unsere Bären, die im Bücherregal residierten, längst kannte, holte aus ihrer Tasche einen kleinen silberfarbenen Plüschelefanten: Er heißt Tüntun, ist aber kein Geschenk. Darf er bei euch in Pension bleiben, bis wir uns wieder sehen? Wir haben Christine nie wieder gesehen. Was Robert betrifft, so konnten wir dem Klappentext eines zweiten Buches, das er 1966 bei Maspero veröffentlichte, entnehmen, dass er 1962 nach Algerien zurückkehrte, 1963 verhaftet und nach dreizehn Monaten Gefängnis ohne Gerichtsverfahren ausgewiesen wurde. Tüntun, den silberfarbenen Elefanten, habe ich in den neunziger Jahren einem Nachbarskind geschenkt. Manchmal kommt es mir wie Verrat vor, das aber ist wohl eher eine sentimentale Anwandlung.

Es ist Unglück
sagt die Berechnung
Es ist nichts als Schmerz
sagt die Angst
Es ist aussichtslos
sagt die Einsicht
Es ist was es ist
sagt die Liebe

Erich Fried

Bärentanz und Barrikaden

MR. Verliebte sind verrückt und lassen nichts unversucht, das Objekt ihrer Sehnsucht einzufangen. Seit zwei Wochen schon lacht er mich herausfordernd an, wenn Hans und ich auf dem Weg zu Hungarofilm durch die Vaci Utca kommen, Budapests beliebteste Flaniermeile, schon sehr belebt an diesem Frühlingsmorgen des Jahres 1965. Lässig lehnt er an einer Treppenleiter aus Holz, das schmale senfgelbe Band um seinen Hals flattert fröhlich vor seiner pelzigen Brust. Soll ich auch heute wieder stumm grüßend vorübergehen?

Ich kann meine Gefühle nicht länger verbergen, drehe mich nach ein paar Schritten um und betrete rasch den Laden. Hans folgt mir, verwirrt, und noch ehe er begreift, was ich vorhabe, bedeute ich der Frau hinter der Theke, dass ich den Bären kaufen will. Er kostet, in unserer Währung, nicht einmal zwanzig Mark, reicht mir aber bis zu den Knien. Vergebens versucht Hans, mir den Kauf auszureden. Sein erstes Argument ahne ich schon: Was wird Paddy dazu sagen? Paddy ist unser kleiner Reisebär, der immer dabei ist und aus jedem Hotelzimmer ein Stück Heimat macht. Er wird sich freuen, Gesellschaft zu haben, sage ich. Hans lacht: Und du willst diesen Mordskerl jetzt gleich mit in die Vorführung nehmen? Sag nicht Mordskerl, sage ich – aber ich weiß natürlich genau, warum Hans Bedenken hat.

Heute nämlich treffen die Kollegen vom ZDF ein, um gemeinsam mit uns eine Auswahl jener Filme zu sehen, die wir seit zwei Wochen besichtigt haben. Und heute trifft aus München auch Bruno Joas ein, Chef vom Dienst bei Leo Kirch, der sich damals noch tiefstapelnd als kleiner Gewerbetreibender bezeichnete.

Ich stelle mich dennoch stur und umarme demonstrativ das wuchtige Paket, das die Verkäuferin inzwischen aus dem Objekt meiner Sehnsucht gemacht hat: ein Riesenbaby, wie von Christo kunstvoll verknotet, in graues Packpapier gehüllt, leicht unheimlich wirkend, Neugier eher weckend als verhindernd.

Eva Palocz, unsere Ansprechpartnerin bei Hungarofilm, wie man heute wohl im Technokraten-Jargon sagen würde, hat denn auch sichtbar Mühe, keine Fragen zu stellen, obwohl wir längst nicht mehr bloß höflich, sondern wirklich herzlich miteinander umgehen. Eva ist eine jener Frauen, denen das Kunststück gelingt, damenhafte Distanz und emotionale Unmittelbarkeit zu vereinen. So ist im Sprachschatz ihres schön akzentuierten Deutsch durchaus auch Platz für Kraftausdrücke. Tut es lieber nicht, sagt sie zum Beispiel, wenn wir versuchen, ein paar mühsam antrainierte Brocken Ungarisch zu sprechen. Ihr zerbrecht eure Zungen, und was nach eurer Meinung ein artiger Trinkspruch sein soll, klingt in unseren Ohren doch wieder nur wie Arsch!

Wir reden also offen und sagen, dass sich unterm Packpapier ein Stoffpetz verbirgt und dass er keineswegs als Souvenir für irgendwelche Neffen und Nichten gedacht ist. Evas Augen signalisieren Verständnis – natürlich hat sie uns längst durchschaut und weiß, wie albern sentimental Schwule mitunter sind. Ich glaube, sagt sie, und ein Lächeln überzieht jetzt ihr ganzes Gesicht und lässt die leicht fleischige Nase schlanker erscheinen, ich hab da was für euch, ich bring es mit, wenn wir heut Abend essen gehen. Sie entführt unser Baby in ihr Büro, und ich denke über die Farbe ihrer Augen nach. Ich tat es damals, und ich tue es jetzt, während ich schreibe, aber seltsam: In Erinnerung geblieben ist mir nur das Leuchten.

Budapest ist die erste der vier großen Hauptstädte des Ostens, die wir im Auftrag Leo Kirchs und seiner Beta-Film bereisen, um Filme zu finden, die dem Anspruch unserer öffentlich-rechtlichen Fernsehanstalten gerecht werden: dem Anspruch Klaus Brünes zum Beispiel, der zu dieser Zeit mit seiner Montags-Reihe ›Der besondere Film‹ Maßstäbe zu setzen versucht. Wird ihm gefallen, was wir ausgewählt haben? Wir jedenfalls sind sehr angetan von der radikalen Offenheit und von der künstlerischen Kraft, mit der eine Reihe von Regisseuren nicht nur die immer noch schmerzenden Probleme der Vergangenheit in ihren Filmen Wirklichkeit werden lässt, sondern auch die der Gegenwart. Wir werden wenige Zeit später noch lernen, dass es auch in Prag, in Warschau, in Moskau Filmemacher gibt, die ihren Blick furchtlos auf aktuelle Probleme richten. Dort aber werden wir nur noch ausnahmsweise erleben, dass Vergangenheit und Gegenwart so unbeschönigt aufeinander prallen, wie dies hier geschieht.

Vor wenigen Tagen erst, in János Herskós Film ›Dialog‹ aus dem Jahre 1963, haben wir eine Sequenz gesehen, die uns wohl nie mehr aus dem Kopf gehen wird: Als die Heldin 1956 hinter dem Vorhang ihres Fensters den Aufmarsch sowjetischer Truppen beobachtet, die den Aufstand niederschlagen sollen, erkennt sie, dass dies die gleichen Panzer sind, denen sie am Ende des Zweiten Weltkrieges ihre Befreiung aus dem KZ verdankte. Die Barrikaden von 1956, der Aufstand, mit dem Menschen auf ihre Menschenwürde pochen: sie werden im ungarischen Kino dieser Zeit immer wieder zum bewegenden Thema.

Nur langsam jedoch hat man uns an solche Höhepunkte herangeführt. Die ersten Filme, die wir sahen, waren eher beliebiger Natur, routinierte Melodramen und harmlose Lustspiele. Woher denn auch sollten Eva und ihr weltkluger Chef Dosai wissen, dass wir mehr wollten als gängiges Vergnügen? Ungeduldig rutschten wir bereits in unseren Sesseln herum und sehnten uns nach dem heimischen Vorführraum in München, wo man nach der ersten Viertelstunde eines langweiligen Films den Vorführer in seiner Kabine anruft und bittet, doch schon mal den dritten und dann den fünften Akt vorzubereiten: Fünf Akte gleich fünf Rollen, das ist der Normalfall bei einem Spielfilm.

Eva und auch unsere Dolmetscherin begriffen zum Glück sehr schnell, was wir wollten, und so blieb uns an manchem späten Nachmittag noch Zeit für die Antiquariate und für die Bäder, die allein schon den Besuch Budapests lohnen, auch wenn sie sich nicht immer als das erweisen, was im Schwulen-Jargon *happy hunting ground* heißt. Es geht dort normalerweise bürgerlich gesittet zu, verschämte Lendenschurze einbegriffen. So fragten wir uns, was Klaus Mann wohl meinen mochte, wenn er in seiner Autobiografie ›Der Wendepunkt‹ von diesen »türkisch dekorierten Bädern« berichtet, die »zur schamlos kollektiven Orgie« einladen, und das auch noch während der Horthy-Diktatur in den dreißiger Jahren. Wir jedenfalls fanden kaum Gelegenheit, dem zu frönen, was Klaus Mann »die einzig unschuldige oder doch relativ harmlose Manifestation unserer tierischen Komponente« nennt.

Für uns waren die Bäder einfach ein Ort, sich träge der entspannenden Kraft des Wassers anzuvertrauen und all jene Filme noch einmal Revue passieren zu lassen, die uns gepackt hatten. Dazu zählte nicht zuletzt das Spielfilmdebüt des damals 27-jährigen István Szabó, heute international bekannt durch ›Mephisto‹, ›Oberst Redl‹ oder ›Hanussen‹. Auch in seinem Erstling, der ›Zeit der Träumereien‹, der durch seinen leichten und lyrischen Ton fasziniert, tauchen sie nämlich auf, die Barrikaden des Aufstands von 1956. Ein Sowjetstern wird zerstört, ein Stalin-Denkmal fällt, und der Geist des Widerstands, er wird nicht nur als historisches Zitat beschworen, er durchzieht sie ganz, die großen Filme jener Jahre, und er weht noch dort, wo er scheinbar unsichtbar bleibt.

Das trifft vor allem zu für einen unserer Lieblingsfilme, für Miklós Jancsó ›So kam ich‹ aus dem Jahre 1964. Joschka, ein Student von siebzehn Jahren, ist in den letzten Tagen des Zweiten Weltkriegs in die Gefangenschaft der Sowjets geraten, die sein Land von Horthy-Faschismus und Hitler-Truppen befreit haben. Mit seinem Bewacher Kolja, der fast gleichaltrig ist, wird er weit vom Lager zum Kühehüten abkommandiert. Als Kolja krank wird, sind beide Jungs längst beste Freunde, und so holt Joschka, in der Uniform des Freundes, Hilfe herbei. Dennoch stirbt Kolja, und so macht sich Joschka, immer noch in der sowjetischen Uniform, auf die Flucht. Doch die Fahrgäste des Zuges, auf den er aufspringt, entlarven ihn als Landsmann, beschimpfen ihn als Verräter und schlagen ihn zusammen.

Dies Erwachen zwischen den Fronten, dies Erwachsenwerden in Angst, diese Suche nach einer Identität, die von sich selbst noch nichts weiß, hat uns nicht zuletzt deshalb angerührt, weil Miklós Jancsó zugleich auf diskrete Weise eine Liebesgeschichte anbietet. Was werden die Kollegen dazu sagen? Eva Palocz, die sofort verstanden hat, warum uns dieser Film am Herzen liegt, hat ihn geschickt platziert: nicht zu früh, wenn noch nicht das Mittagessen verdaut ist, nicht zu spät, wenn alle schon wieder ans Abendessen denken. Für den Abend hat sie zudem ins Rákoczi eingeladen, ein gediegenes, fast elegantes Lokal, auch wenn es hier, wie nahezu überall in Budapest, nicht ohne Zigeunermusik abgeht.

Das Essen ist ausgezeichnet, die Stimmung gut. Noch hat sich Klaus Brüne nicht zu Jancsós Film geäußert. Wird er ihn nominieren? Eva Hoffmann, eine Kollegin von Klaus, spricht sich gegen den Film aus. Beleidigt lege ich das Besteck zur Seite. Jetzt muss Klaus etwas sagen. Er lobt den Film, sehr sogar, das Essen schmeckt mir wieder. Doch Klaus – und da wäre nichts, was er lieber täte – schickt noch eine süffisante Bemerkung hinterher: Im Übrigen, sagt er, hat dieser Film ja noch eine Dimension, die Sie, liebe Frau Hoffmann, vielleicht nicht so ganz zu würdigen wissen!

Draußen steckt Eva Palocz uns noch rasch ein Buch zu, zusammen mit dem großen Plüschbären. Seite 93, sagt sie nur. Noch während der Taxifahrt ins Hotel schaue ich rein. Es sind Gedichte von einem gewissen Attila József. Noch weiß ich nicht, dass die Ungarn ihn als einen ihrer großen Dichter verehren. Die deutschen Nachdichtungen des Bandes sind meist von DDR-Autoren, aber auch Ernst Jandl ist dabei. Das Gedicht, das Eva uns ans Herz legen möchte, heißt ›Bärentanz‹, nachgedichtet von Franz Fühmann. Der Bär in diesem Gedicht ist trotzig, gelegentlich gar bis zur Bösartigkeit. Er ist bar jener Niedlichkeit, die Kinder und wohl auch Schwule so lieben, wenn sie von Bären schwärmen. Nachdenklich schaue ich auf das große Stofftier, das wir heute erstanden haben. Attila, das steht schon fest, werde ich es bestimmt nicht nennen.

Die beiden nächsten Tage, unsere letzten, lassen wir's uns gut gehn. Die Filme, die uns wichtig sind, wurden bereits nominiert. Am letzten Tag tauchen wir sogar erst später auf: Die Tür zu Evas Büro steht offen, Deutsch schlägt uns entgegen. Drei betont bürgerlich gekleidete Herren stehen angestrengt locker herum und halten sich an einem Sektglas fest. Eva stellt erst uns vor, dann ihre Besucher. Die Herren kommen aus Adlershof, sagt sie. Aha, macht es in meinem Kopf, das Fernsehen der DDR. Wenn nur Hans seinen Mund hält und den Herren nicht gleich erklärt, was sie unbedingt sehen müssen, die Filme von Szabó und Jancsó zum Beispiel. Aber Hans hält seinen Mund natürlich nicht und redet, bis einer der Herren meint, ihre Interessenlage sei vielleicht doch ein wenig anders. Ich schaue demonstrativ auf die Uhr, erkläre, dass es höchste Zeit sei, unsere Freunde zum Mittagessen abzuholen. Wir lügen alle, alle sind wir erleichtert: Ein Engel schwebt durch den Raum, nichts trennt uns als die Mauer im Kopf.

Im Café Gerbeaud, damals nach dem berühmten Dichter Vörösmarty genannt, macht Hans mir später Vorwürfe, während ich scheinbar gleichgültig auf die eindrucksvollen alten Kaffeemaschinen aus Herend-Porzellan schaue. *It's still the same old story:* Ich halte ihn für allzu politisch, er hält mich für allzu pragmatisch. Bin ich am Ende wirklich feige? Erst das Eintreffen unserer Kollegen setzt dem Krach ein Ende, aber spätabends im Hotel flammt er noch einmal auf. Der dicke Ungar, wie wir den Plüschpetz inzwischen genannt haben, schaut, so scheint es, höchst missbilligend zu. Natürlich versöhnen wir uns vor dem Einschlafen, das ist eine eiserne Regel, und wir finden sogar noch Zeit, ein paar Zeilen zu lesen. Die Gedichte von Attila József gefallen mir sehr, und ich weiß gar nicht, zum wievielten Male ich jetzt schon jenes Gedicht von 1924 lese, das ›Des Armen Armut‹ heißt und von Peter Hacks packend übersetzt ist. Vor allem die letzte Strophe hat es mir angetan: »Dabei tief in ihm, da wohnen Tauben/wohnen weiße, sternenleichte Tauben/und die Tauben werden einst zu Greifen/die das Rabenpack zu Tode schleifen.«

Wieder daheim, geht es genussvoll ans Auspacken, denn natürlich haben wir doch Souvenirs gekauft, Salami inklusive. Auch muss ein würdiger Platz gefunden werden für den dicken Ungarn. Wo aber ist Paddy? Wir müssen ihn, Schande über uns, schlicht vergessen haben über heftigem Streit und noch heftigerer Versöhnung. So rafft Hans sich auf und greift zum Telefon, denn zum Glück weilt unser Chef vom Dienst, Bruno Joas, noch in Budapest, noch im selben Hotel. Er, der allzeit Loyale und loyal eben nicht nur gegenüber Leo Kirch, sondern auch uns gegenüber, den zuweilen durchaus kapriziösen freien Mitarbeitern, er, der preußische Bayer, wird's schon richten. Joas also wird per Telegramm erklärt, wo unser Paddy höchstwahrscheinlich zu finden ist: unterm Bett nämlich. Präzis wiederholt das Fräulein vom Amt den Wortlaut des Textes, doch dann atmet sie hörbar schwer, wird zögerlich, räuspert sich und fragt mit ihrer amtlichsten Stimme, ob uns denn auch bewusst sei, dass Ungarn zum Ostblock gehöre? Ja, natürlich, sagt Hans, und, wo bitte, liegt das Problem? Es tut mir sehr leid, sagt das Fräulein, aber es ist uns strengstens untersagt, für solche Länder verschlüsselte Texte anzunehmen!

Dank eines direkteren Drahtes hat der kleine Paddy dann wenig später doch noch heimgefunden.

München leuchtet

HS. München – »Traumstadt aller Deutschen«, wie bestellt sprang mir diese Schlagzeile der ›Abendzeitung‹ in die Augen, als wir, vom Flughafen kommend, im Taxi zu unserem gewohnten Hotel fuhren. Hätten die Deutschen die Wahl, so las ich weiter, sie würden München noch vor Hamburg oder Heidelberg als Wohnsitz wählen. Wir aber hatten nicht die Wahl, vielmehr die Pflicht, nach München zu übersiedeln, denn Leo Kirch, damals legte er noch die Fundamente seines Konzerns, wollte an unseren Reisekosten sparen, bezahlte lieber die Umzugskosten von Düsseldorf nach München. Zwei-Zimmer-Küche-Bad zu finden, das sollte in der Weltstadt mit Herz und der sprichwörtlichen Schwabinger Toleranz nicht allzu schwierig sein.

Mit vier Wohnungsangeboten, alle Zentrum, säuberlich ausgeschnitten und aufgeklebt, machten wir uns an einem sonnigen Maientag des Jahres 1965 auf den Weg, unser Glück zu finden. Wir begannen in Schwabing. Die Rheinstraße erwies sich zwar als Rennbahn aller Autoklassen, aber vielleicht lagen die Zimmer zum Hof. Das taten sie auch, und die Vermieterin, eine stattliche, blonde Bayerin in den späten Fünfzigern, freute sich über die Zugereisten, bis sie plötzlich begriff, dass wir gemeinsam einziehen wollten. Nein, nicht zwei Herrn, ich hab's halt lieber, wenn auch eine Frau dabei ist. Verstehn S' mich, bitte, nicht falsch, 's ist nur der Reinlichkeit wegen.

Auf ein Neues! In der Türkenstraße war die Vermieterin nicht erreichbar, in der Schellingstraße dagegen wurden wir freundlich empfangen, gepflegter Altbau, geräumige Diele, die Küche als Wohnküche nutzbar. Die Vermieterin fragte sogar höflich, ob sie einen Kaffee anbieten dürfe. Wir aber wollten keine Illusionen aufkommen lassen, erklärten unmissverständlich, dass wir keine Geschwister sind, sondern Kollegen, die zusammen wohnen möchten. Verlegenes Lächeln, vom Kaffee war keine Rede mehr: Wissen S', ich bin eine alte Frau, ich hab noch nie an zwei Herrn vermietet, mein Mann, mein seliger, sagte immer, zwei Weiber oder zwei Männer, das gibt nur Zeter und Zank. Ich brauch halt mei Ruh', werd nächstes Jahr schon siebzig. Bitt' schön, verstehn S' mich.

Die vierte Wohnung lag nicht weit vom Isartor, Dachgeschoss, Schrägen, urgemütlich. Die Vermieterin, die im Erdgeschoss wohnte, sahen wir schon, ehe wir klingelten, hinter einem ihrer Fenster. Nach der Besichtigung bat sie uns freundlich ins Wohnzimmer: Tisch, Stühle und Sofa, gut erhaltenes Biedermeier, die Vitrine mit den unvermeidlichen Sammeltassen, ein Unikum aus der Gründerzeit. Mit beiden Händen strich sie ihre Bluse glatt, an der nichts glatt zu streichen war, und blickte uns dann mit einem Augenaufschlag an, der um Verzeihung bat: Wenn ich offen sein darf, mir ist es egal, ob Sie miteinander verwandt sind oder nicht. Wenn ich noch mein Haus in Stockdorf hätt, ich würde draußen wohnen und das Haus hier ganz vermieten. Ich bin immer sehr tolerant gewesen, hier aber muss ich mir täglich anhören, was die Nachbarn ratschen. Es tut mir wirklich leid, ich muss Ihnen absagen, leider, es liegt nicht an mir, es sind halt die Nachbarn. Ohne Abschiedsgruß drehten wir uns auf dem Absatz um. Diese Toleranz war hinterhältig wie die Pest.

Wir atmeten tief durch, setzten uns vor die Kammerspiele, tranken einen Kaffee und blinzelten in die langsam untergehende Sonne. Über die luxuriöse Einkaufsstraße bummelten

Flaneure, und im Hintergrund erstrahlte in einem milden, alles verzeihenden Licht das Maximilianeum, ein grobschlächtiger Prunkbau aus der guten alten Zeit. München leuchtete. Hatte nicht Thomas Mann mit diesem Satz eine seiner Erzählungen eröffnet, und gab es nicht inzwischen sogar einen Orden oder eine Medaille mit dem verheißungsvollen Namen ›München leuchtet‹?

Das tat München am nächsten Tag, für uns wenigstens, obwohl die Sonne durch Wolkenbänke verdeckt blieb. Wie hier das Wetter plötzlich und unerwartet umschlug, als würden ständig zwei Strömungen aus Nord und Süd miteinander kämpfen, daran mussten wir uns noch gewöhnen. Da wir im Zentrum der Stadt wohnen wollten, versuchten wir diesmal unser Glück mit Drei-Zimmer-Wohnungen. Noch war unser Honorar sehr bescheiden, obwohl wir schon über ein Jahr für Leo Kirch arbeiteten. Vor die Alternative gestellt, uns beide als freie Mitarbeiter zu akzeptieren oder auf jeden von uns zu verzichten, setzte er sein Jungen-Lächeln auf, mit dem er Frauen wie Männer zu charmieren versucht, und verlangte einen Familienrabatt – Spesen und Tickets müsse er ja doppelt bezahlen. Wir durften also gemeinsam reisen, gemeinsam Filme aussuchen und protokollieren, das war ein Privileg, das uns keine Fernsehanstalt bot. Sogar die Drei-Zimmer-Wohnung, die wir an diesem Tag fanden, konnten wir uns leisten, ein Glücksfall.

Wieder war es eine stattliche Bayerin, diesmal Anfang vierzig, die uns freudig begrüßte, doch diese Freude hielt an. Sie ließ ihre blauen Augen von einem zum anderen wandern und kommentierte unseren Auftritt, fast meinte ich ein Zungenschnalzen zu hören, mit dem Ausruf: Die Herren wollen doch sicher zusammen einziehen! Der ironische Klang ihrer Frage verriet uns sofort, dass sie uns nicht als Schlafburschen einplante, eher als unaufdringliche Begleiter zu den vielen Festivitäten, zu denen München immer wieder einlud. Wir hatten uns nicht getäuscht.

Nur noch einmal flammte mein Misstrauen auf, als sie uns die Wohnung zeigte, die sehr zentral in der Eisenmannstraße lag und rückseitig, relativ ruhig, an das Augustinerbräu grenzte. Die Badewanne sah mehr grau als weiß aus. Die Emaille ist etwas aufgeraut, meinte unsere blonde Bayerin entschuldigend, und als ich sie verdutzt ansah, erklärte sie zögernd, die Dame, die bislang hier wohnte, hat wohl oft gebadet und auch schärfere Mittel benutzt. Die Nutte war also raus, und die abgenutzte Badewanne konnte sie am ehesten zwei Schwulen zumuten. Die Vermieterin schien meine Gedanken lesen zu können. Keine Sorge, meine Herren, mein Installateur wird die Wanne schon nächste Woche auswechseln. Wir lachten, wir lachten gemeinsam wie über einen schmutzigen Witz – München war eben doch eine Weltstadt mit Herz.

Ende September zogen wir ein, an einem Tag, an dem der Himmel blauweiß gefleckt war wie die bayerische Fahne. Der Gott der Bayern, so meinte unsere neue Hauswirtin, liebe die Besucher der Wiesn mehr als die Kirchgänger. Man könne seinen Kopf verwetten, dass zum Oktoberfest die Sonne scheint, während es die Fronleichnamsprozession nicht selten verregne.

Die wenigen Möbel aus Düsseldorf ergänzten wir durch robuste Betten und eine elegante Couchgarnitur, Leder, schwarz, eine etwas bescheidenere Variante des Modells Knoll International. Wenngleich im Schaufenster noch von betörender Schlichtheit, so wirkte die Garnitur in unserer Wohnung klotzig und protzig. Waren wir schon dem Größenwahn verfallen oder noch so kleinmütig, dass wir uns keine größere Wohnung leisteten, die diesen Möbeln angemessen wäre? Die Garnitur ging also zurück, wir erhielten aber kein Bargeld, sondern im Tausch drei Teppiche. Diese Orientalen sahen auf dem Sisalboden unserer Wohnung nicht weniger deplatziert aus als die schwarze Ledergarnitur. Also raus mit ihnen! Nach langem Handeln erhielten wir schließlich wieder Geld auf die Hand, zwei Hunderter weniger, als wir für die Couchgarnitur bezahlt hatten. Missmutig sah mich Martin an. War ich so untüchtig in Geschäften wie der Hans im Glück, die Märchenfigur der Gebrüder Grimm?

Für das Geld, das uns ausgezahlt wurde, erlaubten wir uns eine Hi-Fi-Anlage, Lautsprecher britischer Qualität, Goodman. Und wenn wir abends auf dem Bett lagen, eine Platte aufgelegt hatten, dann war uns diese Musik wichtiger als Teppiche oder eine lederne Couchgarnitur. Zu den Platten von Georges Brassens und Yves Montand gesellten sich Aufnahmen von Anita O'Day, Peggy Lee und Barbra Streisand – auch bei uns übernahmen die Amerikaner die Kulturhoheit, schrittweise.

Münchner Kultur gab es satt: Theater, Konzerte, Museen – was groß war, wurde auch groß subventioniert. Die alternative Kultur dümpelte aber vor sich hin, wenngleich die Münchner Filmemacher, von Papas Kino losgesagt, zu ihrem ersten Paukenschlag ausholten. Alexander Kluge, Edgar Reitz, Christian Rischert, Peter und Ulrich Schamoni sowie Franz Josef Spieker debütierten fast gleichzeitig mit Spielfilmen, die auch im Ausland beachtet wurden.

Zu dieser Truppe, die sich dem ›Oberhausener Manifest‹ verschrieben hatte, bildete sich bald eine neue Opposition, die zunächst im Schatten lebte. Unangemeldet tauchten in unserem Vorführraum in der Kardinal-Faulhaber-Straße vier Burschen auf, vielleicht gerade zwanzig, blass und wortkarg, die uns zwei Kurzfilme zeigen wollten, ›Der Stadtstreicher‹ und ›Das kleine Chaos‹. Martin und ich waren ratlos, denn Verleihern oder Fernsehredakteuren konnten wir diese Versuche, in Dramaturgie und Technik noch unbeholfen, nicht empfehlen. Erst ein oder zwei Jahre später begegnete ich wieder einem der Namen: Rainer Werner Fassbinder. Gutzumachen hatte ich wohl nichts, doch konnte ich 1969 im Auswahlgremium der Berliner Filmfestspiele mithelfen, Fassbinders ersten Spielfilm gegen den Widerstand des Direktors Alfred Bauer zu nominieren. Der programmatische Titel ›Liebe ist kälter als der Tod‹

reflektierte auch Münchner Erfahrungen. Das aber gehört eher zur Filmgeschichte.

Wir hatten die Fenster geöffnet, der Föhn überflutete die Stadt, obwohl Winter war, und gab den Abenden eine frühlingsfrohe Milde. Wir lagen auf unserem Bett, tranken Whisky und lästerten über das Münchner Bier, das uns, die wir das Düsseldorfer Alt gewohnt waren, lau und labbrig erschien. Dass Wein vielleicht eine Alternative sein konnte, davon ahnten wir noch nichts. Wir wussten nur, dass Whisky wie ein guter Kaffee animierte, und da wir tagsüber für Leo Filmprotokolle geschrieben hatten, Inhaltsangabe und Bewertung brav getrennt, gaben wir uns jetzt dem Whisky hin.

Während Martin laut darüber nachdachte, ob wir unsere Bilder nicht doch in einer anderen Reihenfolge aufhängen sollten, zog ich ein Taschenbuch mit Erzählungen von Thomas Mann aus dem Regal. Ich hatte die Geschichte, ›Gladius Dei‹, die mit dem viel zitierten Satz »München leuchtet« beginnt, schon einmal gelesen und fragte mich, wie viele Münchner wohl ihr Ende kannten. Auch Martin kannte es nicht. Thomas Mann beschrieb, 1902, nicht weniger als ein Autodafé auf dem Odeonsplatz, ein Angstbild des Autors, der die Doppelbödigkeit Münchens früh erspürt hatte, eine makabre Vision, die mit der Münchner Bücherverbrennung im Mai 1933 Wirklichkeit wurde.

Diesen bestürzenden Schluss wollte ich Martin vorlesen, er aber wollte keine Belehrung, zog mich an den Ohren, biss mich in den Nacken. Nur einen einzigen Satz, bettelte ich und versuchte das Buch zu retten. Ich hielt es, auf dem Rücken liegend, mit beiden Händen über meinen Kopf, und während ich vorlas, spürte ich, wie zwei Hände mein Hemd aufknöpften und den Gürtel lösten: »Er sah auf der Mosaikfläche vor der großen Loggia die Eitelkeiten der Welt, die Maskenkostüme der Künstlerfeste, die Zierrate, Vasen, Schmuckstücke und Stilgegenstände, die nackten Statuen und Frauenbüsten, die malerischen Wiedergeburten des Heidentums, die Porträts der berühmten Schönheiten von Meisterhand, die üppig ausgestatteten Liebesverse und Propagandaschriften der Kunst pyramidenförmig aufgetürmt und unter dem Jubelschrei des durch seine furchtbaren Worte geknebelten Volkes in prasselnde Flammen aufgehen.« Mehr wollte ich, mehr konnte ich nicht vorlesen.

Aus einem Hinterzimmer des Augustinerbräus hörten wir Studenten irgendeiner Verbindung, auch sie hatten die Fenster geöffnet. Sie brüllten mehr als sie sangen »Gaudeamus igitur!« In welchem Jahrhundert lebten wir eigentlich?

Der Besuch der alten Damen

MR. Nein, bei uns kann man nicht vom Fußboden essen, dafür haben wir einen Tisch: Gestell Vierkantrohr, mattschwarz lackiert, Platte Resopal, weiß, abwaschbar, rechteckig, reicht für sechs Personen, kann um einen exakt dazu passenden kleinen Tisch, der in der Küche steht, auf acht Personen erweitert werden, drum herum mattschwarz lackierte Stühle, nach mehr als zwei Stunden ein wenig anstrengend, aber Kissen kommen uns irgendwie plüschig vor, da ziehen wir halt um ins Wohnzimmer, neuhochdeutsch *living room.*

Das alles müsste, auch wenn es nicht gerade ihrer Auffassung von Gemütlichkeit entspricht, selbst für Issi und Änne akzeptabel sein, die überraschend ihren Besuch angesagt haben. Sie sind auf der Durchreise nach Rom, wo sie zu Ostern den Heiligen Vater erleben möchten, wie er, in vielen Sprachen, *urbi et orbi* den Segen spendet. Issi und Änne sind meine Tanten, die männerlosen Schwestern meiner früh verstorbenen Mutter. Ich verdanke ihnen viel, nicht zuletzt die Zeit im Internat, das mein Vater nie hätte bezahlen können. Dankbarkeit schießt, reflexartig fast, immer durch meinen Kopf, wenn ich an Issi und Änne denke, immer aber auch Unbehagen und Angst. Fast fünfzehn Jahre sind Hans und ich jetzt zusammen, doch den Tanten gegenüber, wenn ich sie, sehr gelegentlich, in ihrer niederrheinischen Kleinstadt besuche, tue ich immer noch so, als seien wir weiter nichts als Kollegen.

Was tun? Dass wir im selben Zimmer schlafen, einträchtig nebeneinander, es ist einfach nicht zu übersehen. Sollen sie doch fragen, meint Hans, Fragen sind nie indiskret, höchstens mal die Antwort! Witzigkeit, sage ich, und was ist mit dem Skrebneski? Über unseren Liegen, im schmalen dunklen Alu-Rahmen, hängt das schwarzweiße Großfoto eines gut gebauten jungen Mannes in engen Jeans, der sich gerade aus seinem T-Shirt schält. Hans räumt ein, dass dieses Foto in der Tat nicht mit einem Bild des heiligen Sebastian zu verwechseln ist, zufällig Pfarrpatron der Gemeinde meiner Tanten und während meiner Kindheit als süßlicher Öldruck mahnende Zierde meines Schlafzimmers.

Das Foto abzuhängen ist kein Problem, das Problem steckt dahinter: die sehr viel hellere, nie von einem Lichtstrahl berührte weiße Wand in ihrer beinahe obszönen Nacktheit. Eine bunte Wolldecke, vor Jahren in einem türkischen Bazar gekauft und nach kritischer Betrachtung nie benutzt, wird rasch an die Wand genagelt. Ich schweige betreten, so einfach, ich ahne es, komme ich bei Issi und Änne nicht davon. Was ist mit den Bücherregalen, sie sind nicht abschließbar, es gibt kein so genanntes Giftschränkchen, die ganzen sexualwissenschaftlichen Schwarten zum Beispiel, sie stehen völlig offen da, exemplarisch knallharte Porno-Hefte inklusive. Ich weiß, dass Änne nicht die geringste Scheu haben wird, alles, was ihr verlockend scheint, ungefragt in die Hand zu nehmen. Ich hoffe auch, dass ich eines Tages ein bisschen was erben werde von meinen Tanten, aber deswegen will ich sie doch nicht gleich umbringen, und dass sie tot umfallen könnten beim Anblick gewisser Bücher, das scheint mir nicht ausgeschlossen.

Haben sie nicht, ich war damals vielleicht zehn Jahre alt, selbst die Reproduktionen italienischer Renaissance-Madonnen aus den Zigaretten-Bilderalben der Nazi-Zeit entfernt, wenn da irgendein Jesusknäblein von seiner Mutter Maria gestillt wurde? Hans denkt heute noch, ich hätte das erfunden.

Katholisch und rheinisch, das reimt sich für ihn, den Calvinisten per Herkunft, auf lässige Heiterkeit. Ich weiß es anders: Ich weiß, wie sehr die Angst vor Sexuellem aus gutmütigen Kleinbürgern eifernde Savonarolas macht.

Einmal trug ich vom Spielen auf der Straße ein rundes silberfarbenes blechernes Döschen ins Haus, in dem ein blass gelbliches Gebilde lag, irgendwie einem zusammengerollten Luftballon ähnlich. Meine Spielkameraden, die ein paar Jahre älteren Zwillingskinder des örtlichen Küsters, Organisten und Klavierlehrers aus dem Nachbarhaus, lachten sich schier kaputt, als ich das Döschen aus dem Staub der Straße hob und öffnete. Es nützte allerdings nichts, dass ich diese Tatsache den Tanten gegenüber zu meiner Verteidigung anführte, sie behandelten mich wie einen Aussätzigen. Meine Ratlosigkeit war umso größer, als besagte Zwillinge mir immer als artige Vorbilder ans Herz gelegt wurden.

Als Kinder des Küsters hatten sie Zugang zur Sakristei der Pfarrkirche, die genau unseren Häusern gegenüberlag: nur durch eine Straße getrennt, auf der damals, in den vierziger Jahren, noch jedes vorbeifahrende Auto eine kleine Sensation war. Ich weiß nicht wie, aber es war den Zwillingen gelungen, den Schlüssel zu jenem kleinen Schrank an sich zu bringen, in dem die Hostien aufbewahrt wurden, jene weißen runden Oblaten, die sich nach katholischem Glauben während des Messopfers dank priesterlicher Kraft in den Leib Christi verwandeln. In aller Seelenruhe nahmen die Zwillinge die Oblaten, von ihnen abschätzig Esspapier genannt, brachen sie auseinander und aßen sie, als würde es sich um Waffeln handeln, wie man sie in manchen Konditoreien zum Eis serviert. Ich erschrak derart, dass mir schwindlig wurde, obwohl auch ich natürlich wusste, dass die Hostien noch nicht geweiht waren.

Noch heute, während ich mit dem eher amüsierten Hans durch die Wohnung streife und angestrengt überlege, was wohl alles vor den bohrenden Blicken der Tanten zu verstecken sei, bin ich nicht frei von Angst. Denk doch mal anders, meint Hans. Womit könntest du ihnen eine Freude machen? Ich öffne die unterste Schublade meines Sekretärs und krame in Familienfotos, bunt gemischt, darunter auch Kinderbilder von Hans und mir. Er in kurzen Hosen, verrutschten Kniestrümpfen, fast militärisch knappem Haarschnitt und mit einer jener riesigen trichterförmigen Tüten in der Hand, wie man sie, gefüllt mit Naschwerk, zum ersten Schultag bekam. Auf der Rückseite des Fotos hatte jemand, seine Mutter vielleicht, einen Vierzeiler geschrieben: »Was ist in der Tüte? Was ist heute los? Bin ich schon so groß? Dass mich Gott behüte!« Mit seiner ungefähren DIN-A-4-Größe würde das Foto gut in eines der Fächer unserer Bücherregale passen. Mein Kinderbild hat etwa dieselbe Größe. Es ist ebenfalls schwarzweiß, aber nachträglich koloriert. Ich trug Lackschühchen, eine Art Trachten-Anzug, eine Pagenfrisur, blickte pausbäckig fragend in die Welt und hatte ein Wesen aus Stoff im Arm, das halb nach Hund, halb nach Schäfchen aussah. Der kleine Finger der linken Hand war leicht gekrümmt und abgespreizt. Ein Blick in die Zukunft?

Sollen wir diese Fotos aufstellen? Kindern sind meine Tanten von Herzen zugetan. Seit meine Schwester, sechs Jahre älter als ich, zweimal Mutter geworden ist, haben die Tanten ihr alle ihre vermeintlichen Jugendsünden großherzig verziehen. Als Irmgard fünfzehn Jahre alt war, konnte sie ihnen einfach nichts recht machen. Schon der Wunsch, mal mit Freundinnen ihres Alters ins Kino zu gehen, sich Marika Rökk oder Zarah Leander anzuschaun, erschien den Tanten als verrucht. Ich, der Kleine, wurde vergleichsweise in Watte gepackt, ganz abgesehen davon, dass Jungs überhaupt nie so viel falsch machen konnten wie Mädchen. Woher Issi und Änne, bei ihrem offiziellen Status lebenslänglicher Jungfräulichkeit, das so genau wussten, blieb mir verborgen.

Ich hatte also Vorfahrt, nur zu den Pimpfen, zur Hitler-Jugend, durfte ich, trotz sehnlichen Wünschens, nicht. Da wurde gar ein ärztliches Attest bemüht, was immer darin gestanden haben mag. Bis heute ist mir nicht klar, woher die entschiedene Gegnerschaft der Tanten den Nazis gegenüber herrührte. Sie hörten nicht nur Radio Beromünster, den deutschsprachigen Schweizer Sender, sie wussten offenbar auch Bescheid über Konzentrationslager und Euthanasie. Ich bekam es mit, wenn sie mit Freunden, denen sie vertrauten, darüber sprachen. Dass sie das alles nicht vor mir geheim hielten, war umso verwirrender, als mein Vater, ein kleiner Beamter, Parteimitglied war, obgleich ebenfalls Katholik und besonders stolz darauf, ein schönes und wertvolles Kruzifix aus dem örtlichen Rathaus gerettet zu haben.

Nie habe ich von den Tanten, so rigoros sie sonst urteilen mochten, auch nur ein abschätziges Wort über meinen Vater gehört. So konnte ich ihnen auch nicht das Gefühl großer Beklemmung vermitteln, das mich überfiel, als der Vater, kurz vor dem Einmarsch der Sieger, seine SA-Uniform, Hitlers ›Mein Kampf‹, Rosenbergs ›Mythos des Zwanzigsten Jahrhunderts‹ und ein paar weitere Nazi-Devotionalien im Garten hinterm Haus vergrub. Dass er sich bis zum letzten Augenblick weigerte, ein Betttuch als weiße Fahne aus dem Fenster zu hängen, kam mir im Übrigen weit eher schrecklich als heroisch vor. Auch ich, hier und jetzt, während ich mit Hans unsere Kinderbilder ins Regal stelle, komme mir nicht eben heroisch vor.

Hans versucht, mich zu trösten. Sie haben dich doch nicht nur unterdrückt, sagt er, sie werden dich schon nicht auffressen! Natürlich nicht, sage ich, aber es gibt eine Art von Güte, die zum Fürchten ist. Und ich denke unwillkürlich daran, dass sie zwar ganz gezielt meine frühe Leselust gefördert haben, wehe aber, die Bücher kamen nicht aus dem Borromäus-Verein, der kirchlichen Leihbücherei. Dann wurden sie mit spitzen Fingern geprüft, als trüge ich Schmutz ins Haus. Dass Literatur Konterbande sein kann, sie ahnten es wohl, wussten zum Glück aber nicht, wie dieses Geheimfach zu öffnen war. Um die Reiselust war es nicht anders bestellt. Paarte sie sich mit dem Begriff Wallfahrt, war sie willkommen, mochte das Ziel nun das nahe Kevelaer sein oder mochte es sich um Lourdes handeln, fern in den Pyrenäen. Im Übrigen reiste man nicht um des Reisens willen. Man hatte ein Ziel: Das Reisen, darin wohl dem Leben gleich, war nichts weiter als Beschwernis, die man möglichst mit Anstand hinter sich bringt, denn am Ende warten Kevelaer, Lourdes und im Glücksfall der Himmel.

Es klingelt: vermutlich die Tanten, gerade in München angekommen. Hans nimmt den Hörer ab, automatisch fast, ich gehe nie ans Telefon, es sei denn, ich bin allein in der Wohnung. Eine Art Arbeitsteilung, die sich eingeschliffen hat seit Jahren wie andere Gewohnheiten auch: Er putzt die Schuhe, ich baue die Betten, nie haben wir darüber nachgedacht, ob es wohl irgendetwas gibt, was den einen als Hausmann, den andern als Hausfrau definiert. Die krankhafte Neugier Dritter, die gern auch noch wissen würden, wie wir es wohl am liebsten treiben, sie kümmert uns nicht. Wer war es, frage ich. Es war niemand, irgendwer hat sich verwählt und gleich wieder aufgelegt. Ich sollte erleichtert sein, komme mir aber bloß vor wie ein Schuljunge, der sich vor einer heiklen Prüfung gedrückt hat. Hans legt den Arm um mich, ich werde wütend und schreie ihn an. An wem sonst auch sollte ich ihn auslassen, den Ärger, der da unausweichlich auf mich zukam. Dass es angebrachter gewesen wäre, den Tanten ihre Illusionen auszutreiben, es kam mir nicht mal in den Sinn: Wir zahlen es nicht denen heim, die uns Angst machen, wir strafen jene, die schützend den Arm um uns legen.

Hans hat sich abgewandt, wortlos geht er ins Bad, da klingelt wieder das Telefon, jetzt muss ich den Hörer abnehmen, diesmal sind es die Tanten, sie können nicht kommen, Änne muss zum Zahnarzt, ein Zahn ist völlig vereitert, Aufschub gibt es nicht. Gott sei Dank, denke ich erleichtert, und ich denke es ganz gedankenlos. Gott sei Dank! Wie oft habe ich als Kind diesen Ausruf der Tanten gehört und immer war er sehr wörtlich gemeint. Ihr Glaube war nie nur Attitüde, aber warum dann zugleich diese fast panische Angst vor jeder Form von Sex? Trauten sie sich am Ende selbst nicht über den Weg oder wiederholten sie bloß, was ihnen litaneienhaft eingebläut worden war?

Als Hans aus dem Badezimmer kommt, stehe ich noch immer ziemlich belämmert da. Jetzt hätte ich mich freuen dürfen, aber da ist immer noch ein Rest von Beklommenheit. Ich mache uns erst mal Kaffee, sagt Hans, und dann hängen wir den Skrebnewski wieder auf. Ich hole ein Staubtuch und wische den Rahmen ab. Das Staubtuch ist der Rest eines bunt karierten Flanellhemds, das mir zu klein geworden war, und während ich daran denke, dass ich wirklich gut daran täte, wieder abzunehmen, überfällt mich noch einmal die Erinnerung an die Tanten.

Es war gegen Ende des Krieges, kurz vor meinem elften Geburtstag. Die Textilfabrik, in der Änne arbeitete, hatte in einem Anfall von Führertreue und Durchhaltewahn einen nachtblauen Seidenstoff produziert, der in einer Art mäanderndem Endlosmuster mit kleinen weißen Hakenkreuzen bedruckt war. Da war nur niemand mehr, der dieses Zeug kaufen wollte, und für einen Spottpreis hatte Änne fünfzig Meter davon erstanden. Jetzt saß Issi an ihrer Nähmaschine und gab sich tausend Mühen, den vertrackten Stoff in Kleider zu verwandeln, die nicht gleich wie Fahnen für Hitler wirkten. Sie versuchte es mit Blusen, sie versuchte es mit Kittelkleidern. Zuletzt versuchte sie es mit komplizierten Plissee-Röcken, aber auch deren kunstvolle Falten wollten das verhasste Emblem nicht verbergen. Der Zorn stieg ihr ins Gesicht, ich sah, wie ihr Mund tonlos ein gewisses Wort formte, dann sah sie mich an und besann sich und sagte bloß: Mist! Seit zwölf Jahren nichts als Mist! Das Wort Scheiße kam ihr nicht über die Lippen.

In dubio pro Leo

HS. Schwankende Gestalten dürfte die Treppe im Weinhaus Schneider wohl schon öfter erlebt haben, dort aber einen schwungvollen Purzelbaum abzurollen, der auf Wunsch sogar wiederholt wurde, das blieb allein meinem Leib- und Lebensgefährten vorbehalten. Zugegeben, es geschah noch in den sechziger Jahren des vorigen Jahrhunderts, kann aber von einigen Zeugen beglaubigt werden: Redakteuren des Fernsehens, die wir zum Essen führten, wenn sich die Filmvorführungen bis in den Abend hinein ausgedehnt hatten. Dann bot sich das Weinhaus Schneider an, gediegen und günstig gelegen, unmittelbar hinter dem alten Münchener Rathaus in der Sparkassenstraße. Noch heute ist das Weinhaus eher eine Weinstube. Der bescheidene Zuschnitt, weniger als ein Dutzend Tische, und die anheimelnde Holzverkleidung geben dem Raum sogar eine gewisse Intimität. Eine ältere Dame, schwarz gekleidet, blickte wie eine Respektsperson gelegentlich aus der Küche, besorgt, dass Steak und Bratkartoffeln, die Spezialitäten des Hauses, über alle Kritik erhaben blieben.

Zu den Liebhabern des Lokals zählte damals auch Leo Kirch. Hier konnten wir ihm gegenübersitzen, ohne über Film und Fernsehen zu debattieren. Nur von Marianne Kurz begleitet, einer langjährigen Sekretärin, die auch uns durch ihren kühlen Charme beeindruckte, erlaubte sich Kirch einen fast zwanglosen Plauderton, wenngleich er sich bestimmter Sottisen nicht enthalten konnte. Was das Essen betraf, so waren seine Wünsche auffallend bescheiden: das klassische Filetsteak und etwas Chicoree-Salat, während wir als Beilage noch Bratkartoffeln verlangten, nicht gerade mager.

Vor seinem Frankenwein sitzend, der ihm auch hier serviert wurde, konnte Kirch dann für Augenblicke an Danny Kaye erinnern, den »König der Spaßmacher«, und ganz vergessen lassen, dass sein Gesicht auch dem von Jack Palance ähnlich sieht, einem Darsteller, spezialisiert auf Bösewichter, der in dem Film ›Hollywood-Story‹ einen zynischen Produzenten spielt.

Doch physiognomische Deutungen sind heikel, setzen einen Menschen leicht Vorurteilen aus. Vielleicht entspricht die Rolle, die Leo Kirch nun schon seit Jahrzehnten spielt, eher der eines Mannes ohne Gesicht, so wenig durchschaubar wie das Konzerngeflecht, das er hinter dem Rücken der Öffentlichkeit ebenso heimlich wie hartnäckig geschaffen hat.

Einmal hätten wir ihn fast bedauert, als wir ihm im Weinhaus Schneider gegenübersaßen. Sie haben ja keine Ahnung, erklärte er, wie abhängig ich bin, welche Folgen bereits eine Diskonterhöhung für mich hat! Natürlich hatten wir keine Ahnung und haben sie wohl noch immer nicht. Aber wir entnahmen Kirchs Worten vor allem, dass er sich selber weniger als Mitverursacher denn als Opfer jener Machtkonzentration begreift, die inzwischen so stark ist, dass sie unser parlamentarisches System auszuhebeln vermag. Kirch berief sich damals sogar auf den Trost, den ihm die katholische Kirche spendet, und er fügte nicht ohne Süffisanz hinzu: Ihr habt ja euren Marxismus! Dieses demonstrative Leiden am Kapitalismus war gewiss nicht ohne Züge von Koketterie: Der Sohn eines fränkischen Weinbauern wird wohl schon als Kind gelernt haben, wo Barthel den Most holt. Selbst eine Unterhaltung über das Wetter dürfte am elterlichen Tisch kaum belanglos gewesen sein: Eine Diskussion über das Wachstum der Reben ist immer auch eine über das Kapital, das sich verzinsen muss.

Vielleicht lag es gar am Ertrag der Weinfelder, die zwei Söhne nicht immer krisenfest ernähren konnten, dass der Weinbauernsohn Leo Kirch schließlich zum Filmhändler mutierte. Es spricht für seinen Realitätssinn, dass er sich früh nach einem weltgewandten und sprachbegabten Kompagnon umsah. Es war ein Freund aus Nürnberger Studententagen: Hans Andresen. Dass beide auf einer Lambretta, vielleicht noch in kurzen Hosen, nach Rom gefahren seien, um dort mit geborgtem Geld Fellinis ›La Strada‹ zu kaufen – angeblich der Grundstock des bald florierenden Unternehmens – gehört aber wohl eher zu den Legenden, für die man die Betroffenen nicht haftbar machen kann.

Ist Kirch der Kopf, so Andresen eher die Seele des Unternehmens, der sich gelegentlich sogar erlaubt, seinen Gefühlen freien Lauf zu lassen. So war es wenigstens in den Gründungsjahren des Imperiums. Wir erlebten ihn einmal, als er Kirch über den Film ›The War Game‹ von Peter Watkins informierte. Leo, rief Hans Andresen bewegt aus, wenn du diesen Film gesehen hast, musst du befürchten, dass alles zusammenbricht. Wie ein großer Bruder lachte Kirch Andresen aus: Wirklich, Hans, auch die Grundstückpreise? Grundstückpreise gehörten und gehören zum Einmaleins Hans Andresens, der am liebsten in Rom, Tokio, Los Angeles und Hawaii ein Traumhaus besitzen würde.

Ging ich mit ihm am Strand von Fire Island entlang, vielleicht erwähnend, wie schön es sein könne, hier ein Sommerhaus zu haben, dann sah Hans Andresen vor seinem geistigen Auge ganze Kolonien von Bungalows, die sich, wie er meinte, mit billigen Arbeitskräften preiswert errichten und ertragreich verkaufen ließen. Er war es auch, der uns tief in die Augen sah und fragte: Sie wollen also auf unsere Kosten rund um die Erde reisen, sich überall umsonst die schönsten Filme ansehen und dafür auch noch bezahlt werden?

Als Leo Kirch sich um unsere Hilfsdienste bemühte, auch

Wilfrid Berghahn und Enno Patalas gehörten zunächst zu seinen Kundschaftern, hatte er bereits erkannt – und das war der entscheidende unternehmerische Weitblick –, dass Spielfilme im frisch etablierten Fernsehen unentbehrlich sein würden: das Herzstück aller Programme. Er begriff wohl auch, dass Juristen raffinierte Verträge aushecken, aber kaum die Ware beurteilen können, die das Kapital mehren soll. Da er nicht alle Filme unter Vertrag haben konnte, wollte er wenigstens über die besten verfügen, Filme, die handverlesen sind, wie er gerne betonte. Ein Qualitätsmonopol als erster Schritt.

Wir arbeiteten wie Lektoren in einem Verlag und schrieben Gutachten. Meist wurden die Filme auch gekauft, sofern die Kaufleute zu einem Deal kamen. Dass wir mithalfen, den gewerbetreibenden Kirch zum Konzernherrn aufzubauen, war wohl unvermeidlich, wie auch die Abnehmer seiner Filme ihren Beitrag leisteten. Wann immer Filme, die wir ausgesucht hatten, die Programme von ARD und ZDF bereicherten, bereicherten sie auch Kirch, stärkten sie seine Macht. Entdeckten wir Filme im Ostblock, in Ländern der Dritten Welt, in der Türkei oder Ägypten, dann dürfte für Kirch die Gewinnspanne erheblich größer gewesen sein als bei Hollywood-Filmen mit hohen Einkaufspreisen. Die Redakteure waren nicht unglücklich, den Horizont der Zuschauer erweitern zu können, und auf der Suche nach einem angemessenen Sendetermin halfen nicht selten Programmdirektoren, die Kirch zu seinen Duz-Freunden gemacht hatte.

Wann immer wir Kirch gegenübersaßen, sah er uns mit Wohlwollen und zugleich mit Misstrauen an, und ich glaube, wir verhielten uns ebenso. Es machte ihm Spaß, über Gott und die Welt zu diskutieren und den linken Vögeln, die wir für ihn waren, Paroli zu bieten. Auch wir stritten gerne mit ihm, da er trotz neuen Reichtums nie die Allüren der Neureichen annahm. Wie offen aber sind offene Gespräche wirklich? Christa Wolf berichtet in einer der Vorlesungen, die ihre Erzählung ›Kassandra‹

begleiten, wie unterschiedlich sich Menschen in der DDR verhalten haben, ob sie nun vor der Partei, an ihrem Arbeitsplatz oder in einem Kreis gleich gesinnter Freunde ihre Meinung äußerten. Nicht viel anders verhalten sich Menschen im Dunstkreis des Kapitals. So spielte denn auch Leo Kirch uns gegenüber nur eine seiner vielen Rollen, zugegeben, äußerst souverän. Saßen wir zu Tisch, dann sah es so aus wie ein Spiel unter Gleichberechtigten. Privat hatten wir keinen Grund zum Klagen. Als Bürger dieses Landes muss ich jedoch Bedenken anmelden, die mir schwerwiegend erscheinen.

Längst pfeifen es die Spatzen von allen Dächern: Medienmacht ist Meinungsmacht, sie kann Urteile wie Vorurteile prägen, selbst das Wahlverhalten entscheidend beeinflussen. Wer aber hängt der Katze die Schelle um? Oder sollte ich etwas vorsichtiger fragen, wer ist hier eigentlich die Katze? Wer kann es Kirch, Berlusconi oder Murdoch verübeln, dass sie Gewinne und Macht maximieren, solange die Gesetze ihre Aktivitäten nicht einschränken, sondern sogar belohnen? Sind es nicht eher die Volksvertreter, die Gesetzgeber, denen wir die Machtkonzentrationen verdanken, obwohl sie nur von ihrem Gewissen abhängig sein sollten? Wer also ist die Katze, der ich die Schelle umhängen müsste?

Im Zweifelsfall für den Angeklagten, *in dubio pro reo,* in dubio pro Leo. Denk ich an unsere Begegnungen im Weinhaus Schneider zurück, so kann ich mir vorstellen, wie er zu vorgerückter Stunde in seine Löwenmähne greift, die Haare zurückstreift und dann, als ein Mann von Witz und Selbstironie, Friedrich Dürrenmatt zitiert, der im ›Besuch der alten Dame‹ seine Claire Zachanassian sinngemäß sagen lässt: »Ihr habt mich zur Hure gemacht, jetzt bin ich eine.«

Entwirrung der Gefühle

MR. Das Porträt der Königin Luise auf einer Sammeltasse mit goldenem Rand, Bismarck als heroische Büste, der Funkturm als Bleistiftspitzer, Zigarettenbilder-Alben mit Fotos von Ufa-Stars: das waren so die Höhepunkte in den Schaufenstern der Trödelläden in Charlottenburgs Suarez-Straße, wenn ich an einem blauen Juni-Nachmittag auf Jagd nach Büchern ging, Anfang der siebziger Jahre. Damals fand das Filmfestival von Berlin noch im Sommer statt und man musste noch nicht pausenlos von einem Kino zum anderen hetzen. Die Amerikaner hatten noch nicht auf den Wintertermin im frostigen Februar gedrängt, weil ihnen die ganze Veranstaltung eigentlich nur als Startrampe für ihre Großproduktionen wichtig ist, die sie anschließend mit satter Werbung in die Kinos schleusen.

Die Nächte waren in jener Zeit wirklich lang, und wem, wie fallweise Hans oder mir, die vielen Partys nicht einladend genug waren, der konnte vom Bahnhof Zoo noch am späten Abend in den Grunewald fahren, ins so genannte Scharfe Dreieck, wo einem beim Betreten gewisser Tannenschonungen Mengen zerknüllter Tempotaschentücher entgegenstrahlten, im einschlägigen Jargon Berliner Edelweiß genannt. Doch nicht dort begegnete ich dem Mann mit dem Allerweltsnamen Kunze, sondern in der Suarez-Straße, als Inhaber eines Ladens, der sich von den anderen Kramläden unterschied wie eine Galerie von Rumpelkammern. Nur einzelne erlesene Stücke schmückten seine Auslage: ein Bauhaus-Besteck, eine Gallé-Vase, eine Wagenfeld-Lampe, ein Kreidolf-Bilderbuch. Stets war ich tief beeindruckt, nie ernsthaft interessiert, denn Bücher, dachte ich, würden hier wohl nur als bibliophile Kostbarkeit angeboten, und ihren Marktwert kannte der Besitzer sicher genau.

Erst ein makellos erhaltenes Exemplar von Stefan Zweigs Novellenband ›Verwirrung der Gefühle‹ bewog mich, den Laden zu betreten. Als Vierzehnjähriger hatte ich das Buch für ein paar Stunden in die Hand bekommen, doch ich hatte die Titelnovelle nie zu Ende gelesen. Meine Tanten – wie war das Buch überhaupt in ihr Haus gelangt? – nahmen es mir seinerzeit rasch wieder weg, und geblieben war mir bloß eine Erinnerung an ein merkwürdig überhitztes erotisches Klima und an eine Begegnung zwischen einem alten Professor und einem sehr jungen Studenten, die auf eine krampfhafte Weise scharf aufeinander waren. Ich nickte dem Inhaber des Ladens, der in einem Art-déco-Sessel thronte, höflich zu und holte mir das Buch aus dem Fenster, um auf den letzten Seiten, es war ein Insel-Buch, nach dem Impressum zu suchen.

Bemühen Sie sich nicht, sagte der Mann, es ist die Erstausgabe, aber ich verkaufe sie nicht. Er machte eine kleine dramatische Pause und fuhr fort: Ich benutze es nur als eine Art Blickfang, um gewisse Leute in den Laden zu locken. Erst jetzt sah ich mir den Mann genauer an, er musste um die fünfzig sein, trug sein helles Haar schulterlang und offen, hatte ein edles sonnengebräuntes Pferdegesicht und wirkte mit seiner schmalen randlosen Brille und den stahlblauen Augen dahinter wie ein germanischer Winnetou. Es war keine echte Arroganz in seinem Tonfall, eher ein milder Spott, doch ich kam mir düpiert vor. Wollte hier mal wieder ein Schwuler dem anderen beweisen, was *lifemanship* ist?

Noch bevor ich antworten konnte, kam ein hübscher Zwanzigjähriger hereingeweht, aufgemacht wie für ein Tennismatch, wirbelte einmal um den Mann in seinem Sessel herum, küsste ihn kurz auf die Backe, stellte eine Currywurst mit Pommes frites auf einen Jugendstil-Blumenständer und wehte wieder davon. Sie irren sich, sagte der Mann und machte sich über die Pommes her, während ich dem langbeinigen Burschen nachsah. Im selben Augenblick flog wieder die Tür auf, und der Junge, der diesmal hereinschneite, war höchstens sechzehn und auf stilisierte Weise verwahrlost. Was dann in den Neunzigern Mode wurde, sah ich hier zum ersten Mal: Seine Jeans waren oberhalb der Knie kunstvoll zerschlissen und ließen feste, braune Schenkel durchschimmern, und sein löchriges, hautenges schwarzes T-Shirt fiel nur knapp über seinen knackigen Hintern. Wattn, sagte er, immer noch ins Jeschäft? Ik warte schon auf dir! Sein Berlinerisch tönte zu forsch, um echt zu sein, und in seinen Augen, die unruhig zwischen dem Mann und mir hin und her wanderten, lag noch ein Rest mühsam kaschierter Kindlichkeit.

Der Mann tat betont gleichgültig, wies den Jungen mit lässiger Geste auf den Teller mit den Pommes frites hin, wandte sich mir zu und sagte: Der Erste war übrigens mein Sohn! Sofort war das Eis zwischen uns gebrochen, die Augen des Jungen wanderten weiter unruhig hin und her, dann ging er wortlos fort. Ich hatte eigentlich eine Szene erwartet. Kunze, sagte der Mann jetzt und reichte mir seine Hand, die kaum merklich zitterte. Ich stellte mich ebenfalls vor. Sekunden später stand eine Flasche Cognac auf dem Blumenständer, wir nannten unsre Vornamen und duzten uns. Dolf, eigentlich Adolf, aber so wollte er nicht heißen nach 45, war, wie sich bald zeigte, ein trainierter Trinker und breitete schnell und ohne Umschweife sein ganzes Leben vor mir aus.

Geboren 1920 in Berlin, immer hier gelebt, fast – wie er sich ausdrückte – ohne Webfehler und bürgerlich-behütet aufgewachsen, den Krieg trotz Russlandfeldzug heil überstanden, überstürzt geheiratet, auch um schnell an eine Wohnung zu kommen, bald zwei Kinder, als Koch und zeitweiliger Kneipier leidlich durch die mageren Jahre gekommen und erst aus der Bahn geworfen, als er, selber gerade dreißig, von seinem 16-jährigen Küchenjungen verführt wurde. Da nehm ich dann doch einen Cognac, sagte ich, aber darüber konnte Dolf nicht lachen. Als Schwuler solltest du nicht so dämlich reagieren, meinte er barsch. Genügt es nicht, wenn die Heteros an dem Märchen stricken, dass nur wir Älteren die Verführer sind? Ich bin doch kein Kinderficker, verdammt noch mal! Ich schwieg, mein Schweigen reizte ihn noch mehr, und so tat ich, was jeder routinierte Politiker im Fernsehen tut, wenn er peinlichen Fragen ausweichen will. Ja aber, sagte ich und wechselte das Thema. Ja aber, was sollte das heißen vorhin, dass du das Buch von Zweig nur als Blickfang für bestimmte Leute benutzt?

Kloaken des Herzens, brummte er vor sich hin. Ich verstand nicht. Hast du die Geschichte je gelesen? Nicht ganz, sagte ich ausweichend, aber nach allem, was ich darüber weiß, muss es so eine Art Trostbuch gewesen sein für Schwule. Dolf wurde noch grimmiger und äffte mich nach: Nach allem, was du darüber weißt? Wirklich? Ich habe es nicht freiwillig gelesen, mein Vater hat mich dazu gezwungen. Ich hatte mich damals im Gymnasium in einen Mitschüler verliebt, er war zwei Jahre jünger als ich, wir wurden erwischt, und nur mit Mühe konnte mein Vater, ein einflussreicher Jurist, den Skandal niederbügeln. Der Text von Zweig, meinte er, würde mir die Augen öffnen und zeigen, wo am Ende Leute landen, die sich einfach so gehen lassen wie ich.

Dolf machte eine Pause, goss sich noch einen Cognac ein, randvoll, und damit kein Tropfen verloren ging, setzte er das Glas nicht an den Mund, sondern beugte sich darüber: Jedenfalls, 1938, als ich das las, bekam ich es mit der Angst zu tun und schwor mir, niemals mehr einen Jungen auch nur anzuschaun, und ich habe es durchgehalten, bis ich an Silvio, meinen Küchenjungen, geriet. Der hat mir dann die Augen geöffnet, und da hab ich mir gesagt, dass man seine Sehnsucht nicht auch noch selber unter den Teppich kehren soll. Dich kaputtmachen, das kriegen schon die anderen hin. Meine Frau hat mich natürlich – natürlich? – verlassen, die Kinder wurden ihr zugesprochen, die Kneipe geschlossen. Als dann mein Vater starb, machte ich eine befreiende Entdeckung. Ich überließ den Verkauf seiner großbürgerlichen Wohnung, die er über den Krieg hinweggerettet hatte, nicht jenen Händlern, die mir wie Aasgeier zuflogen – ich tat es selbst. Das war der Grundstock für diesen Laden, der mich jetzt ernährt. Ich habe Kataloge studiert, Auktionen besucht, mich tagelang in Museen vergraben. Das Schönste aber – er goss sich rasch noch einen Cognac ein –, meine Kinder haben ihrer Mutter den Rücken gekehrt und sind zu mir zurückgekommen.

Ich schwieg und suchte nach Worten, die nicht allzu billig klangen. Wir »gewöhnlichen Homosexuellen«, wie man seit Martin Danneckers gleichnamigem Buch gerne sagt, stehen schnell hilflos da, wenn wir jener Minderheit in der Minderheit begegnen, deren Sehnsucht Jungen gilt, die zwar keine Kinder mehr, aber auch noch keine Erwachsenen sind. Ich fragte Dolf einfach, wie er seinen augenblicklichen Freund gefunden habe. Am Bahnhof Zoo, sagte er ohne Zögern, er ist erst vor ein paar Wochen von zu Hause abgehaun, ich habe ihn gleich am ersten Tag getroffen, er ist überhaupt noch nicht versaut, markiert nur gerne manchmal den wilden Mann, aber ich lasse mich nicht bluffen!

Verstohlen sah ich auf meine Uhr, um sieben wollte ich mich mit Hans im Hotel treffen. Wir hatten eine Verabredung für den Abend, wir waren die Einlader. Damals waren wir noch keine Routiniers und suchten für jeden unserer Gäste, die wir in Kirchs Namen bewirteten, ein neues Lokal aus, bis wir dahinter kamen, dass es zumindest für uns bequemer war, alle, ob Fernsehredakteure oder wen auch immer, ständig ins selbe Restaurant zu bitten. Auch die Arbeit als Butler will schließlich gelernt sein. Eine Bekannte aus Wien hatte uns einen neuen Italiener in der Fasanenstraße empfohlen, bei dem, wie sie sagte, selbst der offene Wein gut sei. Über den Rest machte ich mir keine großen Gedanken, denn der öffentlich-rechtlichen Dame, mit der wir verabredet waren, war es ziemlich gleichgültig, was auf ihrem Teller lag, solange sie sich nur selbst darstellen konnte.

Noch einmal sah ich auf meine Uhr, offen diesmal, und dann, ich weiß nicht, was mich trieb, fragte ich Dolf einfach, ob er glücklich sei. Was für eine Frage, sagte er, Junge, Junge, was für eine Frage! Er packte mich an der Schulter: Sag, bist du glücklich? Vielleicht, sagte ich, ja, ganz bestimmt, ja! Ungläubig sah er mich an, ließ mich los, ging zum Schaufenster, holte das Buch heraus, drückte es mir in die Hand und sagte, sichtbar beschwipst: Dann geh, und erzähle es keinem! Die neidischen Götter warten schon!

Der Abend mit der öffentlich-rechtlichen Dame verlief unerwartet harmonisch, zunächst jedenfalls, weil ihr Redefluss von uns nur durch ein gelegentliches Was Sie nicht sagen! oder Nein, wirklich? unterbrochen wurde. Kritisch wurde es, wie immer, als sie noch nach einer halben Stunde in ihrer *insalata frutti di mare* herumstocherte, während der Ober schon zum zweiten Mal mit seiner köstlichen *saltimbocca* hinter ihr stand. Nach einem nicht mal sonderlich diskreten Wink von Hans nahm er ihr dann den Teller weg, und weiter ging die *one-woman-talkshow,* während wir unseren Gedanken nachhingen. Ich musste die ganze Zeit an Zweigs Novelle denken, deren heikelste Stellen ich mir noch auf der Fahrt ins Hotel herausgesucht hatte.

Die Kloaken des Herzens, von denen Dolf gesprochen hatte, ich fand sie schnell in der vorletzten Zeile auf Seite 262, und ich war bestürzt, als ich begriff, was Zweig damit meinte: die Lust nämlich, die ein männlicher Körper an einem anderen männlichen Körper findet. Hochtrabend wird da drei Seiten später »das kristallene Element des Geistigen« jenem Verlangen entgegengestellt, das den Homosexuellen »in den Abhub der Vorstädte« treibt, von »fehlgängerischer Neigung« ist die Rede. Und was muss der meist angstvoll disziplinierte Professor, um den es da geht, erleben, wenn er mal nicht vor seiner Seele Wache steht? Auf Seite 268 liest sich das so: »Die frechen Forderungen geschminkter Promenadejungen, die süßliche Vertrautheit parfümierter Friseurgehilfen, das erregte Kichern der Transvestiten in ihren Weiberröcken, die rabiate Geldgier vazierender Schauspieler, die plumpe Zärtlichkeit Tabak kauender Matrosen – alle diese verkrümmten, verängstigten, verkehrten und fantastischen Formen, in denen das fehlwandernde Geschlecht sich am untersten Rande der Städte sucht und erkennt.« Wut packte mich aber erst recht über das Ende der Geschichte, wenn Triebverzicht als Sieg des Eros gefeiert wird und die angstvoll verdrängte Lust als ästhetische Schonkost »die Gnade des reinen Freundes« angeboten bekommt, die »würdige Erwiderung männlich-übermächtiger Zärtlichkeit«.

Das Geräusch eines Messers, das auf den gekachelten Boden des Lokals fiel, riss mich aus meinen Gedanken. Messerbänkchen, sagte unser Gast missbilligend, das kommt davon, wenn man glaubt, auf Messerbänkchen verzichten zu können! Ich sah sie an, sie erschrak, und so sagte ich rasch: Haben Sie mal Stefan Zweigs berühmte Novelle ›Verwirrung der Gefühle‹ gelesen? Misstrauisch blickte sie zurück, aber dann ging ein Lächeln über ihr immer noch schönes Gesicht, das in jungen Jahren gewiss eine ernsthafte Konkurrenz für Lauren Bacall gewesen wäre. Ich merkte regelrecht, wie sie sich vornahm, ihren schwulen Gastgebern was rundum Liebes zu sagen. Schon sehr früh, sagte sie, ich hatte einen Lieblingsonkel, der war auch so! Der hat mir das Buch heimlich zugesteckt. Seitdem verstand ich ihn viel besser! Hans trat mir unter dem Tisch heftig auf die Füße. Ich ließ die Dessert-Karte kommen.

Traum ist teuer

HS. Der Abend endete als mittlere Katastrophe, obwohl es die Gastgeber, meine Cousine Gertrud und Albert, ihr Mann, nur gut gemeint hatten. Die Schuld an dem Schlagabtausch, zu dem es schließlich kam, und der mit einem allseitigen Schweigen endete, lag wohl bei Albert, einem erzkonservativen Beamten, aber auch, ich sollte es zugeben, mehr oder weniger bei mir.

Mein Besuch in Köln galt vor allem meiner Cousine Gertrud, eine meiner wenigen Verwandten. Mit ihr hatte ich einmal unter dem gleichen Dach gelebt, Jahre, in denen sie vergeblich auf ihren ersten Mann wartete, der seit Stalingrad vermisst wurde. Völlig verunsichert nahm sie schließlich einen älteren Mann in guter Position, in dem sie wohl eher den Beschützer als den Liebhaber fand. Dieser zweite Mann, ein Finanzpräsident, saß neben mir am Tisch und mit ihm die drei Kinder, Jungens im Alter zwischen acht und zwölf Jahren, die um die Wette versuchten, mit Zwischenrufen Charakter zu zeigen.

Es muss in den Novembertagen des bewegten Jahres 1968 gewesen sein, in dem ich gelegentlich eine Statistenrolle spielte. Damals protestierte die Jugend von Berkeley bis Prag gegen die Arroganz der Machthaber und verlangte Mitsprache. Beiderseits des Atlantik erwachte ein revoltierender Geist, der Alfred Andersch zu der unvergesslichen Zeile inspirierte: »Empört euch, der Himmel ist blau!« In diesen Novembertagen war der Himmel alles andere als blau, die verhassten Notstandsgesetze, die alle Grundrechte außer Kraft setzen, waren dank einer großen Koalition längst durchgepeitscht, in Prag hatten die russischen Panzer das letzte Wort, in Vietnam wollten es die amerikanischen Bomber haben. Die APO, die außerparlamentarische Opposition, eine andere gab es nicht mehr, ächzte und stöhnte. Die schweigende Mehrheit schwieg. Im Haus des Finanzpräsidenten blieb Politik, zunächst wenigstens, tabu.

Mir gegenüber saß meine Cousine Gertrud. Ich spürte ihre innere Unruhe, ihren Augen konnte und wollte ich nicht ausweichen. Schon ehe ich den ersten Bissen nahm, wehte mich das Leid einer Hausfrau an, die immer wieder an einem schlechten Gewissen kaut, weil sie sich mehr vornimmt, als sie verwirklichen kann. Sie biete nur ein kaltes Abendessen, meinte Gertrud, ihre Hilfe habe sie wieder im Stich gelassen, auch wollte sie sich für mich ein wenig schön machen, ich sei ja schließlich ihr einziger Vetter. Wenngleich leise vorgetragen, klang diese Entschuldigung wie eine Anklage, und ich erlaubte mir die Frage, ob nicht die Jungens hätten mithelfen können. Doch nur ein müdes Achja! entrang sich der Kehle meiner Cousine, während der Nachwuchs feixte.

Die armen Autoritäten, dachte ich. Während ich noch überlegte, ob ich das Lachsbrot mit den Händen oder mit Messer und Gabel essen sollte, sah ich in ein Gesicht, das auf Zuspruch und Dankbarkeit wartete. Noch immer trug Gertrud ihr blondes Haar, seit Jahren gebleicht, schulterlang, ihr schmales, blasses Gesicht ließ ahnen, dass sie noch vor wenigen Jahren sehr attraktiv gewesen sein musste. Vielleicht war das Rot ihres Lippenstiftes, den sie für diesen Abend gewählt hatte, eine Nuance zu laut.

Es schmeckt mir vorzüglich, sagte ich, und abends ist eine kalte Platte auch viel gesünder als warmes Essen. Dankbar nickte mir Gertrud zu, lächelte wohl auch und schenkte mir Tee nach, obwohl ich die Tasse noch nicht ausgetrunken hatte.

Nun glaubte Albert, die Konversation beflügeln zu müssen. Ob ich noch Seminare an der Berliner Filmakademie abhalte? Nur unregelmäßig, antwortete ich, ich sei ja nur einer von mehreren Gastdozenten. Und die Studenten, fragte Albert, sind sie noch immer Faultiere, demonstrieren, statt studieren, das lese ich doch immer. Mancher Protest ist vielleicht überzogen, versuchte ich zu vermitteln. Sind sie aber gegen den Vietnamkrieg, dann haben sie meine volle Sympathie. Ein schwieriger Krieg, meinte Albert, doch wir sollten den Amerikanern ruhig vertrauen. Nun saßen wir in der Politik wie in der Tinte, und ich spürte, wie ich langsam meine Beherrschung verlor, wie unser Gespräch gereizter, aggressiver wurde. Bomben lösen keine Probleme, schrie ich schließlich, und wenn Goliath den David angreift, gehören meine Sympathien David. Das klang wohl sehr schmissig, konnte aber einen Mann wie Albert kaum überzeugen. Allseitiges Schweigen setzte ein, auch die drei Jungens stocherten verlegen auf ihrem Teller herum.

Schon am nächsten Morgen saß ich wieder im Zug nach München, ›Flucht ohne Ende‹, einen Roman von Joseph Roth in der Tasche, Lektüre für sieben Stunden Fahrt. Den vergangenen Abend wollte ich so schnell wie möglich vergessen: Verwandtengezänk, nur irritierend, dass ich mitgespielt hatte. Ich dachte an die Begegnung mit einem anderen, nicht weniger konservativen Beamten, der weit eher meinen Widerspruch verdient hätte, dem Berliner Senatsdirektor Harald Ingensand. Versuchte doch Ingensand die Dozenten der Filmakademie wie Schuljungen abzukanzeln, sie seien unfähig, die Proteste der Studenten zu zügeln.

Auch ich bin für Reformen, dozierte Ingensand, das SPD-Ticket in der Tasche, aber bitte nicht unter dem Druck der Straße. Straff aufgerichtet blickte er auf die Dozenten, sein Anzug ebenso untadelig wie seine Haltung, der Typ des Herrenreiters, aber mit Pokerface. Hätte ich nicht sagen sollen, sagen müssen, dass alle Reformen bisher nur gegen seinen Willen erstritten wurden, nur dank eines spürbaren Drucks von Dozenten und Studenten? Er wusste es, wie wir es wussten. Der Akademische Rat gab über Berlin hinaus ein Beispiel für Selbstverwaltung und Mitsprache: Direktor, Dozenten und Studenten waren mit je einem Drittel der Stimmen gleichberechtigt vertreten, und die Prüfungsprozeduren sollten abgeschafft werden, ersetzt durch ein Kolloquium.

Nun stand in der Person des Senatsdirektors der Geldgeber Berlin vor uns, und keiner in der Runde muckte auf. Versuchten wir den Scharfmacher – und so durfte man Ingensand damals wohl nennen – ins Leere laufen zu lassen, oder hatten wir etwa Angst, einen Politiker zu verprellen, von dem die Akademie finanziell abhängig war? Ich schwieg mit den Schweigenden: Regisseuren, Kameradozenten, Filmhistorikern und Filmjournalisten. In Erinnerung bleibt mir vor allem das Gefühl einer großen Hilflosigkeit, vielleicht der Urgrund aller Feigheit. Die Studenten hatten sich schon längst ihren Vers auf diesen Senatsdirektor gemacht: Wer Haralds blauen Augen traut, der hat auf Ingensand gebaut.

Von Einwänden unbeirrt, hatten die Studierenden bereits ihre Hochschule Dsiga-Wertow-Akademie getauft, zu Ehren des unorthodoxen russischen Dokumentarfilmers. Nicht länger wollten sie Filme nach dem Muster drehen ›Arme alte Frau sitzt einsam im Zimmer‹, vielmehr ›Wie Springer die öffentliche Meinung manipuliert‹. Die Spannungen eskalierten, als sie die Räume der Direktion besetzten und dort den umstrittenen Film ›Ein Western für den SDS‹ ihres Kommilitonen Günther Peter Straschek entdeckten, der auf ebenso undurchsichtige Weise verschwunden war, wie er jetzt wieder auftauchte. Postwendend wurden 18 der insgesamt 69 Studenten relegiert, rausgeschmissen. Über Nacht sah ich mich in die Rolle eines Statisten versetzt, einen Brief des Direktors Heinz Rathsack in der Hand, der mich gnädig über dieses *fait accompli*, die vollzogene Entscheidung, informierte. War die Mitbestimmung, die

Hochschuldemokratie, nur eine Farce? Noch immer höre ich die Studenten skandieren: Wer sich nicht wehrt, lebt verkehrt.

Wie aber wehre ich mich? Am frühen Abend des Ostermontag 68, vier Tage nach dem Anschlag auf den Studentenführer Rudi Dutschke, standen Martin und ich vor dem Münchner Buchgewerbe-Haus, einer Druckerei der ›Bild-Zeitung‹. Mehrere Hundert Demonstranten, Studenten, aber auch ältere Menschen versuchten die Auslieferung dieses Blattes zu verhindern, das Wochen hindurch Dutschke dämonisiert, ja zu einer Art Staatsfeind erklärt hatte. Die Polizei, gut informiert, war bereits präsent, um die Auslieferung zu sichern. Uns gegenüber stand ein Polizist, jünger als wir, locker, gesprächsbereit. Er habe Verständnis für die Demonstranten, auch er halte ›Bild‹ für ein Schmutzblatt, aber hier gehe es um die Meinungsfreiheit. Ob er den Protest der Schriftsteller kenne, ich nannte wohl einige der bekanntesten, Biermann, Böll, Grass, Johnson, vielleicht auch Raddatz und Rühmkorf. Er kannte den Appell nicht, und ich kam mir blöd vor, einem Polizisten gegenüber den Mut von Schriftstellern zu loben. Er tue nur seine Pflicht, dieses Reizwort fehlte mir noch. Kennen Sie eine Untat in der deutschen Geschichte, fragte ich ihn, die nicht mit Pflichterfüllung gerechtfertigt wurde? Sein Gesicht versteinerte, ich hatte einen Gesprächspartner verloren, auf Befehl hätte wohl auch er auf mich eingeschlagen.

Am späteren Abend kam es zu blutigen Zusammenstößen, ein Toter, mehrere Verletzte, die Auslieferung der ›Bild-Zeitung‹ hatte Priorität. Wir waren längst auf dem Heimweg, aus meiner Tasche zog ich die Aufkleber BILD MACHT DUMM, klebte sie auf Litfasssäulen und Briefkästen. Frankreich, dachte ich, du hast es besser!

Hatte es Frankreich wirklich besser? Filmfestival Cannes, Mai 68. Wie immer, wenn es das Wetter erlaubte, frühstückten wir auf dem Balkon unseres Hotels. Das Festival ging in seine zweite Woche, und wir, mit Zelluloid bereits überfüttert, überlegten, ob wir den Film, der morgens im Palais du Cinema lief, unbedingt sehen müssten: ›Peppermint Frappé‹, eine Arbeit des Buñuel-Schülers Carlos Saura, vermutlich wieder eine subtile Kritik am spanischen Bürgertum, vermutlich wieder eine brillante Rolle für Geraldine Chaplin, damals Sauras Frau. Wir wählten den Strand, der Film würde uns nicht weglaufen. Vorher noch einen Blick in den ›Nice-Matin‹, der über Straßenschlachten in Paris berichtete, über eine Streikwelle, die sich über ganz Frankreich ausdehnte und den Flugverkehr bereits lahmgelegt hatte. Wir dachten, falls die Franzosen auch die Bahnhöfe besetzen, würden sie wohl, anders als die Deutschen, vorher keine Bahnsteigkarte kaufen. Also wollten wir die Zeit nutzen, also auf an den Strand. So verpassten wir eine historische Stunde.

Noch heute erinnern sich einige Kollegen, wie die Show im Palais ablief: Jean-Luc Godard und François Truffaut rissen den Bühnenvorhang herunter, Godard stolperte, fiel beinahe in die Kästen des Blumenarrangements, und Geraldine Chaplin trauerte weinend ihrem Film nach, der ihr vielleicht einen Darstellerpreis eingebracht hätte. Über den Sinn des Filmwettbewerbs war schon lange diskutiert worden: Ließen sich Äpfel mit Birnen vergleichen, Starfilme mit halb dokumentarischen Arbeiten, Beiträge aus reichen mit denen aus armen Ländern? Die Kulturrevolution hatte Cannes erreicht: Nicht länger sollten die Geldgeber, sondern die Künstler das letzte Wort haben. Als auch Mitglieder der Jury, Monica Vitti, Roman Polanski und Terence Young, sich mit den Studenten und Arbeitern solidarisierten, gingen im Palais die Lichter aus. Das Geld aber pochte auf seine Macht, bereits im nächsten Jahr fand wieder ein Wettbewerb statt. Einzige Konzession an die Rebellen: eine »Quinzaine des Realisateurs«, ein zusätzliches Programm, das die Regisseure selbst auswählen durften.

Ein Bus, gechartert vom Festival, brachte uns an die italienische Grenze, der Streik war total, den Gewerkschaftsführern entglitt die Kontrolle über die Arbeiter. Wir hörten Gerüchte, de Gaulle lasse Paris von Panzerverbänden umstellen, auch die Polizei sei überfordert. Ein Bürgerkrieg drohte.

Einige Wochen später zogen wir durchs Quartier Latin, Richtung Sorbonne, unser Freund Peter Schröder, Martin und ich, verspätete Schlachtenbummler. Noch lagen Trümmer auf den Straßen, zahlreiche Flugblätter, und für nur wenige Francs konnten wir erstaunliche Lithografien kaufen. Namhafte Künstler hatten sich neben den Schriftstellern mit den Rebellen solidarisiert. Matta, der Surrealist, entwarf ein Bild mit Raumschiffen, die über einem Hörsaal kreisen, sein Text: *disciples occupez la discipline pour une discipline revolutionnaire.* Ein schillerndes, nicht genau übersetzbares Wortspiel: Studierende erobert die Fakultät. Für eine revolutionäre Wissenschaft. Karel Appel, der Niederländer, malte die Köpfe zweier Rebellen und den Text: *Dans l'action ils ont montré / La Source de leur Beauté*, frei übersetzt: Wer mutig handelt / Wird aufs Schönste verwandelt. Und Alexander Calder, berühmt geworden durch seine Mobiles, hatte ein Plakat entworfen, auf dem sich konzentrische Kreise, Wellen eines Senders, in eine Jakobinermütze verwandeln. Sein Text: *ORF à tous.* Radio und Fernsehen Frankreichs sollen allen gehören. Längst war der Rauch der brennenden Autos verzogen, Paris lag wieder unter dem Dunst der Abgase. Die Funktionäre der Gewerkschaften und Parteien, die KPF eingeschlossen, konnten sich beglückwünschen: Sie hatten aus Sicht der Unternehmer ihre Feuerprobe bestanden und in der entscheidenden Phase, dem Höhepunkt der Rebellion, Studenten wie Arbeitern die Unterstützung verweigert.

Ich blickte wieder durch mein Abteilfenster, der Zug hielt in München-Pasing, in wenigen Minuten würde er den Hauptbahnhof erreichen. Meine Reiselektüre hatte ich beendet. Ging es mir etwa wie Franz Tunda, dem fragwürdigen Helden in Joseph Roths Roman, der jedem ernsthaften Engagement ausweicht? »Da stand mein Freund Tunda, 32 Jahre alt, gesund

und frisch, ein junger starker Mann von allerhand Talenten, auf dem Platz vor der Madeleine, inmitten der Hauptstadt der Welt und wusste nicht, was er machen sollte. Er hatte keinen Beruf, keine Liebe, keine Lust, keine Hoffnung, keinen Ehrgeiz und nicht einmal Egoismus. So überflüssig wie er war niemand auf der Welt.« Nein, ganz so schlimm ging es mir, dem Zaungast des Jahres 1968, nicht, Gott sei Dank, und ich wünsche es auch keinem anderen.

Durch die Wüste

MR. Das Leben ist kein *road movie*, und ein Lincoln Continental keine Harley-Davidson. Keiner von uns ist noch so jung, dass er sich fraglos als *easy rider* fühlen könnte, als wir Anfang der siebziger Jahre von Los Angeles durch die Mojavewüste nach Las Vegas fahren. Dennoch umweht uns, dem komfortablen Auto und der sprichwörtlichen Zigarettenreklame zum Trotz, ein Hauch von Freiheit und Abenteuer.

Das mit der Freiheit hat einen sehr realen Hintergrund, denn wir sind ja nicht zu unserem privaten Vergnügen in den USA, sondern um ältere Filme der großen und berühmten Hollywood-Firmen wie MGM oder Warner Bros. zu prüfen. Täten wir dies in regulären Vorführräumen, während regulärer Geschäftszeiten und mit regulären Vorführern, wir würden nie im Leben Gelegenheit finden, einfach von Donnerstag bis Montag abzuhauen und über Land zu fahren. Aber wir haben einen Trick drauf, der uns das erlaubt und sogar noch dafür sorgt, unserem Auftraggeber gegenüber ein gutes Gewissen zu haben: In einem Raum unseres geräumigen Apartments im Hotel Sportsmen's Lodge in Ventura Valley steht ein 16-mm-Bell & Howell-Projektor, mit dem wir die Filme selbst vorführen. Da nötigt uns niemand, bestimmte Zeiten einzuhalten, da können wir notfalls die ganze Nacht durchmachen.

Wir sind nicht zum ersten Mal in diesem angenehmen Haus, das als flaches und großzügiges Atrium-Hotel rund um einen

Swimmingpool angelegt ist. Wir brauchen nur den Telefonhörer abzunehmen, wenn wir uns was zu essen oder zu trinken aufs Zimmer bestellen wollen, und wenn ich wir sage, so sind das außer Hans und mir die drei Kollegen der ARD-Filmredaktion: Franz Everschor, Klaus Lackschéwitz, Heinz Ungureit.

Fast kommen Hans und ich uns wie Stammkunden vor, und vergessen ist längst die Bemerkung einer Bekannten aus L. A., die uns entgeistert fragte: Da wollt ihr wohnen? Da hat doch die Tochter von Lana Turner den mafiosen Liebhaber ihrer Mutter umgebracht! Auch das permanente *Have-a-nice-day*-Gehabe sämtlicher Mitarbeiter des Hauses stört uns längst nicht mehr, und im Übrigen ist in dieser Region jedes Hotel für pikanten Klatsch nur dankbar. Als wir aber, bei einem späteren Besuch allerdings, erleben mussten, dass die Mafia die Lobby des Hauses samt Safe in die Luft sprengte, weil die Betreiber des Hotels sich ihrem erpresserischen Terror standhaft widersetzten, fanden wir das nicht so komisch. Ganz gewiss hätte es unseren Kollegen von der ARD-Filmredaktion die Lust vertrieben, sich gemeinsam mit uns in einem Hotelzimmer US-Filmklassiker als 16-mm-Kopien anzuschaun.

Damals aber, in den siebziger Jahren, war das für uns fünf ein ausgemachtes Vergnügen, gewürzt durch die Gewissheit, das filmkritische Übersoll fast pausenloser Besichtigung durch lange Wochenendreisen ausgleichen zu können. Und natürlich dachte damals noch keiner daran, wie hoch wohl die Zuschauerbeteiligung bei diesem oder jenem Film sein würde. Wörter wie *primetime* oder Quote waren noch keine Schere im Kopf. Es herrschte, nicht nur beim Sehen der Filme, eine schöne und unkomplizierte Kameraderie. Schnell waren wir uns einig, dass wir für unsere Tour keinen großspurigen Cadillac wollten, sondern eben einen Lincoln, nicht minder bequem, mindestens so zuverlässig, doch in seinem Design wesentlich diskreter.

Ein Wagen, wie man ihn in Washington bevorzugt, meinte der Auto-Verleiher auf der anderen Straßenseite unseres Hotels, nicht ohne eine gewisse Süffisanz, und er mochte auch nicht auf den Hinweis verzichten, dass es ein Lincoln war, ein Convertible allerdings, mit aufklappbarem Deck, in dem John F. Kennedy 1963 erschossen wurde. Natürlich mussten wir daran denken, als wir uns zum ersten Mal in die Polster der Rücksitze fallen ließen. Das sechs Meter lange und zwei Meter breite Gefährt, wie eine Festung wirkend und doch wie eine Wolke dahersegelnd, hatte uns sofort in seinen verführerischen Bann geschlagen. Vergessen war, dass Hans und ich eigentlich erklärte Auto-Gegner sind und dass wir selbst hier in Amerika – solange wir unter uns sind – auf die öffentlichen Verkehrsmittel setzen.

Der nette junge Schwarze, der unseren *big brown bag* gepackt hat und freundlicherweise zu unserem Auto trägt, hat schwer zu schleppen. Wir haben eingekauft, Obst und Säfte vor allem, als hätten wir eine Weltreise ohne Zwischenstopp vor uns. Wer soll das alles essen und trinken, wir wollen doch am Abend schon in Las Vegas sein? Franz, Hans und ich, über die Straßenkarte gebeugt, sitzen im Fond. Mein Auge bleibt hängen an dem verheißungsvollen Namen Devil's Playground, eine Gegend, die wir nicht unmittelbar berühren, doch angetan, romantische Vorstellungen zu wecken. Karl May lässt grüßen, Bilder aus Western wandern durch meinen Kopf: Goldgräberlegenden, Indianerlegenden ziehen am Horizont herauf, Kino und Wirklichkeit wirbeln durcheinander. ›Let it be‹, tönt es aus dem Auto-Radio, im Augenblick ist dieser Ohrwurm die meistgespielte Melodie, ich ertappe mich dabei, dass ich mitsinge.

Heinz Ungureit, unser Fahrer, hält sich brav an das Siebzig-Meilen-Limit, auch wenn er dabei, manchmal missmutig den Tacho taxierend, gelegentlich vor sich hin mault. Heinz hat es nicht mit den starren Begrenzungen, knappe hundertzwanzig Kilometer, das ist nichts für diesen Mann, den wir alle als leidenschaftlichen Autofahrer kennen, als Lenkrad-Fan, der die

Strecke Frankfurt-Venedig auch mal an einem Tage macht. Natürlich hat dieser Hitchcock-Verehrer, der dem Meister sogar ein wenig ähnlich sieht, sich als erster der drei ARD-Kollegen hinters Steuer gesetzt, aber einen Führungsanspruch will er, offiziell der Leiter der Redaktion, damit wohl nicht demonstrieren – er ist hier einfach in seinem Element. Er ist überhaupt der ausgeprägteste Spieler unter den dreien, vielleicht hat er auch deshalb unablässig Karriere gemacht, kein Einsatz scheint ihm je hoch genug.

Was uns sicherlich alle fünf verbindet, ist die Lust am Kino, selbst unser augenblicklicher Ausflug hat hier seinen Grund. In Las Vegas, ist uns zu Ohren gekommen, soll Gene Kelly in einer Show auftreten, und ins Death Valley, wohin wir anschließend wollen, zieht uns jene viel besuchte erdgeschichtliche Formation, die Michelangelo Antonionis jüngstem Film den Titel gegeben hat: ›Zabriskie Point‹. Wird der Tänzer Gene Kelly, die lebende Legende des vielleicht schönsten aller Musicals, ›Singin' in the Rain‹, unseren Erwartungen gerecht werden? Werden wir angesichts der Wüste eine Vorstellung davon bekommen, mit welchen Augen Antonioni sie sah? Mir war, während wir unsere Ziele ansteuerten und Heinz netterweise auch seinen Kollegen mal das Lenkrad überließ, nur eines klar: dass Leo Kirch Hans und mich seinerzeit so umstandslos im Doppelpack anheuerte, war sicher nicht die pure Menschenfreundlichkeit. Es muss ihm durchaus verlockend erschienen sein, mit Leuten aufzuwarten, die in hohem Maße desselben Geistes Kinder sind wie die Kollegen von ARD und ZDF, Kunden also.

Las Vegas faszinierte uns. Strahlend wie eine Supernova aus dem All tauchte die Stadt am Abendhimmel vor uns auf, während wir uns dem schlichten Motel näherten, das zehn Kilometer außerhalb auf uns wartete. Noch bis Mitternacht brach sich das zauberische Licht in den Fenstern unserer Zimmer, die umso bescheidener wirkten. Am anderen Morgen aber, als wir vor die Tür traten, nur mangelhaft gestärkt durch jenen labbrigen *cona coffee*, der manchmal 24 Stunden auf der beheizten Platte steht – am anderen Morgen nahm sich das nun zum Greifen nahe Las Vegas weit eher aus wie die Münchner Oktoberwiesn am Tag des Abbruchs: ein Vampir, dem angesichts der aufgehenden Sonne das letzte Blut aus den hohlen Wangen weicht. Ziemlich desillusioniert schickten wir uns an, die jäh verblasste Supernova zu erobern, bald kam uns vieles kulissenhaft vor. Dass viele Bauten keineswegs billige Pappfassaden waren, unterstrich merkwürdigerweise ihre Künstlichkeit. Bis hin zu den *slot machines*, diesen einarmigen Banditen, die allemal mehr nehmen als sie geben, wirkte alles wie der Fundus einer Filmproduktion.

Hans und ich sind froh, als wir in einem Plattenladen etwas Handfestes finden, eine LP, die es wahrscheinlich längst auch in München oder Manhattan gibt, die uns dort aber einfach entgangen war. Das Cover zeigt, von den Hüften bis zu den Knien, den jeansbekleideten Torso eines Mannes, dessen leicht verschatteter Schwanz auf der rechten Seite der Hose eine diskrete Beule bildet. Daneben steht, in einem rot umrandeten Dreieck, der Titel der Platte: ›Sticky Fingers‹. Eigentlich sind wir gar keine Fans der Rolling Stones, aber daran können wir natürlich nicht vorbeigehn. Genau in der Mitte des Covers nämlich, vom Gürtelrand bis zum Schritt, gibt es einen veritablen, messingfarbenen zehn Zentimeter langen Reißverschluss, den man, ritsch, ratsch, auch wirklich öffnen kann. Eine wunderbar freche Idee, finden wir und fühlen uns angesprochen. Aber an wen wendet sich so eine Platte wirklich? Ob es hier, in dieser synthetischen Stadt, überhaupt so etwas wie eine Subkultur gibt?

Und wo sollen wir essen gehen? Kein Ort für Gourmandise, wie uns scheint, aber Klaus Lackschéwitz meldet dennoch feinschmeckerisches Verlangen an. Recht hat er, man kann nicht immerzu aus der Tüte leben – wir sind keine Boyscouts, wir tun höchstens so. Überraschenderweise finden wir ein

Lokal, das von außen eher nach Fast Food aussieht, aber uns zu verblüffen weiß. *German spinach salad* kündigt der Wirt als seine Spezialität an, mutig lassen wir uns darauf ein. Es ist großer grobblättriger Freilandspinat, mit feinstem Olivenöl, ganz wenig Schinken und sehr viel klein gehacktem Knoblauch lauwarm angemacht, dazu gibt es, woher immer sie kommen mag, eine knackige Baguette. Ist der Wirt Provenzale? Er sieht wie der fünfte der Marx-Brothers aus, und zumindest das mit dem *german spinach salad* hat er wohl grad erst erfunden: sei es, um uns die Ehre zu geben, sei es, um sich über uns lustig zu machen.

Gene Kelly, wir hätten es ahnen können, wird unseren Erwartungen nicht gerecht. Welch eine Strapaze auch, fast eine Stunde ununterbrochen und allein auf der Bühne. Da ist Kraft, da ist Akrobatik, da ist Disziplin, aber da ist kaum Anmut, jene Anmut, die uns im Kino so verzaubert hat. Auch Kellys berühmtestes Requisit, sein Regenschirm aus ›Singin' in the Rain‹, beschwört sie nicht herbei. Wo ist er geblieben, der schwerkraftlose Tänzer, der so sehr dem Fliegenden Robert gleicht, dass er vor unseren Augen zu entschweben scheint in den siebenten Himmel der alles versöhnenden Kunst. Wenig später machen wir eine ähnliche Erfahrung: Ohne Antonionis kritisch-poetischen Blick ist auch der Hügel Zabriskie Point wenig mehr als ein beliebiger Affenfelsen, auf dem die unermüdlichen Touristen herumturnen. Auch das hätten wir wissen dürfen: Erst das Kino, wenn es auf Menschen und Dinge blickt, erschließt ihren Zauber.

Abends aber, in der Bar unseres Hotels in Furnace Creek, sind wir wieder versöhnt mit Kunst und Leben, allein schon die romantischen Namen gewisser Long Drinks bauen sich wie Brücken zwischen diesen beiden Welten auf. Klaus schlägt einen Schauplatzwechsel vor, er will ein paar Runden ausgeben. Gleich um die Ecke, meint der Barkeeper, gebe es noch einen ganz netten Laden, in Stove Pipe Wells, keine 30 Meilen entfernt. Klar, dass wir das machen: Sehen wir wie Fußgänger aus? Der Blick von der Terrasse dieser anderen Bar ist auch wirklich atemberaubend, nur als wir versuchen, das Glas in der Hand, hinauszutreten, wird's ungemütlich. Aufgeregt stürmt einer der Kellner hinter uns her: Kein Alkohol außerhalb des Restaurants! Also selbst hier noch, nach Mitternacht, in der menschenleeren Wüste, feiert sie ihre Triumphe, die puritanische Heuchelei, die sich im Alltag so putzig ausnimmt: Torkelnde Männer halten sich auf offener Straße eine Flasche an den Hals, aber die Flasche ist eingewickelt in eine Tüte aus braunem Packpapier: Jetzt könnte es ja auch Hustensaft sein.

Die Rückfahrt, wir streifen die Ausläufer der Sierra Nevada, bietet immer wieder Schwindel erregende Ausblicke aus höchsten Höhen in tiefste Täler, aber davon sehe ich nichts. Ich freue mich, dass unser Gefährt so geräumig ist, und liege flach auf dem Boden: Meine Höhenangst ist so heftig, dass es mir nicht genügt, einfach wegzuschaun. Es wäre mir sogar gleichgültig, wenn man mich auslachen würde, aber niemand lacht. Aus dem Radio tönt einmal mehr Paul McCartney mit seinem ›Let it be‹, doch dann, wie bestellt, wird er abgelöst von Peggy Lee, die ihr schmusiges ›Two for the road‹ singt, zweidreiviertel Minuten lang. Ich weiß es genau, wir haben den Song zu Hause mit anderen ihrer Lieder auf eine Kassette überspielt. »If you're feeling fancy free / come wander through the world with me«, singt sie, jetzt schließe ich, eh schon am Boden liegend, auch noch die Augen. Ja, das wär's wohl, so für immer diese wunderbare Mischung aus Stillstand und Bewegung genießen zu können, plötzlich ist kein Ziel mehr da, es ist wie Karussellfahren in Kindertagen: Jetzt nur nicht anhalten, jetzt nur nicht absteigen müssen. Wie lange dauern zweidreiviertel Minuten? »As long as love still wears a smile, I know that we'll be two for the road ...« Ich halte die Augen noch eine ganze Weile geschlossen, die Zeit steht still, die Zeit vergeht, wir fahren dahin.

Ein Fest für Juan

HS. Erinnerungen verblassen, und manchmal ist es weniger ein Mensch in seiner Einmaligkeit, an den wir zurückdenken, als die einmalige Art der Begegnung. Das gilt wohl auch für meine Erlebnisse mit Juan, der nur wenig mit jenem Don Juan zu tun hat, der in den Legenden als tragische oder komische Figur erscheint.

Ich lernte Juan vor etwa dreißig Jahren in Arenal kennen, einem mallorquinischen Fischerdorf, das sein Heil vom Tourismus erhoffte. Schon damals überfielen die Deutschen wie Heuschrecken diese Küste, doch die Orgien von Ballermann & Co lagen noch in ferner Zukunft. Martin und ich liebten die Vorsaison: In den Kneipen saßen noch Einheimische, und vor den Türen standen die bequemen, altersschwachen Korbsessel, in denen wir gelassen die untergehende Sonne beobachten konnten. Nur die Uferstraße, wenig befahren, trennte uns von dem kilometerlangen Sandstrand, über uns der Himmel, der sich immer dunkler färbte bis zu einem fast schwarzen Kobaltblau.

Wir suchten nicht nur Sonne und Wasser an dieser Küste, der Mehrwert, der oft verschwiegene, lag auch für uns in einem nicht genau zu definierenden südländischen Flair: in dem vagen Versprechen erotischer Abenteuer. Auf diesem Feld, so vermuteten wir, hatten wir weit bessere Karten als unsere heterosexuellen Landsleute, die eine Spanierin wohl nur mit einem

Heiratsversprechen oder mit Bargeld erobern konnten. Was ihnen blieb, waren die Touristinnen, aber auch mit ihnen hatte wohl mancher Heteromann seine Probleme.

Wir waren erst wenige Tage auf der Insel, als sich einer von ihnen an unseren Tisch setzte und uns zu einem Bier einlud. Er gehörte zu jenen Kindern des Ruhrgebietes, die sich für unwiderstehlich halten, ihren natürlichen Charme jedoch durch grobes Auftreten verspielen. Ich merkte, wie Martin mir auf den Fuß trat, aber ich hatte schon zugestimmt, erhoffte ein Stück Macholeben als abendliche Unterhaltung. Auf diese Story musste ich nicht lange warten. Er sei alleine hier, erzählte unser neuer Tischnachbar, da er mit seiner Freundin Probleme habe. Doch auch die Frau, mit der er hier zweimal ausgegangen sei, eine Mieze, wie er sie zu Hause niemals angesprochen hätte, habe ihn nicht glücklich gemacht. Und dann steigerte sich seine Wut: Was die wohl im Kopf hat, fährt allein in Urlaub, lässt sich zum Essen einladen und dreht dann ab! Vermutlich redete er noch derber, noch ungenierter, um seine männliche Überlegenheit vorzuführen. Dass er genauso zickig war, vielleicht weitaus penetranter als jene Frau, die er verteufelte, darüber wollten wir aber nicht mit ihm diskutieren. Der Beifall, den er erhoffte, blieb aus, unser Landsmann verstummte und verzog sich.

Wir waren von diesem Auftritt kaum überrascht, männliche Selbstdarstellung, wir wussten es längst, kann bizarre Formen annehmen. Erst am Nachmittag hatten wir am Strand einen jungen Mann beobachtet, dem Idiom nach Skandinavier, der durch ausdauernde gymnastische Übungen versuchte, Aufmerksamkeit auf sich zu lenken. Den gut trainierten, durchaus ansehnlichen Körper schmückte am Oberarm der Spruch: FIND THEM TAKE THEM FUCK THEM AND FORGET THEM.

Der Himmel hatte wieder sein tiefstes Kobaltblau erreicht, und nun waren wir es, in denen die Abenteuerlust aufflammte. Am ersten Tag bereits hatten wir zwei Pinienwäldchen bemerkt, die den kleinen Ort flankierten, potenzielle Spielwiesen, die wir uns aufteilen konnten. Nun musste jeder von uns noch einen Spielkameraden finden. Wie immer setzten wir uns ein zeitliches Limit: Nicht später als zwei Uhr nachts wollten wir wieder im Hotel sein, keiner sollte sich um den anderen ängstigen.

Erinnere ich mich richtig, so lief ich damals in Richtung Palma, aber durchaus gemessenen Schritts, ich wollte doch sehen, wer in den Kneipen saß, wer sie verließ. Schon bald musste ich Juan bemerkt haben, dessen Namen ich auch am Ende dieses Abends noch nicht erfuhr. Er ging vor mir her, drehte sich mehrmals um, verlangsamte seine Schritte, bog in eine Nebenstraße ein und baute sich unweit einer Laterne auf. Auch ich blieb stehen, auf Abstand. Wir musterten uns, und jeder wartete auf ein Zeichen des anderen: das übliche Ritual. Dann war er es, der weiterging, die Nebenstraße entlang, die, wie konnte es anders sein, zu einem der Pinienwäldchen führte.

Juan sah für mich wie ein typischer Spanier aus, wie man leichtfertig sagt, schwarzhaarig, schmaler, elastischer Körper, Augen, die ungeniert ihr Ziel suchen. Noch wusste ich nicht, dass Juan auf Mallorca geboren war, noch ahnte ich nichts von der eigenen Lebensweise dieser Menschen, die im Bürgerkrieg unter Franco, der damals, 1971, noch immer herrschte, besonders gelitten hatten. Unbeschwert ging ich auf Juan zu, für mich war er einer von vielen attraktiven Spaniern.

Im Schutze des Pinienwäldchens fühlte ich mich sicher, die Guardia Civil mit ihren dreieckigen, schwarz lackierten Hüten, hier würde sie uns so schnell nicht finden. Hier durfte sich die romantische Kraft des Mondes voll entfalten: eine Kulisse wie für eine Soap Opera.

Wir sprachen wohl kaum ein Wort miteinander, meine Hände tasteten sich vor, suchten einen Weg unter Juans Hemd, berührten seine Brustwarzen. Sein Körper bog sich leicht zurück, und die Jeans, eng geschnitten, wölbten sich spürbar. Wir warfen unsere Hemden ab, lösten die Gürtel. Dann stand ich hinter Juan, vor mir sein Nacken, er musste auf seiner Haut meinen Atem spüren. Mondlicht fiel durch die Zweige, warf Schatten wie Striemen auf seinen nackten Rücken. Was ich wollte, das wollte auch Juan, mehr und mehr gab er nach, und ich spürte, wie wohl er sich fühlte. Für Augenblicke ließ er mich vergessen, dass wir Fremde waren.

Noch vor der Zeit erreichte ich wieder unser Hotel, Martin lag schon im Bett, enttäuscht von seinen Streifzügen. Ich spielte meinen Erfolg herunter, wollte ihn nicht neidisch machen. Es war Teil unserer Absprachen, über irgendwelche Details unserer Eskapaden nicht zu sprechen, es gab nur sehr allgemein formulierte Noten: das Übliche, eine Enttäuschung, oder, und das war sehr selten, ein Glücksfall. Ich stufte meine Begegnung mit Juan in die Kategorie des Üblichen ein.

Die Regeln unseres Fair Play verlangten, dass Martin eine neue Chance bekam, möglichst schon am nächsten Abend. Diesmal hatte er Glück, und ich war es, der unruhig im Bett lag. Die kommenden Abende streunten wir wieder, die ersten Erfolge und unsere noch jugendliche Potenz animierten uns. Wie das Schicksal so spielt, hatte auch diesmal nur einer von uns Erfolg. Ich traf erneut Juan, halb lachend, halb verlegen begrüßten wir uns. Als Kellner in einer kleinen Bar sprach er sogar ein paar Brocken Deutsch. Er heiße Juan, und er war sichtlich stolz auf seinen Namen. Wir freuten uns beide über diese zweite Begegnung, und das Pinienwäldchen lag nicht weit.

Die Nacht darauf kam Martin still vergnügt ins Hotel, er begann sogar zu schwärmen. Er hatte seinen Typ vom ersten Abend wieder getroffen und zeigte Lust, ihn ein drittes Mal zu treffen. Ein Verdacht wurde in mir wach, den aber die Eifersucht sofort verdrängte: Ein drittes Mal mit demselben Typen, das sind aber ganz neue Methoden, ereiferte ich mich, dann kann ich ja gleich das Hotel wechseln, die Insel ist ja groß genug. Die Vorwürfe eskalierten, ein Pingpong der Schuldzuweisungen. Ich lief aus dem Zimmer, knallte die Türe zu und setzte mich in den Vorgarten des Hotels. Martin kam mir nach und holte mich zurück.

Wir lagen wieder in unserem Hotelbett, eng nebeneinander, und suchten nach Worten der Versöhnung. Vielleicht, so dachte ich, könnte uns ein Schluck Alkohol helfen. Wir hatten noch einen Rest Likör auf dem Zimmer, irgendeine französische Marke, von den Spaniern in Lizenz hergestellt. Als zufällig ein paar Tropfen auf Martins Bauch fielen, schüttete ich das ganze Glas über ihn aus. Dann brauchten wir kein Glas mehr: Versöhnung kennt viele Wege.

Am nächsten Morgen, kurz nach dem Frühstück, holte uns unsere Freundin Nore Consten ab, in ihrem Wagen fuhren wir nach Galiläa, einem romantischen Nest hoch über Palma. Nore besaß zwei renovierte Bauernhäuser, die ihr Mann ihr überlassen hatte, der seine eigenen Wege gehen wollte. Der Blick auf die Südküste und die Stadt Palma lässt sich wohl nur in Superlativen beschreiben. Gerne hätte uns Nore eines der Häuser verkauft, doch ohne Auto, und auf Autos wollten wir auch weiterhin verzichten, wären wir hier verloren. Auch Eva Kaufmann, Nores Freundin, die in der Küche das Essen vorbereitete, hätte uns gerne ein Haus verkauft. Es war ihre Spezialität, verfallene Bauernhäuser zu richten, sie einschließlich Küche und Bad zu modernisieren und dann mit großem Gewinn zu verhökern. Stolz erzählte sie uns, dass sie die Mutter der ›Rosen-Resli‹ sei, ihr Christinchen schon früh zum Star aufgebaut habe.

Kein Leben ohne Klatsch, aber vor dem Essen wollten wir noch über die Höhen gehen. Nur wenige Schritte, und schon kam ich auf Martins Typ zu sprechen, seinen Liebhaber, ein Wort, das ihn sofort empörte. Er sei nur ungewöhnlich zärtlich gewesen, sonst wisse er nichts von ihm, gerade noch seinen

Namen. Und dann fiel dieser Name. Ach, sagte ich, Juan, wie viele schwule Juans gibt es denn in Arenal? Wir lachten und waren zugleich verwirrt. Uns tröstete, dass wir uns wechselseitig nichts vorzuwerfen hatten, doch Juan gegenüber hatten wir ein ungutes Gefühl, das sich irgendwo zwischen Herz und Niere festsetzte. Es war wohl das Schuldgefühl, das sich regte, ein Beweis, dass Juan uns beiden nicht ganz gleichgültig geblieben war. Was aber macht ein Mensch mit seinen Schuldgefühlen?

Bald waren wir uns einig: Wir wollten Juan eine Freude machen und die einfachste und zugleich schönste Freude könnte ein gemeinsames Essen sein, natürlich *comme il faut*. Wir erschienen in Hemd und Pullover, Juan trug Krawatte und Jacket. Er sah aus wie ein Geburtstagskind, und in dieser Rolle wollten wir ihn auch verwöhnen. Mit einer Flasche Champagner, so dachten wir, sollten wir beginnen. Doch es gab keinen Champagner, und so bestellten wir den besten Cava, den Spanien zu bieten hat, einen Coderniu, vermutlich den mit dem schwarzen Label. Als Hauptgericht wählten wir Paella, nicht gerade originell, doch ein geselliges Essen, bei dem alle, ähnlich wie bei einem Fondue, in den selben Topf greifen können. Wir tranken auf Juans Gesundheit, dann auf Inca, seine Geburtsstadt. Inca, im Zentrum Mallorcas gelegen, ist eine der denkbar hässlichsten Städte, bekannt allein durch ihre Schuhfabriken. Durfte man aber auf eine hässliche Stadt anstoßen, konnte es nicht verletzend sein? Zur dritten Flasche bestellten wir drei neue Sektschalen, bauten sie mit den drei alten zu einer dreistufigen Pyramide auf und ließen den Schaumwein in Kaskaden schäumen. Wir kamen uns vor wie in einem Film von Kenneth Anger.

Juan streikte bereits, er sei nicht gewohnt, so viel zu trinken. Wir überredeten ihn, an diesem Abend eine Ausnahme zu machen. Es war sehr spät, als wir uns trennten, aus dem Fernseher dröhnte die Nationalhymne, auf dem Bildschirm erschienen

Bilder von Franco, dann von dem monströsen Denkmal im Tal der Gefallenen. Zum Schluss küssten wir beide Juan, die ersten und letzten Küsse, die wir ihm gaben, für Dritte so unverfänglich wie die Küsse von Fußballspielern nach einem erfolgreichen Match.

Nur natürlich, dass wir auch am nächsten Tag über Juan redeten. Jetzt kannten wir ihn etwas besser, aber noch viel zu wenig, um uns in seine Welt, in seine Gedanken versetzen zu können. Nach dem feuchtfröhlichen Abend fühlten wir uns aber etwas wohler, die Verführer hatten sich entschuldigt.

Wie Juan jedoch uns sah, das wussten wir immer noch nicht. Vielleicht hatte er die nächtlichen Begegnungen viel unbeschwerter erlebt. Dass er der Einladung zu einem gemeinsamen Essen spontan und ohne Vorbehalt zugestimmt hatte, das sprach wohl für diese Deutung. Vielleicht waren es nicht wir, die Touristen, die ihm auf den Leib gerückt waren, vielleicht war er es, der den Verführer spielte, der sich die Spielgefährten aussuchte. Mit seiner Sympathie täuschte er keinen, er gab keine Versprechen, erst recht keine Liebeserklärungen, und er erwartete auch keine. Juan erlaubte sich ein erotisches Divertimento, nicht mehr, nicht weniger. Wenn auch der Augenblick nicht verweilte, er war doch schön.

Vielleicht war dieser Don Juan, jenseits von Tragik und Komik, uns und unserer Zeit weit voraus. – Vielleicht.

Das Glück ist kein Haustier

MR. Mit dreißig blickt man nach vorn, mit fünfzig blickt man zurück, die Kindheit aber verlässt uns nie. Wenn wir sie vergessen wollen, überfällt sie uns erst recht: nachts, in unseren Träumen, oder am helllichten Tag, mal als nostalgischer Trost, mal als erschreckende Rückblende. Im Glücksfall lassen sich solche Rückblenden festhalten in Geschichten, hinter denen Exemplarisches aufscheint über den Zustand unserer Welt; und daraus werden dann Kinder- und Jugendbücher, an denen nicht nur ihre Verfasser Spaß haben.

In den siebziger Jahren haben wir als Autoren dieses Glück ein paar Mal gehabt. Heute aber, an diesem verhangenen Vorfrühlingstag des Jahres 1990, will die Kindheit, nach der wir sehnsüchtig rufen, weil ein verführerischer Auftrag lockt, nichts von uns wissen. Sie tut, was auch Kinder gerne tun: Je lauter und entschiedener man sie auffordert, sich doch endlich zu zeigen, desto unauffindbarer bleibt sie in ihrem Versteck. Wilfried Blecher, Bildermacher und Betreiber eines wunderbar poetischen Licht & Schatten-Theaters für Kinder wie Erwachsene, hat uns um eine Geschichte gebeten, die nicht nur als Buch auf den Markt kommen soll, der Bayerische Rundfunk will daraus auch einen Film machen. Das bedeutet, mögliche Wiederholungen in anderen ARD-Programmen eingeschlossen, richtiges Geld.

Ist es vielleicht gerade der Gedanke ans Geld, der sich wie

ein Vorhang vor die Bühne unserer Erinnerung schiebt und unsere Fantasie blind macht? Dass wir schon zwei Stunden am Frühstückstisch sitzen und unsere eignen Bücher zurate ziehen, nützt wenig, gleichviel ob wir uns gegenseitig Gedichte aus dem ›Purzelbaum‹ vorlesen oder kurze Geschichten aus ›Auch Kinder haben Geheimnisse‹, einem Bändchen, das eigentlich ›Auch Erwachsene machen Fehler‹ heißen sollte. Aber welche Eltern hätten es dann wohl für ihre Kinder gekauft?

Doch wie es so geht, wenn man erst mal in den Spiegel schaut: Ist man einigermaßen zufrieden mit seinem Anblick, siegt bald die Selbstverliebtheit und gern probiert man aus, was sich noch mit Anstand tragen lässt von den alten Sachen, die schon so lange ungenutzt im Schrank hängen. Ist es noch lustig, unser erstes Bilderbuch ›Andromedar SR 1‹, das wir 1970 mit den fantastischen Zeichnungen von Heinz Edelmann veröffentlichten, und das dann – wohl nicht zuletzt wegen Edelmann, der da schon durch seinen Beatles-Zeichentrickfilm ›Yellow Submarine‹ bekannt war – ein internationaler Erfolg wurde? Sicher ist jedenfalls, dass wir schon damals unser immer währendes Motto fanden, den Vierzeiler, den in dieser Science-Fiction-Geschichte die aufmüpfigen Mars-Mäuse singen:

Ohne Blumen, ohne Träume,
ohne schöne Purzelbäume,
ohne Käse, ohne Speck
hat das Leben keinen Zweck.

So sitzen wir also da, sinnen dem Lorbeer von gestern nach und grübeln, wie er sich noch einmal in frisches Grün verwandeln lässt. Wie heißen sie denn, die Tiere, die schon durch Tausende von Bilderbüchern geistern und nach wie vor die Kinder aller Welt entzücken? Bär und Maus natürlich, Maus und Bär, und beiden haben wir doch schon unsere Reverenz erwiesen. Dem Mäusebuch mit Edelmann ist recht schnell ein Bärenbuch mit dem Maler Otmar Alt gefolgt, zu schnell vielleicht. Wir haben übersehen, dass Alts prächtige Bilder weit mehr ein Erwachsenenspaß als ein Kindervergnügen sind und dass unser Plädoyer für die Befreiung eines gefangenen Bären wohl übers Ziel hinausschießt. Dass ein Bär, allzu plötzlich aus seinem Gefängnis entlassen, in der wiedergewonnenen Wildnis hilflos verloren ist, wir hatten es nicht bedacht.

Was wir beim Schreiben für Kinder vor allem gelernt haben? Unsere Ängste nicht zu verleugnen, unsere Wünsche nicht zu verraten und uns aufs Fröhlichste zu rächen an jenen Erwachsenen, die uns einst kleinkriegen wollten nach der anpasserischen Devise: Was Hänschen nicht lernt, lernt Hans nimmermehr!

So ließen wir uns zum Thema Linkshänder, das heute wohl lässiger gesehn wird, diesen Vers einfallen:

> Sie möchten das schöne Händchen haben.
> Ich halte ihnen das linke hin.
> Sie nennen mich einen Unglücksraben.
> Sie hätten gern einen Musterknaben.
> Ich bleibe wie ich bin.

Dass das Wort Linkshänder für mehr steht, liegt – um im Bild zu bleiben – wohl auf der Hand. Zugleich aber steht hinter diesem Vers eine konkrete Erfahrung, meine Erfahrung, in diesem Fall. Auch mir, wie sicher den meisten Kindern, hat man nicht erlaubt, mit der linken Hand zu schreiben, für den Rest jedoch zeigte sich mein Vater erstaunlich tolerant. Zu den ersten Verrichtungen also, die ich an jedem Esstisch praktiziere, gehört das Vertauschen von Messer und Gabel, doch auch im Übrigen, Intimes inklusive, bin ich ganz links. Selbst 1940, als ich in die Schule kam und wir Erstklässler schon auf den Hitler-Gruß eingeschworen wurden, war mir nichts natürlicher, als den linken Arm zu heben. Ich sehe noch, wie der Klassenlehrer erbleichte. Ausgerechnet ich, Kind eines Beamten und Partei-Mitglieds!

Nur – das hilft uns nicht weiter heut Morgen; und so ist Hans, der mein amüsiertes Lächeln schon für das erste Vorzeichen eines brauchbaren Einfalls hält, doppelt enttäuscht, als ich gestehe, bloß in Erinnerungen gekramt zu haben. Also dann raus hier, sagt er, versuchen wir's mal mit Frischluft. So laufen wir an der Isar entlang bis zum Zoo, der Weg dahin hat uns schon oft auf Ideen gebracht.

Unser Weg ist noch weit, in den Isar-Auen weht ein stürmischer Wind, der Vorfrühling hat sich als Herbst verkleidet, selbst die Hunde sind hinterm Ofen geblieben. Am liebsten würden wir uns in ein wohl temperiertes Café verziehen. Dabei wissen wir doch: Das Glück ist kein Haustier. Leben, Lieben, Schreiben, alles will immer aufs Neue gewagt und gewonnen sein. Nicht zufällig heißt eine unserer eigenen Lieblingsgeschichten ›Mit einem Fuß in der Luft‹; und bevor ich sie lange erkläre, setze ich sie einfach hierher:

Es war einmal ein Kind, das träumte immer nur in den Tag hinein und wollte nicht wahrhaben, wie die Welt wirklich eingerichtet ist. Es glaubte einfach nicht, dass alle Flüsse ins Meer fließen, dass jeder Apfel eines Tages vom Baum fällt, dass die Erde nur ein Stern unter Sternen ist und dass der Mensch zwar das Flugzeug erfunden hat, selber aber nicht fliegen kann.

Doch das Kind wurde älter und begriff, dass der Mensch nicht durch die Wand gehen kann und dass es gut ist, dass die Häuser Türen haben. Dass es gut ist, dass die Flüsse Brücken haben. Dass es gut ist, bei Regen unter einem Dach zu sein.

Das Kind lernte, mit beiden Beinen auf der Erde zu stehn, aber es blieb nie lange auf demselben Fleck. Ich will keine Wurzeln schlagen, sagte das Kind. Und wenn ich schon selber nicht fliegen kann, will ich mich wenigstens umtun in der Welt. Im Vorwärtsgehn mache ich die schönsten Entdeckungen. Im Vorwärtsgehn fallen mir die schönsten Geschichten ein. Im Vorwärtsgehn nämlich bin ich immer mit einem Fuß in der Luft.

Also gut, das Glück ist kein Haustier. Aber ist es vielleicht ein Eichhörnchen? Grad eben ist uns eins über den Weg gelaufen, ganz Anmut, ganz Ratlosigkeit, denn wahrscheinlich weiß es längst nicht mehr, wo es seine Wintervorräte versteckt hat, und hüpft koboldhaft im faulenden Laub und in den kahlen Bäumen herum. Mit klammen Fingern hole ich meinen Bleistift aus dem Brillenetui und notiere: über Eichhörnchen informieren! Das gibt uns beiden den Anflug eines guten Gewissens, eine Lösung unseres aktuellen Problems ist es nicht. Wenn die Natur bloß nicht so von allen guten Geistern verlassen wäre, nicht einmal schilpende Spatzen säumen unsern Weg, und was würde es auch bringen: Unser Spatzen-Gedicht, ›Pechvogel‹ genannt, haben wir längst geschrieben. Der Blick zum Himmel, weiße und graue Wolken jagen einander und fragen sich wohl, ob sie regnen sollen oder schneien, ist ebenso überflüssig, auch auf dieses Dilemma haben wir uns und den Kindern schon einen Reim gemacht. So kehren wir der Natur den Rücken, kurz bevor der Himmel mit Macht seine Schleusen öffnet.

Im Kaufhof wenden wir uns den profanen Dingen des Lebens zu: Irgendwas fehlt immer im Haushalt, in der Küche zum Beispiel Knoblauch, im Sekretär Radiergummi. Im Untergeschoss am Marienplatz, während wir auf die S-Bahn warten, die uns zum Ostbahnhof bringen soll, schlägt uns dann das schlechte Gewissen. Brot hätten wir kaufen sollen, das könnten wir jetzt lustvoll zerkrümeln und auf die Gleise werfen, die flinken Mäuse, silbrig mattgrau schimmernd und kaum von den blanken Gleisen zu unterscheiden, sie würden sich freuen. Mehrmals schon hat die Stadt versucht, die Mäuse durch Gift zu vernichten. Immer sind sie wiedergekommen, nur kleiner waren sie jedes Mal, wenn sie nach Monaten wieder auftauchten aus ihrer Unterwelt, zum Vergnügen der Kinder, doch für manchen vergrämten Erwachsenen bloß ein Menetekel für den baldigen Untergang unserer Welt.

Und hier endlich, wir brauchen nur hinzuschaun, ist sie, unsere Geschichte, genau vor unserer Nase. Fantasie und Wirklichkeit, romantische Vorstellung und betrübliche Realität, hier prallen sie aufeinander. Und wenig später, in der S-Bahn, steht auch schon ein Adressat unserer noch ungeschriebenen Geschichte. Wie alt er ist? Fünf vielleicht! Wie angewachsen lehnt er sich an den Vater, während der Zug sich mit einem jähen Ruck in Bewegung setzt. Kaum ist er angefahren, löst sich der kleine Mann von seinem Beschützer und verwandelt sich in einen behänden Affen, der die Haltestange in der Mitte des Wagens als Baumstamm begreift. Seine vergnügten Schreie lassen einen vor sich hin dämmernden älteren Herrn erschreckt hochfahren, doch die strafenden Blicke dieses Herrn beeindrucken weder Vater noch Sohn. Ja, der Vater fängt sogar an, Fratzen zu schneiden, was dem Jungen natürlich noch lautere Freudenschreie entlockt.

Wie sehr hätte ich mir so einen Vater gewünscht, und einmal zumindest hab ich mir diesen Wunsch auch erfüllt, in ›Justus‹, unserem ersten Jugendbuch, das zwar, wie alle unsere Bücher, aus gemeinsamer Arbeit entstanden ist, in bestimmten Bezügen allerdings eher mir auf den Leib beziehungsweise von der Seele geschrieben.

Alles das schießt mir durch den Kopf, während ich dem kleinen Kletteraffen zuschaue, der das banale S-Bahn-Abteil für sich in einen befreienden Urwald verwandelt hat. Hans jedoch sage ich davon, im Augenblick zumindest, noch nichts. An seinen scheinbar erloschenen Augen, an seinem beinahe leeren und fast dümmlich wirkenden Blick erkenne ich, dass er ganz angestrengt über was nachdenkt. So sieht er immer aus, wenn er sich ganz in seinen Kopf verkriecht, und ich ahne auch, woran er arbeitet. Seidentatz, sagt er dann nach einer Weile unvermittelt, Seidentatz sollte er heißen, der Mause-Held unserer neuen Geschichte. Also es ist so: Er macht sich auf, um jene sagenhaften Speisekammern zu suchen, von denen ihm seine altmodische Großmutter immer erzählt, und da es die ja unterm Marienplatz unmöglich geben kann, arbeitet er sich vor zum Viktualienmarkt, dessen Wurst- und Käselädchen natürlich für jede Maus das reinste Paradies sind und wo …

Jetzt weiß ich, dass wir eine lange Nacht vor uns haben, und kaum sind wir zu Hause, verzieht sich jeder in sein Zimmer und an seinen Sekretär. Ich überlege, wie man auch in diese Geschichte einen Außenseiter einbringen kann, eine schneeweiße Labor-Maus zum Beispiel, Lola könnte sie heißen. Die grauen Mäuse setzen alles daran, sie zu retten, und dann heiratet sie vielleicht einen Enkel der altmodischen Großmutter, und schon hätten wir ein schönes Rassengemisch. Hans hat inzwischen angefangen, eine Szene zu entwickeln. Erschreckt vom Donner einer einfahrenden S-Bahn hat sich sein ängstlicher kleiner Max Emanuel Seidentatz auf den nächtlichen Marienplatz geflüchtet. Ich lese: Sein Mauseherz zitterte ein wenig, aber dann dachte er an den berühmten alten Spruch, den jede Maus kennt: Ohne Käse, ohne Speck hat das Leben keinen Zweck. Und beherzt trippelte er seiner Nase und seinem Glück nach …

Und, frage ich, gibt es ein Happy End? Ich weiß nicht, sagt Hans, noch ist alles offen, und für das Glück gibt es eben keinen Kompass, und einen festen Wohnsitz hat es wohl auch nicht. Ja, sage ich, stehe auf und klappe meinen Sekretär zu: Ein wildes Tier ist es, und wer es beim Schwanz packen will, muss sich vorsehen.

From Russia with love

HS. Der Lack ist ab, sein jungenhafter Charme verweht, seine Augen, die noch vor wenigen Jahren Frauen wie Männer irritierten, sichtbar ermüdet. Trotz britischer Nonchalance, die er noch immer beherrscht, wirkt er jetzt eher behäbig. In einer Welt, die jedem über dreißig das Recht auf Liebe und Leben abspricht, hat er nichts mehr zu suchen, das erscheint einleuchtend. Nach geltendem Recht steht er auf der Abschussliste, die Häscher sind bereits unterwegs.

Bravourös spielt Michael York diese Rolle, läuft in einer utopischen Welt, die der unseren nur wenig vorauseilt, verängstigt um sein Leben, ›Logan's Run‹, Regie: Michael Anderson. – Huxleys ›Brave New World‹ lässt grüßen, diesmal als Ghetto der Jungen und Schönen, hermetisch abgeschlossen, da jenseits der Mauern, wie behauptet wird, das Unheil lauert. Was dachten sich wohl die Russen, die neben uns saßen, als dieser Film 1977 auf dem Moskauer Festival lief?

Der Film enttäuschte mich, ich begann mich zu langweilen und beobachtete nur noch das Spiel Michael Yorks. Zugleich sah ich einen anderen Michael York vor mir, seine Rollen als bisexueller Liebhaber in ›Something for Everyone‹ und ›Cabaret‹. Inzwischen war er etwas mopsig geworden, ich konnte es nicht übersehen. Blanker Hochmut überkam mich, denn ich, der ich bequem im Kinosessel saß und lästerte, war fast zwanzig Jahre älter als Michael York – und sah sich auf der Straße einer der jungen Russen nach mir um, dann war es bestimmt ein Ikonenverkäufer: »Germans always buy Icons!«

Der Film schlaffte immer mehr ab, in nur wenigen Minuten würde der blonde Held mit seiner Geliebten in die freie, wenngleich ramponierte Welt ausbrechen, kein MGM-Film ohne Happy End. Wir aber ersparten uns das Ende des Films, für russische Zuschauer ein Sakrileg, und gingen ins Foyer zum Buffet: Gebäck und Sandwiches, vielleicht warme Piroggen, dazu reichlich russischer Champagner, wenngleich nur halbtrocken. Damals musste in Moskau noch keiner hungern, in diesem Foyer aber war die Auswahl prächtiger, die Bedienung weniger verschlafen.

Kein Zweifel, auch wir, die Gäste des Filmfestivals, lebten in einem Ghetto der Privilegierten, wenngleich nicht ganz so luxuriös wie die Jungen und Schönen in Michael Andersons Film. Foyer und Kino gehörten zum Rossija, einem repräsentativen Hotelkomplex, den zwar jeder verlassen, aber nicht jeder betreten durfte, die Ausweiskontrolle war obligatorisch. Gekrönt wurde dieses Bauwerk, ein quadratischer Koloss mit über 5300 Zimmern, von einem Luxusrestaurant mit Blick auf den Kreml. Zweimal versuchte ich, in diesem Restaurant Plätze zu reservieren, vergeblich, vermutlich winkte ich mit den falschen Geldscheinen.

Ich sitze an meinem Schreibtisch und lese verwundert die Zeilen, die ich gerade geschrieben habe. Es sind Erinnerungen an Moskau, warum aber beginne ich mit einem Porträt Michael Yorks und nicht mit dem eines russischen Soldaten, der vor dem Kreml Wache steht? Der Erste war mir vertraut, obwohl unerreichbar, der Zweite erreichbar, aber fremd: Ich erlag der Intimität, die Filmbilder suggerieren. Dann bin ich aber doch noch einigen leibhaftigen Russen begegnet – oder sollte ich sagen Sowjetmenschen.

Es begann mit einer Einladung in den St.-Georgs-Saal des Kreml. Die Grandezza der Architektur zwingt wohl jeden Besucher in die Knie – hat er Glück, wird er mit Leckerbissen wieder aufgerichtet. Dieses Glück hatten wir. Entlang den reich gedeckten Tischen herrschte ein zwangloses Wandeln und Plaudern, nur am Kopfende des Saals stand statuarisch eine Gruppe grau gekleideter Herren, in Kleidung und Habitus kaum zu unterscheiden. Dazwischen, nein, eher neben ihnen, eine Frau unbestimmbaren Alters, die etwas verloren wirkte: Frauen waren in der sowjetischen Hierarchie unüblich. Das ist die Furzewa, die neue Ministerin für Kultur, sagte man mir, Jekaterina Furzewa. Ihre Erscheinung war souverän, ihr Kostüm, ein eng anliegendes, tabakbraunes Jackenkleid, verriet Stilgefühl. Blickte sie gelegentlich in die Runde, dann glaubte ich, in ihren Augen Neugierde zu sehen.

Ich spürte Lust, diese Frau anzusprechen, vielleicht konnte sie mir eine der vielen Fragen, die mir durch den Kopf gingen, beantworten. Doch so nah ich sie sah, sie war unerreichbar. Eine dezente Barriere aus Tischen trennte sie und die grauen Herren von den übrigen Gästen, auch hier triumphierte die Klassengesellschaft.

Ich versuchte, die Barriere aufzubrechen. Vorsichtig zwängte ich mich zwischen den Tischen hindurch. Die Furzewa zeigte sich nicht einmal überrascht. Nach einer kleinen Verbeugung sprach ich sie an: Interessant, sagte ich, wie in New York werden auch hier die Juwelierläden durch Polizisten bewacht. Ich frage mich, wer wohl den kostbaren Brillantschmuck kaufen kann. Der dreijährige Lohn eines Arbeiters, ich habe nachgerechnet, reicht gerade für einen Anhänger. Wie verlegen griff die Furzewa an ihre Halskette: Das frage ich mich auch, ich glaube, es sind die reichen Kolchosen in Georgien. Ich selbst trage nur Holzschmuck. In der Tat, ihre Kette, sie trug auch ein entsprechendes Armband, bestand aus braunen Kugeln und Würfeln, grün liniert, eine ideale Ergänzung ihres tabakbraunen Kostüms. Selbstbewusst sah mir die Furzewa in die Augen und genoss es offensichtlich, Eindruck zu machen. Dann, nach einem leichten Kopfnicken, schritt sie zur Seite, die Audienz war beendet. Jetzt sah ich georgische Kühe und Ziegen mit Brillantketten vor mir.

Dann begegnete ich doch noch einer Russin mit Brillantschmuck, zugegeben mit einem bescheidenen Anhänger. Martin lag mit Bauchschmerzen im Bett, musste fast stündlich die Toilette aufsuchen. Wir kannten die Symptome: Es konnte nur eine Lebensmittelvergiftung sein. Letztes Jahr auf dem Festival von Locarno, in der sauberen Schweiz, hatte es mich getroffen, Sandwiches in der Sommerhitze. Schnell musste ich jetzt ein paar Kohletabletten besorgen. Kein Problem, meinte Fee Vaillant, Leiterin des Mannheimer Festivals für Erstlingsfilme, berühmt für ihr Durchsetzungsvermögen. Zu diesem Hotel gehört auch eine Apotheke, Kohle heißt auf Russisch *ugol*, das wirst du schon schaffen.

Dann stand ich in der Apotheke und sah sie: weiße Kittelschürze, blondes, wallendes Haar, auf dem wie eine Krone eine weiße Haube saß, um ihren Hals lag eine dünne silberne Kette mit einem kleinen, aber strahlenden Brillanten. Ich aber wollte Kohle. *Njet*, sagte sie, und als sie merkte, dass ich Deutscher war, es gibt keine Kohle, und als ich fragte warum, antwortete sie mit dem Lächeln eines Mannequins: *Ne snaju*, ich weiß nicht, und wandte sich einem anderen Kunden zu. Halt, rief ich ihr zu, bitte, die Adresse der nächsten Apotheke! Nicht weit, sagte sie und schrieb mir die Adresse auf.

Die nächste Apotheke war in der Tat nicht weit, dort aber lernte ich nur ein neues Wort: *Defizit Moskau*. Kaum glaubhaft zu erzählen, dass ich noch zwei andere Apotheken vergeblich aufsuchte, bis mir endlich eine Erleuchtung kam. In diesem zentral gelenkten Land musste es auch eine Zentralapotheke geben. Und die gab es auch, gibt es vielleicht noch heute.

Zunächst sah ich nur eine lange Schlange vor mir, durfte aber als Ausländer vorgehen. Am Schalter eine ältere Frau, auch sie ganz in Weiß, aber ohne Schmuck, es sei denn, ich würde die

Furchen und Falten ihres Gesichts dazuzählen, ein Gesicht, das leidvolle Erfahrungen ahnen ließ. Unwillkürlich dachte ich an das Bild vom Mütterchen Russland, denn auch Klischees können der Wahrheit nahe kommen. Ich sagte meinen Spruch auf und hörte erneut: *Defizit Moskau*. Ich versuchte, gelassen zu bleiben. Da sie etwas Deutsch sprach und neben ihr ein Telefon stand, sagte ich ruhig und klar, bitte rufen Sie andere Apotheken an, ich gehe nicht fort, bis ich die Kohletabletten habe. Sie blickte mich schweigend an, hinter mir aber hörte ich einen Zuruf auf Russisch, es klang wie eine Aufforderung, dann hörte ich andere Stimmen das Gleiche rufen – laut und eindringlich. Die Frau in Weiß stand auf, sichtbar verärgert verließ sie den Raum, kehrte aber schon wenige Sekunden später zurück und warf mir eine Schachtel Kohletabletten auf die Theke. Sie kosteten nur wenige Kopeken. *Defizit Moskau*? Vielleicht eher ein Defizit an Engagement, an Verantwortung.

Nur wenige Tage später saßen wir einer Frau gegenüber, die der Frau aus der Zentralapotheke äußerlich ähnlich sah, wenngleich sie statt der weißen Kittelschürze eine dunkle Strickjacke trug. Juri Korinetz, ein russischer Jugendbuchautor, dessen Bücher deutsch bei Beltz & Gelberg erscheinen, wollte unser zweites Jugendbuch ›Ich bin nicht Robinson‹ übersetzen. Die Lektorin des Verlags »Molodaja Gwardija«, dort sollte das Buch erscheinen, wünschte sich, uns kennen zu lernen. Auch wir waren neugierig, ließen uns in ein weiträumiges Zimmer führen, das trotz des hellen Sommertages dämmrig wirkte. Hinter dem schweren Schreibtisch, er stammte wohl wie das übrige Mobiliar aus den zwanziger Jahren, saß eine ältere, mütterlich blickende Frau, für die es wohl eine Beleidigung wäre, sie Dame zu nennen: Elena Kalmykowa.

Kaum hatten wir uns gesetzt, standen schon drei Gläser Tee auf dem Schreibtisch, eine stille Aufforderung, mit unseren Stühlen etwas näher zu rücken. Das Gespräch lief sehr langsam, sehr schleppend an, sie freute sich, dass wir die Moskauer freundlich fanden, war betrübt, dass uns das Festival bisher enttäuschte. Erst als sie fragte, wer unsere Lieblingsregisseure seien, und wir an erster Stelle die Italiener nannten, Fellini, Pasolini und Visconti, lebte sie etwas auf und holte aus einer der Schubladen ihres Schreibtisches eine Schale mit Pralinen. Wie uns ›Roma‹ gefallen habe, der Film habe sie begeistert, obwohl sie noch nie in Rom gewesen sei. Und ›Casanova‹, ob wir auch ›Casanova‹ gesehen hätten? Diesmal schieden sich die Geister. Die Kalmykowa lehnte sich in ihrem Sessel zurück, lächelte etwas unsicher: Wie könnten wir einen solchen Film schön finden. Schönheit ist ein weites Feld, versuchten wir zu erklären, auch die Darstellung des Hässlichen kann eine ästhetische Kraft ausstrahlen. Schönheit und Wahrheit gehören zusammen, das wussten doch schon die alten Griechen.

Das mit den Griechen fand die Kalmykowa gut, und sie hatte noch weitere Fragen: Ob wir auch Pasolinis ›Salo‹ kennen würden? Wir staunten. Wo sie denn diesen Film gesehen habe, von denen kaum ein Russe auch nur den Titel kenne? Eine Pause entstand, und wir hörten, wie eine weitere Schublade des Schreibtisches aufgezogen wurde. Diese Plätzchen sind selbst gebacken, wollen Sie probieren? Die Plätzchen schmeckten gut, das Kompliment fiel uns leicht, aber unsere Frage war damit nicht beantwortet. Das wissen Sie wohl nicht, meinte die Kalmykowa, wir haben einen kleinen Klub, in dem wir ausländische Filme sehen können, Originalfilme, die uns angeboten werden, die uns ein Dolmetscher übersetzt.

Einen Kommentar ersparten wir uns, wir nickten nur stumm und waren nicht unglücklich, als die Fragen wieder an uns gingen. Wer unter den heutigen sowjetischen Filmemachern unser Lieblingsregisseur sei. Sie fragte leise, vorsichtig, als habe sie Angst vor der Antwort. Martin und ich waren uns längst einig: Wassili Schukschin. Die Augen der Kalmykowa strahlten, wir sahen, wie ihr das Blut in den Kopf schoss: Wie wunderbar, das ist auch mein Lieblingsregisseur.

Ich sehe in meiner Erinnerung, wie sie sich leicht über den Schreibtisch beugt: Ich liebe Schukschin, weil er einfach Menschen beschreibt, ihnen ihr Glück und auch ihr Unglück lässt. Haben Sie schon seinen neuesten Film gesehen ›Rufe mich in die lichte Ferne‹? Wir hatten ihn nicht gesehen, kannten nicht einmal den Titel. Ach, sagte sie entschuldigend, ich habe mich vertan, der Film ist nicht von Schukschin, er starb ja schon vor drei Jahren, aber der Film wurde nach einer seiner schönsten Erzählungen gedreht, ganz in seinem Geiste. Und wieder hörten wir das Knarzen einer Schublade: Das ist ein Kirschkuchen, auch selbst gebacken. Jedem von uns legte sie ein Stück auf eine Serviette und freute sich, dass es uns schmeckte.

Über unser Buch wurde kein einziges Wort verloren, es erschien zwei Jahre später, 1979, ungekürzt, aber mit einem Nachwort von Juri Korinetz. Den Film ›Rufe mich in die lichte Ferne‹ sendete das ZDF 1992. Dank Fee Vaillant, die mit unerbittlicher Konsequenz vergessene oder verleugnete Filme aufstöbert, konnten wir diesen Film in einem entlegenen Vorstadtkino sehen. Bereits die Bildsprache überzeugte uns: Ohne einen Übersetzer zu bemühen, haben wir den Film nominiert.

Elena Kalmykowa bleibt in unserer Erinnerung lebendig, eine Erinnerung an das mütterliche Russland, die wir gerne bewahren. Unter den Männern aber, ob Funktionär, Taxifahrer oder Kellner, begegneten wir keinem, der unsere Sympathie gewinnen konnte. Das mag Zufall gewesen sein, mag aber auch an unserem Blickwinkel gelegen haben. Am letzten Abend, am Abend vor unserem Rückflug, hatte ich dann doch noch eine Begegnung der besonderen Art.

Martin und ich wollten es endlich wissen: Was wird geschehen, wenn wir einzeln und offenen Auges durch das abendliche Moskau streunen? Da wir kein Russisch sprechen, das Gelände fremd und vielleicht vermint war, gaben wir uns nur vier Stunden Zeit, um Mitternacht wollten wir unbedingt wieder im Hotel sein. Dass es entsprechende Kneipen gab, erschien mir sehr unwahrscheinlich, auch größere Parkanlagen fehlten in der Innenstadt. Nur entlang der Moskwa gab es einen schmalen Grünstreifen und gegenüber dem Bolschoitheater.

Ich flanierte zum Bolschoitheater, wo seit genau hundert Jahren das Ballett ›Schwanensee‹ auf dem Spielplan steht, ein Schwanengesang des unglücklichen Tschaikowsky, der seine Neigungen verleugnete und schließlich in den Selbstmord flüchtete. Gegenüber dem Theater, das mit seinen Säulen einen griechischen Tempel imitiert, liegt ein kleiner Park, hier trafen sich die Leidensgenossen Tschaikowskys, Leidensgenossen, da sie seit 1934, seit den Stalinschen Gesetzen zum Schutze der Familie, wieder mit Gefängnis rechnen mussten.

Der Park verdient seinen Namen nicht, nur Rasen, ein paar Bänke und einige Sträucher. Und dann der Kopf von Karl Marx, nicht einmal eine schlechte Skulptur, recht mürrisch blickt er, als sei auch er mit den sowjetischen Verhältnissen unzufrieden. Auf einem massiven Block montiert, sieht Marx jedem Passanten direkt ins Gesicht. Nur wirft er nicht genug Schatten, sein Denkmal ist nicht hoch genug, um zwei Männer, die sich hier zu später Stunde treffen, abzuschirmen. Wie gerne hätte ich einen Mann im Schatten von Karl Marx umarmt, der bei aller Aufgeklärtheit Urninge, wie man damals sagte, fürchtete wie die Schwindsucht.

Auf einer Bank im Halbschatten, auch die Sträucher boten nur wenig Schutz, sah ich einen jüngeren Russen, der meine Blicke erwiderte. Ein paar Meter weiter, wo die Scheinwerfer der Autos mich nicht erreichen konnten, blieb ich stehen und wartete. Es dauerte einige Minuten, bis der Russe, wohl ebenso unsicher wie ich, aufstand, seine Zigarette wegwarf und sich mir näherte. Auf Armeslänge entfernt nickten wir uns zu und setzten ein unverbindliches Lächeln auf, dann wagte ich den letzten Schritt, der Berührungen erlaubte. Unser Minenspiel ersetzte den Dialog, unsere Hände tasteten den Körper des anderen ab, als würden sie einen Delinquenten nach verborgenen

Waffen absuchen. Sein Anzug war dünn wie Hemdenstoff, und die Kontur jedes Muskels konnte ich spüren. Ich fühlte sehr schnell, dass ich ihm nicht gleichgültig war.

Mehr erlaubten die Verhältnisse nicht. Meine Fantasien, die unerfüllten, packte ich in meinen Koffer und nahm sie mit nach München.

And in the end
the love you take
is equal to
the love you make

John Lennon

Sommergewitter

HS. Es begann an einem Tag wie jeder andere, wie in Filmen, die den Zuschauer durch eine harmlose Sequenz zunächst in Sicherheit wiegen. An jenem Tag kehrten wir von einer längeren Reise zurück, vielleicht etwas nervös, aber ohne Zwischenfälle, ohne Verspätung. Dank unserer Hausmeisterin war die Wohnung gut gelüftet, lag die Post wie gewohnt im Flur auf der Anrichte. Wir leerten die Koffer, lasen Briefe und Rechnungen, hörten den Anrufbeantworter ab und überlegten, ob wir Eisschrank und Brotkorb noch auffüllen sollten. Nicht alles am ersten Tag, wie aus einem Munde sagten wir beide diesen Spruch auf, entschlossen uns aber dann doch zu ein paar Einkäufen. Zu zweit, meinten wir, ist das schnell getan, wir müssen ja nicht jeden Laden gemeinsam aufsuchen.

Am Marienplatz, nur drei S-Bahn-Stationen von unserer Wohnung am Ostbahnhof entfernt, trennten wir uns. Der Himmel hatte sich bedeckt, war für den frühen Nachmittag sogar ungewöhnlich dunkel, doch Regen würde es wohl nicht geben. Martin ging Richtung Dallmayr, den unparfümierten, schwarzen Johannisbeertee zu kaufen, den es nur dort gibt und der den Weg zu diesem Luxusladen lohnt. Die übrigen Lebensmittel wollte ich am Stachus holen und mich dann mit Martin auf halbem Wege treffen, am Eingang von Karstadt in der Fußgängerzone, Punkt vier Uhr, so war es ausgemacht.

Meine Kommissionen, wie eine meiner Tanten die Einkäufe nannte, hatte ich schneller als erwartet erledigt und stand schon einige Minuten vor vier am Portal von Karstadt. Jeden Augenblick musste Martin aufkreuzen, zählt er doch auch, wie wir oft, wenngleich ironisch, sagen, zu den schnellen, hellen Homosexuellen. Doch wer Pech hat, muss auch bei Dallmayr Schlange stehen, wenn sich der Landadel, wie wir das Pelz tragende Bürgertum nennen, vor den Delikatessen drängt.

Ich stand und wartete. Die Straße blieb weiterhin trocken, der Wind aber hatte sich verstärkt, wirbelte immer wieder Papierfetzen hoch, oft mehrere Meter. Viertel nach vier, und noch immer kein Martin in Sicht. Ich blickte auf die barocke Fassade der St.-Michaels-Kirche, die jetzt wie ein Bühnenbild auf mich wirkte, das sich unter schwarzen Wolken zunehmend verfinsterte. Der Erzengel Michael, der den Drachen tötet, diese ausdrucksvolle Skulptur, entschwand im Halbdunkel.

Für jede Verspätung, sagte ich mir, gibt es gute Gründe, und ein Sommergewitter, auch wenn es der Seele das Licht nimmt, ist noch kein Menetekel. Aber sehr ungewöhnlich war es schon, dass Martin immer noch nicht auftauchte. Ich spürte, wie meine Unruhe zunahm, wie ich nervös in die Richtung blickte, aus der er kommen musste. Über zwanzig, dreißig Meter hinaus versuchte ich die Gesichter der Passanten zu mustern. Jetzt verschwanden die Türme der Frauenkirche in dunklen Wolken, der Sturm zerrte an den Markisen der Läden, wohl auch an den Ziegeln der Dächer. Von Dallmayr kommend, würde Martin an der Frauenkirche entlanglaufen. Meine Fantasie spielte verrückt: Ödön von Horvath erschlug ein Ast, den der Sturm losgerissen hatte, aber Martin ist nicht Horvath, sagte ich mir dann, und die Ziegel der Frauenkirche sitzen fester als die Äste an den Bäumen der Champs-Élysées.

Jede Verspätung kann harmlose Gründe haben, ich wiederholte mich, doch eine halbe Stunde musste noch nie einer von uns auf den anderen warten. Selbst wenn wir uns abends trennten, wenn wir streunen gingen, wie wir sagen, haben wir die

Zeit, die verabredete, nie mehr als eine Viertelstunde überschritten, oder wir riefen rechtzeitig an, um den anderen nicht zu beunruhigen. Aber wer konnte jetzt wen anrufen, unser Anrufbeantworter war ohne Abfrage, und wenn ich den Platz verlassen würde, wie sollte er mich, wie ich ihn finden?

Was ich jetzt spürte, war Angst, vielleicht der Preis für unser enges Zusammenleben: ein Leben wie die Klammeraffen, so nannte es einmal einer unserer Freunde, der sich selbst als einsamer Jäger begreift. Fast zwanghaft versuchte ich eine Schlägerei oder einen Unfall auszuschließen, Martin ist vorsichtig, um lärmende Reservisten macht er einen ebenso großen Bogen wie um grölende Fußballfans. Aber er könnte in der Eile gestolpert sein, seinen Fuß verstaucht haben, dann würde er wohl die nächste S-Bahn zum Ostbahnhof nehmen. Vielleicht wartete er schon in unserer Wohnung, wartete auf meinen Anruf. Und wieder sehe ich keine Telefonzelle in Sichtweite, laufe mit meinen Tüten zwei Straßenecken weiter, habe Gott sei Dank Kleingeld, doch nur eine monotone Stimme antwortet mir, die eigene Stimme, die den Text auf Band gesprochen hat: Bitte legen Sie nicht auf. Nach dem Signalton können Sie eine kurze Nachricht hinterlassen, Sie können auch unter derselben Nummer faxen.

Also zurück zu Karstadt, fünf Minuten wollte ich noch warten, keine Minute länger. Ich fragte mich, ob ich wohl lockerer, unbeschwerter hier stehen würde, wenn wir uns mehr Abstand erlaubt hätten, Abstand voneinander, vielleicht sogar gelegentliche Trennungen. Vergeblich hatte bisher jeder dem anderen vorgeschlagen, einmal alleine Urlaub zu machen, und sei es nur ein Wochenende in London oder Paris. Klebten wir wirklich wie die Kletten aneinander?

Und doch gab es Trennungen, mehrmals sogar, und das wegen Leo Kirch, unserem wichtigsten Auftraggeber. Nach einem heiklen Landemanöver, das wir über Kennedy-Airport erlebten, wurde Martin von einer Flugangst befallen, die mehrere Jahre andauerte. Aber geflogen werden musste, noch gab es keine handlichen, leicht versendbaren Kassetten, noch mussten die Filme mit ihren schweren Filmrollen, meist fünf, aber auch sechs oder sieben, vor Ort besichtigt werden. So flog ich denn mehrmals allein nach New York und Los Angeles, und immer höher wurden die Telefonkosten, die Leo Kirch zahlen musste: Denn kein Abend verging ohne meinen Anruf nach München. Das mag für Dritte sentimental, vielleicht sogar komisch klingen.

Eine wirklich komische Nummer, auch aus unserer Sicht, hatten wir bereits abgezogen. Als wir von Düsseldorf nach München wechselten, mussten wir uns endlich entschließen, Mäntel zu kaufen, im Rheinland genügten uns unsere Lederjacken auch im Winter. Nun wollte es das Schicksal, dass wir einen ebenso eleganten wie preiswerten Mantel fanden, der aber nur in derselben Farbe und demselben Schnitt angeboten wurde. War es Naivität, war es Sparsamkeit, wir kauften die gleichen Mäntel, nur in der Größe unterschieden. Unser Auftritt als Doppelnummer – Laurel & Hardy und Pat & Patachon ließen grüßen – muss komisch gewesen sein. Die Spötter zerrissen sich das Maul, und schließlich lachten wir mit ihnen.

Die fünf Minuten, die Frist, die ich mir gesetzt hatte, musste abgelaufen sein. Wieder blickte ich auf den Strom der Fußgänger, versuchte mir Martins Gesicht vorzustellen, das Gesicht, wie ich es liebe, frech und fröhlich. Doch das Phantombild, das sich mir jetzt aufdrängte, nahm mir den Atem. So erschrocken, so angstvoll hatte ich ihn bisher nur zweimal gesehen, und dreißig Jahre, so lange lebten wir damals schon zusammen, sind eine lange Zeit.

Das erste Mal erlebte ich Schrecksekunden an der Küste vor Rotterdam, wir waren beide weit hinausgeschwommen und wollten zurück zum ruhigen Sandstrand. Eine Strömung, die ich nicht sah, riss mich plötzlich aus der Richtung, trieb mich zu einer Mole, an der die Brandung hart auf die Steine schlug.

Die Gefahr, in Panik zu geraten, drohte, doch dank Martins Hilfe, dank seiner Kraft, gelang es mir schließlich, mich der Strömung zu entwinden, nur wenige Meter vor der Mole.

Noch einmal ergriff uns eine Art Todesangst. Obwohl nicht mehr die Jüngsten, schwammen wir jeden Sommer im Englischen Garten: dort, wo der Eisbach die unterirdischen Kanäle verlässt, in die Anlagen mündet und mit hoher Geschwindigkeit unter drei Brücken fließt, bis er wieder in der Tiefe verschwindet. Die Gefahren kannten wir, glaubten wir zu kennen, wir mussten die Abzweigung zu einem Wasserfall meiden und spätestens nach der zweiten oder dritten Brücke eine Böschung suchen, an der wir uns festklammern und hinausklettern konnten. Wohl Dutzend Male getan, wurde das zur Routine.

Routine macht aber auch leichtsinnig: So sprangen wir einmal selbstbewusst in die Fluten, als der Eisbach nach mehreren Tagen Sommerregen Hochwasser führte. Diesmal gelang es uns nicht, der Abzweigung auszuweichen, die zum Wasserfall führt. Noch glaubten wir, uns an der Sperrmauer, die vor dem Wasserfall steht, festhalten zu können, doch das Hochwasser ergriff uns mit ungeahnter Gewalt, zog uns über die Mauer und warf uns beide hart auf die Felsen unterhalb des Wasserfalls. Kein Knochenbruch, kein aufgeplatztes Fleisch, nur einige blaue Flecken. Gäbe es einen Schutzengel, er hätte vielfachen Dank verdient.

Ich riss meine Einkaufstüten hoch, lief zur nächsten S-Bahn-Station und erreichte gut zehn Minuten später schon unsere Wohnung, sah aber keinen Martin, nur die Lampe des Anrufbeantworters blinkte. Zuerst die üblichen Anrufe, unsere Freundin Elli, Peter aus Paris, erst dann hörte ich seine Stimme: Bist du da? Wo bist du? Vergeblich habe ich auf dich gewartet! Und dann alle Namen, die er mir gab, die viel privater, viel intimer sind als körperliche Berührungen und deshalb auch hier ausgespart bleiben. Ich hörte, wie seine Stimme erstickte. Mein Gesicht war nass geworden, aber ich fühlte mich glücklich, ihm war nichts passiert, in wenigen Minuten würde er vielleicht wieder hier sein, hier in unserer Wohnung. Aber noch wusste er nicht, dass ich bereits da war. Würde er noch ein zweites Mal anrufen, sollte ich vielleicht am Telefon warten oder ihm entgegenlaufen, wenigstens bis zum Ausgang der S-Bahn? Ich stürmte die Treppe hinunter, blieb aber dann doch vor der Haustüre stehen, hier konnte ich die Straße gut überblicken. Diesmal musste ich nicht lange warten, schon nach wenigen Minuten lagen wir uns in den Armen, mitten auf der Straße, und er, der möglichst jeden Kuss in der Öffentlichkeit vermied, jetzt hielt ihn nichts zurück.

Als wir endlich die Sprache wiederfanden, lachten wir. In welchem Stück waren wir gerade aufgetreten, in einem Trauerspiel oder in einer Farce? Gibt es doch zwei Karstadt-Häuser in der Fußgängerzone, wir wissen es beide seit Jahren. Nicht einmal zweihundert Meter hatten uns getrennt, doch jeder war so stur davon überzeugt, am richtigen Platz zu stehen, dass er eine andere Möglichkeit nicht einmal erwogen hatte.

Am nächsten Morgen schliefen wir länger als gewohnt, das Stück hatte uns doch mehr mitgenommen, als wir zunächst glaubten. Langsam erwachend, hörte ich Martin in der Küche, hörte, wie er das Frühstück vorbereitete, was sonst immer zu meinen Aufgaben zählt. Zu unseren festen Bräuchen gehört aber auch, dass wir uns morgens wechselseitig besuchen. Ich zu dir oder du zu mir, das ist eine der ersten Fragen nach dem Wachwerden. Vielleicht würde es mir gelingen, ihn wieder ins Bett zu locken. Während ich über uns nachdachte, fiel mir, gewiss nicht zufällig, ein zentraler Satz aus dem Grimmschen Märchen ›Fundevogel‹ ein: Verlässt du mich nicht, verlass ich dich auch nicht!

Arkadas heißt Freund

MR. Es ist kalt hier im Keller, und wir sind froh, uns die Hände an den heißen Tulpengläsern wärmen zu können, in denen der Tee dampft, zu stark, um ihn ohne Zucker zu trinken – ein bisschen Ersatz auch für den Kaffee, den es im Augenblick, im Frühjahr 1979, kaum irgendwo in Istanbul gibt, auch nicht in unserem Hotel, dem Intercontinental, das von vielen rebellischen jungen Türken als Ausrufezeichen des amerikanischen Imperialismus apostrophiert wird.

Den dramatischen Bildern zum Trotz, die in dem engen, improvisierten Vorführraum vor uns ablaufen – im Moment wird die weiß gekalkte Kellerwand beherrscht von einer entehrten Ehefrau, die sich ihr eigenes Grab schaufelt, bevor sie von ihrem Mann wegen Untreue erschossen wird –, diesen Bildern zum Trotz träume ich davon, in der warmen Badewanne unseres Hotel-Apartments zu liegen. Die stockenden Satzfetzen unseres sehr bemühten, nur leider keineswegs professionellen Dolmetschers, die an meine schläfrigen Ohren dringen, sind nicht dazu angetan, mich enger an den Film zu fesseln. Doch gibt es auch Weizen unter dem vielen kommerziellen Spreu, den wir uns, in dicke Jacken gepackt, zurzeit hier anschaun. Umso wichtiger wäre es, einen guten Dolmetscher zu haben und diese ganze Vorführung etwas fachmännischer zu betreiben. Den Kollegen und Freunden vom ZDF, die demnächst hier eintreffen und für die wir mal wieder die filmkritische Vorhut machen, sind die gegenwärtigen Arbeitsbedingungen kaum zumutbar.

Wie aber bringen wir das Erdogan, unserem überaus freundlichen türkischen Gastgeber bei, ohne gleich den hässlichen, den besserwisserischen Deutschen herauszukehren? Wir versuchen es über das Problem des Dolmetschers. Dass wir mit dem nicht weiterkommen, macht auch Erdogan sichtbar nervös, und so kramen wir, das lässt sich auch lustig verkaufen, ein paar Anekdoten aus. Zum Beispiel die von dem Russen, der zwar alles verstand und auch fließend Deutsch sprach, uns aber hartnäckig immer nur mit bloßen Bildbeschreibungen abspeiste wie: Und jetzt geht der wütende Mann wieder ins Wirtshaus! Oder das Erlebnis mit der feinen alten Dame aus der deutschen Botschaft in Rom, die sich – es war auf dem Höhepunkt der 68er Bewegung – konstant weigerte, *four letter words* wiederzugeben und resigniert seufzte: Mein Gott, schon wieder dieses fürchterliche Wort!

Erdogan dankte uns für unsere Offenheit und versprach schnelle Abhilfe. Da sei eine Deutsche, seit fast zwanzig Jahren in Istanbul lebend und schon deshalb als Dolmetscherin perfekt, weil sie ihrer Mutter bei deren häufigen Besuchen allabendlich das türkische Fernsehen nahe bringe. Schlimmstes befürchtend, blieben wir dennoch höflich und ließen die Dame kommen. Dass sie, kaum hatte der Film begonnen, auch noch im dämmrigen Licht zu stricken begann, rundete unsere negative Erwartungshaltung ab. Rasch aber fielen wir aus allen Wolken. Hannelore Azrak, mit einem Istanbuler Professor verheiratet, erwies sich als wahre Sensation. Sie war nicht nur in der Lage, jeden gesprochenen Satz simultan ins Deutsche zu bringen, sie fand, wenn der Fluss des Films es erlaubte, auch noch Zeit für erhellende Kommentare des jeweiligen historischen oder sozialen Hintergrunds. Ohne sie, eine wunderbar in sich ruhende Frau, hinter deren scheinbarer Behäbigkeit ein behänder Geist und eine profunde Bildung sichtbar wurden, hätten wir von den Verhältnissen in der Türkei gewiss weniger begriffen. Sie war es denn auch, die uns begleitete, als wir später Yilmaz Güney auf der Gefängnis-Insel Imrali besuchten.

Natürlich waren uns Werk und Leben von Güney auch in jenem Frühjahr 1979 längst nicht mehr fremd. Dass wir es schaffen würden, ihn wirklich zu treffen, stand aber noch in den Sternen. Doch je mehr wir erkannten, welch zentrale Rolle er für die Entwicklung des Films in seinem Lande spielte – ob er nun mal wieder im Gefängnis war oder nicht –, desto dringender schien es uns, ihn zu interviewen. Man stelle sich vor: Ein Mann schafft es, aus dem Gefängnis heraus genuiner Schöpfer einer Film-Trilogie zu werden, die mit Recht seinen weltweiten Ruhm begründet, obwohl er bei keinem einzigen dieser drei Filme selber Regie führen konnte. ›Sürü – Die Herde‹, ›Düsman – Der Feind‹ und vor allem ›Yol – Der Weg‹, sie alle sind entstanden, während er hinter Gittern saß.

Schon als Darsteller, erst recht als Autor, hat Güney eine neue Perspektive ins türkische Kino gebracht. Der Student, der 1958 als 21-Jähriger zum Film kam und bis Mitte der sechziger Jahre mit höchst unterschiedlichen Rollen zum umjubelten Star aufstieg, wandte sich schon als Schauspieler von aller Theatralik ab und orientierte sich an Vorbildern wie Marlon Brando oder James Dean. Entscheidender aber war sein ganz anderer Blick auf die ewig-alten Geschichten, auf das Thema Blutrache zum Beispiel. Auch etliche seiner eigenen Filme handeln davon, doch bleiben sie nie in der naturalistischen Nachzeichnung oder bloßen Melodramatik stecken.

Mit seinen Bildern im Kopf sieht denn auch das exotische Istanbul gleich anders aus. Wir begreifen es angesichts einer Begegnung, die ganz sentimental-romantisch beginnt. In der Nähe des Topkapi treffen wir auf einen zerlumpten Schausteller, der einen erbarmungswürdig zerzausten Tanzbären zum Betteln abgerichtet hat. Also eile ich zum nächsten Kiosk und kaufe Kekse und lege sie dem traurigen Tier auf die Tatze. Sofort grabscht sein Führer danach und isst sie gierig auf.

Nicht länger täuschen uns die Luxusgeschäfte und Banken in der Istiklal Cadessi, der Hauptgeschäftsstraße. Die bäurischen jungen Soldaten vor den Banken, die sich, verlegen lächelnd, an ihren Maschinenpistolen festhalten, sie stehen nicht da zum Schutze der Armen. Die Kinder, die oft unter Lebensgefahr vor die Autos springen, um den Fahrern geschmuggelte Zigaretten zu verkaufen, sind keine übermütigen Halbstarken, sie hoffen, mehr Geld heimzubringen als ihre Väter.

Dass wir in diesem Großstadtdschungel immer wieder auf das Bild Güneys treffen, es wundert uns längst nicht mehr. Fotos, mal farbig, mal schwarzweiß, auf denen er als Räuber, als Rächer, als Lover zu sehen ist, schmücken die mit Kuppeln und Türmchen reich verzierten Kästen der Schuhputzer. Diese Fotos sind weit mehr als ein Indiz für die Kinofreudigkeit jener Männer, die überall in der Stadt ihre Dienste anbieten. Nicht einfach dem Kinostar Güney nämlich gilt ihre Verehrung, sondern dem Mann, der spätestens seit 1967, seit der Räuberballade ›Ac Kurtlar – Die hungrigen Wölfe‹, seine eigenen, eigensinnigen und oft herausfordernd anarchischen Filme macht. Dass wir später, für unsere Fernseh-Sendung, einige dieser Schuhputzer über Güney befragen, nicht zuletzt das war es, was dem ZDF und uns, den Machern, die Empörung des türkischen Botschafters und rechter türkischer Zeitungen eintrug.

Den letzten Anstoß aber für den Bericht, der dann im Juli 1980 über den Bildschirm ging, gab uns ›Arkadas – Der Freund‹ aus dem Jahre 1974, vielleicht nicht Güneys gelungenster, sicher aber ein sehr exemplarischer Film. Es war im Übrigen der letzte Film, bevor er wieder einmal ins Gefängnis kam. Angeblich hatte er einen Staatsanwalt erschossen. Nachprüfbar an dieser Geschichte ist nur, dass er bei einem Abendessen mit Freunden, von diesem bereits betrunkenen und hörbar rechtsradikalen Regierungsbeamten attackiert und als Kommunistenschwein angepöbelt wurde. Für Güney, der dann 1981 fliehen konnte, wird dies nur eine üble Erfahrung mehr gewesen sein: wurde er doch schon als junger Mann nur deswegen eingesperrt, weil er ein Gedicht publizierte, das den Mächtigen zu aufrührerisch war.

Der Film ›Arkadas‹ also gab für uns den Ausschlag, unbedingt mit Güney sprechen zu wollen. Der Ingenieur Azem in diesem Film, den linken Idealen seiner Jugend treu geblieben, wird nämlich nicht nur von Güney selbst gespielt, er ist auch in hohem Maße Sprachrohr und Alter Ego des Filmemachers, auch wenn Güney das später im Interview nicht so ganz wahrhaben will. Azems Begegnung mit seinem Jugendfreund Djemil, der zum skrupellosen Unternehmer geworden ist und in einer luxuriösen Villa am Bosporus residiert, geht denn auch unversöhnlich aus. Zwar gesteht Djemil auf einer gemeinsamen Fahrt in sein Heimatdorf, dass er die Ideale von einst verraten hat, und badet sich in sentimentaler Reue, doch Azem will ihm erst dann wieder die Hand reichen, wenn es nicht nur bei großen Worten bleibt. Kein Wunder, dass der Film bei aller sinnlichen Kraft nicht ohne leitartikelhafte Verkürzungen auskommt. Gerade das aber reizt uns, erlaubt es uns doch, direkte Fragen zu stellen.

So wird Güney unser Exposé zugespielt, nicht ohne Hinweis, dass wir Filmkritiker sind. Das aber reicht ihm als Nachweis unseres Wohlwollens anscheinend nicht aus. Nun werden Kinderbücher nachgereicht – dass er selber welche geschrieben hat, wissen wir. Jemand, der ihm nahe steht, signalisiert grünes Licht und lässt durchblicken, unser Buch ›Schnappsack‹, bebildert von Dietlind Blech, habe den Ausschlag gegeben. ›Schnappsack‹ erzählt von einem habgierigen Geizhals, der gegen Ende endlich begreift, wie sehr er sich ins einsame Abseits verrannt hat.

Meeresstille und glückliche Fahrt? Es könnte so aussehen, der Papierkrieg ist vorbei, wir dürfen Güney besuchen. Das

Wetter an diesem Freitag, dem Sonntag der Muselmanen, ist wunderbar. Das Schiff, das uns nach Imrali trägt, es könnte auch ein Vergnügungsdampfer sein, wären da nicht die Männer der Jendarma, kenntlich an ihren roten Armbinden, ansonsten sehr unkriegerisch, auch im Gespräch mit ihren Gefangenen, die sie auf die Insel bringen. Keiner von ihnen, was immer ihnen zur Last gelegt wird, trägt Gefangenenkleidung, hier nicht und auch später nicht, auf der Insel. Fremde, die erstmals hier anlanden, müssen die Insel für einen unberührten Naturpark halten, für eine Sommerfrische, auch wenn langsam der Herbst heraufzieht. Selbst die Ansammlung stumm starrender Männer, die unser einlaufendes Schiff am Kai erwartet und wohl auf Besuch hofft, hat eher etwas Opernhaftes. Gern würden wir sie filmen, doch die Kamera muss vorläufig noch eingepackt bleiben.

Güney erwartet uns schon, braun gebrannt, strahlend das Braun seiner Augen, ganz gezügeltes Selbstbewusstsein. Seine Aufmachung ist lässig elegant, zur hellgrauen Hose ein blauer Blazer, das Sporthemd mit modisch schmalem Kragen, die flache runde Uhr gut und teuer. Der Staatsanwalt, der ihn begleitet, ein demonstrativ freundlicher Herr, bedauert unendlich, dass wir noch etwa eine Stunde auf unsere Dreherlaubnis warten müssen. Alles wirkt denkbar großzügig, freizügig gar. Dass hier irgendwo, irgendwann Gewalt schlummern könnte, jene Gewalt, von der Güney dann im Gespräch erstaunlich offen spricht, es ist unvorstellbar. Ohne Einspruch hört sich der Staatsanwalt – für die Kamera immer unsichtbar – die Erklärungen seines prominenten Gefangenen an. Allerdings, unsere Fragen mussten wir schriftlich vorformulieren, und gewiss liegt es daran, dass Güneys Antworten zwar zügig kommen, aber niemals spontan. Vom Dozieren kommt er nicht los, Anstrengung bleibt spürbar. Dass er schon ziemlich krank ist, 1984 stirbt er an Krebs, können wir nur vermuten. Das kleine Häuschen, ein ehemaliger Stall, in dem er, Sohn eines Landarbeiters, jetzt selber als Landarbeiter lebt, beherbergt nicht nur viele Bücher, sondern auch eine beachtliche Batterie von Arzneipackungen. Vor dem Haus gibt es einen Feigenbaum, vor der Türe einen Tisch mit zwei Bänken und einem Sonnensegel, alles beklemmend idyllisch, bis der nette Staatsanwalt bemerkt, dass es wohl besser sei, wenn das, was wir da aufgenommen haben, erst mal auf der Insel bleibt.

Das Filmmaterial, meint er konziliant, könnten wir schon mitnehmen, aber in das Tonmaterial müsse er doch mal reinhören. Cetin Tunca, unser Kameramann, atmet auf. Klaus Langer, unser Tonmann, wird nervös. Aber dann, er nimmt uns rasch beiseite, hat er eine Idee: Er wird den Ton, mit falscher Geschwindigkeit, auf ein anderes Band überspielen und so unbrauchbar machen. Ob seine List uns geholfen hätte, ich weiß es nicht. Der Staatsanwalt, offenbar immer noch sehr beeindruckt von der Qualität und Fülle unserer Morgengaben, euphemistisch Gastgeschenk genannt, lässt uns zuletzt selbst mit dem unkontrollierten Tonband abziehen.

Unser Abschied von Güney ist wortlos, sein Lächeln ein Fragen. Er legt uns die Hand auf die Schulter, nur keine Rührung. Ich frage mich, warum seine türkischen Fans ihn den hässlichen König nennen, es muss Zuneigung sein, zärtlicher Spott. Als unser Schiff sich von der Mole löst, stehen noch immer, stehen schon wieder die Gefangenen da, aber sie winken nicht hinter uns her. In ihren Gesichtern steht beides: Hoffnung und Klage. Wieder bedauern wir, dieses Bild nicht filmen zu dürfen, und wir treten erst von der Reling zurück, als die Männer nicht länger sichtbar sind. Wut und Glück bestürmen mich, ich falle Hans um den Hals und küsse ihn, über mich selber erschrocken, doch keiner schaut weg oder wundert sich. Erst als wir die handgeflochtenen bunten Glasperlenketten aus der Tasche ziehen, die Güney uns zum Abschied geschenkt hat, erst als wir uns diese Ketten um den Hals legen, kommt unter den türkischen Männern in unsrer Umgebung unwilliges Murren auf. Dieser Schmuck, bedeutet uns Hannelore Azrak diskret, sei für unsere Frauen bestimmt.

Sonntag, 14. Februar 1999, abends gegen 21 Uhr. Hans ist zum nahen Ostbahnhof gegangen, um die Zeitung von morgen zu holen. Das ist, wenn wir zu Hause sind, fast schon ein Ritual, da brauchen wir die Glotze gar nicht erst anzustellen. *Don't read on street*, rufe ich hinter ihm her, aber natürlich hat er doch schon in der ›Süddeutschen‹ geblättert, als er zurückkommt. Er hält mir die Seite 11 entgegen, eine Aufschlagseite: Wolfgang Koydl, der Türkei-Korrespondent, berichtet unter dem Titel ›Ein weiter Weg‹ dass jetzt, 17 Jahre nach seiner internationalen Premiere auf dem Festival von Cannes, Güneys Film ›Yol – Der Weg‹, endlich in Istanbul und den anderen großen Städten des Landes zu sehen ist. Er berichtet nicht nur von den emphatischen Reaktionen, die dieses Ereignis ausgelöst hat – beim Hauptdarsteller Tarik Akan zum Beispiel, der sich in seiner Rolle erstmals auf der großen Leinwand sieht. Koydls Bericht selber ist voller Emphase, und wie könnte es anders sein angesichts eines Films, der weder Kopf noch Bauch kalt lässt. »Am schlimmsten aber ist es«, so schreibt er, »dass Yol in seinen wichtigsten Aussagen so aktuell ist wie damals. An den bedrückenden Lebensumständen in der kurdischen Gesellschaft hat sich nichts geändert.«

Was sagte Güney, als wir ihn in unserem Interview fragten, ob er Film für eine moralische Anstalt halte? Film, sagte er, ist und bleibt eine Waffe!

Tokio in der Dämmerung

HS. Tokio stöhnte unter der sibirischen Hitze. Seit über einer Woche lag die Stadt unter hochsommerlichem Westwind, Millionen Klimaanlagen summten und fraßen mehr Strom, als die Kraftwerke liefern konnten. Laut einer Notverordnung durfte keine Wohnung, kein Büro unter 25 Grad Celsius gekühlt werden, Botschaften und internationale Hotels ausgenommen. Vielleicht, dieser Eindruck drängte sich mir auf, gab es auch eine zentrale Anweisung für die Kleiderordnung: Statt der grauen und blauen Anzüge sah ich jetzt auf den Straßen Zehntausende weiße, kurzärmelige Hemden.

Von den geschwungenen, leicht überstehenden Dächern tropfte stetiger Regen, und in dieses Nass wäre ich gerne hineingesprungen. Doch es regnete nur auf der Leinwand, eine der beliebten Einstellungen im japanischen Film: Ein Blick aus einem ebenerdigen Haus auf die Straße, auf die Felder, gleichmäßig fallender Regen, Himmel und Erde versöhnen sich. Mein Eiswasser im Vorführraum der Shoshiku war längst warm geworden, und ich langweilte mich. Martin, noch Opfer seiner Flugangst, saß in München, und die japanische Produktion der ausgehenden siebziger Jahre erstarrte in Routine, einzige Ausnahme die Filme des Außenseiters Nagisa Oshima. Vorbei die goldenen Jahrzehnte, in denen Ichikawa, Kinoshita, Mizogushi, Naruse und Ozu Triumphe feierten, nur Akira Kurosawa überraschte noch alle paar Jahre mit einem Geniestreich. Die Ausbeute, die ich Leo Kirch präsentieren konnte, würde bescheiden ausfallen, aber genau das erhoffte er wohl, die Sehgewohnheiten des Fernsehpublikums waren längst durch den Hollywood-Film genormt, bereits italienische und französische Filme taten sich schwer.

Der kleine bebrillte Angestellte, der grünen Tee oder Eiswasser apportierte, betrat wieder den Vorführraum und fragte nach meinen Wünschen. Wir lächelten uns unverbindlich zu, doch dieses Lächeln schloss ein geheimes Einverständnis ein. Er war schwul und wusste, dass ich es wusste, durfte aber nicht zeigen, dass ich es weiß. So sah er mich denn mit stillem Unverständnis an, als ich ihn vor einigen Tagen nach den schwulen Bars in Tokio fragte. Heute würde ich mich verabschieden, es war mein letzter Tag bei Shoshiku, ab morgen sollte ich Filme der Daiei-Produktion sehen. Noch ein paar Worte, pure Konversation. Doch ehe ich ihm ein letztes *Sayonara* zurief, drückte er mir eine Streichholzschachtel in die Hand, eine der üblichen, flachen Pappschachteln, Reklame der Geschäfte und Bars, zugleich ein unerlässlicher Wegweiser im Labyrinth dieser Zwölf-Millionen-Stadt, in der nur wenige Hauptstraßen einen Namen tragen. Sein einziges, kommentierendes Wort: Shinjuku.

Und gleich geht's nach Shinjuku! Mein abendlicher Anruf aus Tokio erreichte Martin, mit dem ich Jahre zuvor schon einige Wochen in Tokio verbracht hatte, beim Frühstück, oder bei dem, was er Frühstück nannte. Gemeinsam frühstückten wir lange und ausgiebig, wie es sich *freelancer* leisten können, aber allein schmeckte es uns nicht, da konnte Sex allein lustvoller sein. Nach meinem Anruf nahm ich die S-Bahn von Shinbashi nach Shinjuku. Dort lieferte ich mich einem Taxifahrer aus, dem ich zuvor meine Streichholzschachtel gezeigt hatte. Er setzte mich ab vor einem der niedrigen Holzhäuser, die neben dem Bündel von Wolkenkratzern, die Shinjuku dominieren, durch grelle Leuchtschriften um Aufmerksamkeit betteln. Drei, vier, aber auch sieben oder acht Standbars sind hier untergebracht, nebeneinander, übereinander.

Die Leuchtschriften verglich ich mit den Schriftzeichen meiner Schachtel, fand die Bar, die gemeint war, und trat ein. Vergeblich wartete ich auf das übliche »Hi, Sir!«, ratlos blieb ich an der Türe stehen, fühlte, dass ich nicht willkommen war. Obwohl mich keiner ansah, vielmehr jeder so tat, als ob er mich nicht sehen würde, spürte ich, in einer schwulen Bar zu sein. Ich griff wieder zu meiner Streichholzschachtel, spielte mit ihr, warf sie wohl zwei- oder dreimal in die Luft und ließ sie dann auf den Tresen fallen. Jetzt bemerkte ich ein allseitiges Lächeln, das jedoch ein Zeichen der Sympathie wie auch ein Ausdruck der Verlegenheit sein konnte. Endlich das erlösende »Hi, Sir!«.

Ich bestellte ein Bier und fühlte mich im Kreis der Trinkenden aufgenommen, nicht mehr als sieben oder acht Gäste in einer schmalen, schlauchartigen Bar, wie sie für Tokio typisch ist, hinter dem Tresen zwei oder drei Angestellte. Noch scheute ich ein Gespräch und wartete, bis sich zu meinem Bier die übliche Zugabe gesellte: ein Schälchen mit Radieschen und Gurkenstücken, durch ein paar Einschnitte in Blumen verwandelt, Ikebana en miniature.

Ich weiß nicht mehr, wie lange es dauerte, bis eine kleine Trinkschale und eine schmale Sakeflasche vor mir standen: ein unmissverständliches Signal. Einige der Trinksitten kannte ich schon, ich wusste, dass mir keiner einschenken durfte, solange ich nicht als Zeichen meiner Zustimmung die kleine Schale angehoben hatte. Nun war ich nicht hierher gekommen, um mich zu zieren, ich hob also die Schale etwas hoch, und schon näherte sich einer der Gäste, nicht einer der jüngsten, eher in meinem Alter, und schenkte mir ein. Nun lag es an mir, ihm einzuschenken. Er sprach ein angenehm fließendes Englisch, vor zwanzig Jahren nicht selbstverständlich in Japan. Ich hörte, dass er vor wenigen Tagen hier Lenny Bernstein mit einem japanischen Freund gesehen habe, dass in dieser Bar Ausländer ohne Begleitung aber nicht gerne gesehen würden. Die Streichholzschachtel hätte man jedoch als eine Art Empfehlung gelten lassen.

Ich wachte auf und sah mich mitten in einem japanischen Film, flach auf der Erde liegend, umgeben von vier Wänden aus milchweißem Papier, neben mir, noch schlafend, der freundliche Nachbar, der mich wohl zu mehr als zu einer Flasche Sake eingeladen hatte. Ich wartete auf irgendwelche Geräusche, vergeblich, obwohl ich mitten in Tokio war. Ich erlebte eine fast beängstigende Stille. Hinter diesen schweigsamen papierenen Wänden lagen vielleicht andere Paare, die sich ebenso fragten, wer wohl hinter diesen Wänden liegen mag. Diskretion als nationale Tugend, nichts hören, nichts sehen, nichts sagen, eine Überlebenstechnik für Menschen, die auf engstem Raum leben müssen. Allein die Kamera, die fast jeder Japaner wie ein drittes Auge bedient, darf obszön sein, ihr Objekt durch direkten Blick beschämen.

Mein Nachbar erwachte, schlug seine Decke zurück, als sollte ich seinen Körper noch einmal bewundern, stand dann aber auf und deutete mit wortlosen Bewegungen an, wie ich mich verhalten sollte. Zusammengefaltet lagen auf dem Boden zwei Baumwollkittel, eine Art Kimono, wohl für Bad und Frühstück gedacht. Daneben ein Tanugui, ein schmales, gemustertes Tuch, das mehrere Funktionen erfüllt, zunächst als Waschlappen, dann, gut ausgewrungen, als Handtuch und schließlich als Lendenschurz, obgleich sich der Japaner seiner Nacktheit weit weniger schämt als ein Christenmensch. Noch vor wenigen Jahren badeten Weiblein und Männlein gemeinsam nackt in den öffentlichen Badehäusern. Die neue Sittsamkeit zog erst mit dem *American way of life* ein.

Erstmals wohnte ich dank meines Begleiters in einem Ryokan, dem traditionellen japanischen Hotel, selten von Ausländern besucht, die vor den Umkleideriten ebenso zurückscheuen wie vor dem japanischen Frühstück: Seegras, Reis und rohe

Eier, serviert in einer Lackschachtel. Noch vor dem Frühstück suchten wir das Bad auf, Herzstück jedes Ryokan. Ich betrat eine Art Paradiesgärtlein, kaum größer als ein Wohnzimmer, moosbewachsen, mit Bonsai, Blumen und Steinen dekoriert, in der Mitte, wie ein Spalt zwischen zwei Felsen, das heiße Bad, ein Geschenk des vulkanischen Bodens. Ein kleiner Brunnen, fast im Spielzeugformat, lud zum Waschen ein, kein Japaner würde je das Badewasser mit Seife verschmutzen. Wie ich die Nacht mit meinem Begleiter, meinem Bettgefährten, verbrachte, das habe ich ebenso vergessen, verdrängt, wie seinen Namen. Der Schauplatz blieb in Erinnerung, nicht das Geschehen.

Intensivere Bilder speicherte mein Gedächtnis von der Begegnung mit Kiyoshi. Wir trafen uns, das heißt, zuerst trafen sich nur unsere Zehen, im Tokyo-Onsen, einem Badehaus nicht weit von meinem Hotel. Nach einer Schultermassage durch eine der jungen Masseusen, ein Service, der im Eintrittspreis einbegriffen ist, tauchte ich vorsichtig in einem der schmalen Becken unter. Die Temperatur, gut über 40 Grad Celsius, erlaubt keine größeren Bewegungen, jeder liegt mit dem Kopf am Beckenrand, kann aber, sofern er nicht zu klein geraten ist, die Füße seines Gegenüber berühren.

Keiner sah den anderen an, und doch war ich sicher, dass jeder jeden auf das Genaueste beobachtete, die Kunst des Sehens ohne hinzusehen, auch ich beherrschte sie inzwischen. Und immer war es nur ein Zufall, falls jemand mit seinen Zehen die Zehen eines anderen berührte, doch nach dem dritten Zufall war der Zufall kein Zufall mehr. Auch der, der sich mir später als Kiyoshi vorstellte, berührte mehrmals meine Füße, vergeblich aber versuchte ich, mit seinen Augen Kontakt aufzunehmen. Noch während wir uns ankleideten, zeigte er mir, ich könnte es kaum anders nennen, die kalte Schulter. Als ich aber das Bad verließ, stand er bereits auf der Straße, grüßte und lächelte.

Hemd und Hose minderten nicht Kiyoshis Charme, er lag in seinen sparsamen, leicht betonten Bewegungen, ein schmiegsamer Körper, der wohl auch sehr anschmiegsam sein konnte. Ich sah ihn schon in meinen Armen, wollte ihn sofort in mein Hotel mitnehmen, doch irritierte mich ein billiger Pappkoffer, den er trug, für einen Besucher des Hotels Imperial, in dem ich wohnte, etwas ungewöhnlich. Ich zögerte, setzte dann aber auf die japanische Diskretion und wurde nicht enttäuscht. Die halbwüchsigen Mädchen, gekleidet wie die Eleven einer höheren Töchterschule, die ehrerbietig an den Eingängen der Aufzüge standen, verbeugten sich, sprachen irgendeine japanische Zauberformel und blickten wie geistesabwesend an uns vorbei.

Das Imperial, von Grund auf neu gebaut, hat seine Einmaligkeit eingebüßt, entspricht heute dem Standard einer gehobenen amerikanischen Hotelkette. Das alte Imperial, von Frank Lloyd Wright in seinem frühen, bizarren Pavillon-Stil errichtet, ein Juwel der Architekturgeschichte, das mehrere Erdbeben und zahlreiche Bombenangriffe überlebte, wurde ein Opfer der Bodenspekulation. Das neue Imperial, ein hochmütiges Hochhaus mit über tausend Zimmern, überrascht jedoch durch eine erlesene Ausstattung. Die Teppichböden wie die Polster der Sitzgarnituren leuchten in einem satten Königsblau, harmonieren mit den kastanienrot polierten Hölzern der Stühle und Tische. Auch Kiyoshi musste sich sofort wohl gefühlt haben, denn kaum hatte ich die Klimaanlage reguliert, stand er schon nackt neben mir. Er hatte auch keine Probleme, sich ins Bett zu legen, sich um seine Achse zu drehen und sich von allen Seiten bewundern zu lassen. Als ich neben ihm lag, ließ er mich spüren, dass er sich in allen erogenen Zonen des männlichen Körpers vorzüglich auskannte, von den Zehen bis zu den Ohrläppchen. Nur eine unerwartete Zäsur erlebte ich, als Kiyoshi plötzlich aus dem Bett sprang, den Spiegel abhängte, ihn auf einen Stuhl neben dem Bett stellte. Er wollte nicht nur fühlen, er wollte auch sehen, wie sich unsere Körper begegneten.

Am nächsten Abend, ich hatte Martin gerade angerufen, klingelte es, Kiyoshi meldete sich am Telefon. Ob ich japanische Musik liebe, wollte er wissen. Ich liebe sie, war meine aufrichtige Antwort, wenngleich ich verschwieg, dass ich sie wohl kaum einen Abend lang ertragen könnte. Ich spiele dir etwas vor, sagte Kiyoshi, nicht auf dem Band, auf meiner Gitarre. Dann hörte ich einige Minuten ein zirpendes Geräusch, nicht unharmonisch, doch für meine ungeübten Ohren sehr monoton. Nach dieser Serenade, eine für mich ungewöhnliche Sympathiebekundung, fragte Kiyoshi, ob wir uns noch einmal sehen würden. Ich fragte zurück, ob er etwas Zeit mitbringen könne, um mir bei der Suche nach einem Geschenk zu helfen.

Noch einmal wurde der Spiegel abgehängt, und dann zogen Kiyoshi und ich durch die luxuriösen Warenhäuser entlang der Ginza, Tokios teuerster Einkaufsmeile. Doch Manekineku, die Glück bringende Katze mit der erhobenen Pfote, die ich Martin mitbringen wollte – wir fanden sie nur als Serienproduktion, Porzellan, grell bemalt. Wir sahen nur ein einziges Exemplar in der traditionellen Machart, gepresste Pappe, handbemalt, und das war ein Ausstellungsstück, unverkäuflich. Enttäuscht kaufte ich für Martin eine Brieftasche aus hauchdünnem Leder.

Als Dank für seine Begleitung lud ich Kiyoshi zu Tempura ein, inzwischen auch im Westen sehr populär: Fischfilets, leicht paniert und frittiert, angeblich von christlichen Missionaren für die Fastenzeit empfohlen. Kiyoshi sah mir lachend zu – so gut kannten wir uns inzwischen –, wie ich die Reste des Reis zu kleinen Klumpen formte, um sie besser mit den Stäbchen essen zu können. Einige Körner blieben dennoch in der Schale. Du musst nicht jedes Reiskorn essen, erklärte mir Kiyoshi, aber alle mit den Stäbchen zu einem kleinen Häufchen zusammenführen – diesen Respekt schuldet jeder dem Reiskorn. Dann klatschte er dreimal in die Hände: Kellner, Goldfische und selbst Götter, falls man vor einem Shinto-Schrein steht, darf man durch mehrmaliges Händeklatschen herbeirufen.

Denke ich heute an Kiyoshi, dann wird sein Bild von einem anderen Kiyoshi überschattet, einer Figur aus dem klassischen Film Yasujiro Ozus, ›Abschied in der Dämmerung‹. Dieser Kiyoshi ist weder schwul, noch lebt er in einer Großstadt, doch sein Körper ist von einer ähnlichen, einschmeichelnden Männlichkeit und von jenem stillen Trotz, der sich erstarrten Konventionen widersetzt und darauf besteht, das eigene Leben zu leben.

Die Flohmarkt-Bibliothek

MR. Zehn Jahre war ich alt, als meine Patentante mir ein Buch schenkte, dem ich wohl das verdanke, was man eine frühkindliche Prägung nennt. Es hieß ›Die Reise ins Bücherland‹ und war, vom Verfasser selbst, wunderbar illustriert. Der Name des Autors, Ernst Penzoldt, der damals schon so eigenartige Bücher wie ›Der arme Chatterton‹, ›Kleiner Erdenwurm‹ oder ›Idolino‹ veröffentlicht hatte, in denen schöne traurige junge Männer die Hauptrolle spielen, sagte mir noch nichts, aber seine Geschichte und seine Bilder ließen mich nie mehr los. Es ging um einen kleinen Jungen, der nachts im Traum auf einem Buch, das sich ihm wie ein fliegender Teppich oder wie ein riesiger Schmetterling darbietet, ins Bücherland entführt wird, wo er mit seinem geliebten Hündchen märchenhafte Abenteuer besteht. Ich lebte mich derart in diese Welt hinein, dass ich sie fast als real empfand, darüber zum wahllosen Leser aller nur greifbaren Literatur wurde, vor der Pubertät nur mit Mühe Paul und Gottfried Keller auseinander hielt und selbst nach mählichem Erwachen meines kritischen Verstandes von dem Wunsch nicht abzubringen war, Buchhändler zu werden.

Wenigen Wochen der Wonne folgten drei Jahre arger Ernüchterung: Mir war, als würde ich aus dem Packkeller, der Buchhaltung und der Bestellabteilung nie wieder auftauchen. Der Wechsel zum Verlag, schon während des Besuchs der Buchhändlerschule in Köln heimlich betrieben, brachte nur teilweise Linderung. Erst als Hans meine Liebe zum Film weckte, sah die Welt anders aus, aber ich hatte nicht bedacht, dass auch er vom Bücherbazillus befallen war. Dabei hätte schon eine frühe Bemerkung mich hellhörig machen können. Es störe ihn einfach, meinte er, dass man im Kino nicht mal für Sekunden die Augen schließen dürfe. Da seien Bücher ganz anders, in denen könne man spazieren gehn, doch wenn man ihnen erst mal zeige, dass man sie liebe, sei man ihnen ausgeliefert, für alle Zeit.

In unseren Düsseldorfer Jahren, sieben immerhin, haben wir zwar kaum weniger gelesen als heute, aber dass Bücher auch sinnliche Wesen sind, kam uns damals kaum in den Sinn. Je mehr uns ein Buch bedeutete, desto ramponierter sah es am Ende aus. Adornos ›Minima Moralia‹ etwa, ohnehin nur in der broschierten Ausgabe, fiel zuletzt völlig auseinander. Erst Jahrzehnte später haben wir dann bei dem Antiquar Herbert Blank in Stuttgart für sattes Geld eine fast verlagsfrische gebundene Ausgabe erstanden. Bücher waren für uns in den frühen Jahren einfach Überlebensmittel und wurden oft nach der zügigen Lektüre, so jedenfalls viele Rezensionsexemplare, rasch wieder verkauft. Das hielten wir für doppelten Gewinn: Unser winziges Apartment wurde entlastet, die nächsten Altbierabende im Bobby waren finanziert. Dass so manche Erstausgabe von Böll, Grass, Johnson oder anderen für ein paar Mark verflüssigt wurde, es kümmerte uns nicht. Allein einer Art von Buch gaben wir auch seinerzeit schon die Ehre, und keineswegs nur, weil sie gemeinhin wenig Platz braucht: der Lyrik.

Nie werde ich den ersten Adventsbazar des YMCA in München vergessen, den wir zufällig besuchten, weil eine nette Nachbarin dort arbeitete. Bücher wurden ganz einfach nach Breite feilgeboten: pro Zentimeter, wenn ich mich recht erinnere, für eine Mark. Für Wolfgang Borcherts Versbändchen ›Laterne, Nacht und Sterne‹, 1946 erschienen als schmales Heftchen von grad neunzehn gezählten Seiten, zahlten wir also einen Groschen. Daheim, bei der Lektüre, bekam dieser Kauf durch die letzte Strophe des letzten Gedichts mit dem Titel ›Antiquitäten‹ dann noch eine besondere Würze: »Der Totenwurm in der Barockkommode/tickt zeitlos in den ausgedörrten Wänden./Betrübt summt eine Fliege ihre Ode,/das macht, sie hockt auf Schopenhauers dreizehn Bänden.«

Bald nämlich ging es uns, indes ohne alle Betrübnis, wie der von Borchert besungenen Fliege: Wir ließen keinen Trödelladen mehr links liegen, versäumten, wenn die Zeit es erlaubte, keinen Flohmarkt mehr, und das vor allem im Ausland. Natürlich blieb es nicht lange bei den feinen kleinen Heftchen, obwohl auch heute noch gerade sie es sind, die jäh das Jagdfieber entfachen. Mit der Zeit also schreckten wir auch vor dickleibigen Büchern und mehrbändigen Werken nicht zurück. Da kam schnell so manches Kilo auf die Waage: die erste Kafka-Ausgabe in sieben Bänden einschließlich der Biografie des Herausgebers Max Brod kommt halt nicht von selbst aus Prag nach München, und auch Klaus Manns Exil-Zeitschrift ›Decision‹, von Januar 1941 bis Februar 1942 in New York erschienen, ist mit ihren zwölf Heften kein Fliegengewicht. Das und weitaus mehr haben wir oft um die halbe Welt geschleppt, unserem geheiligten Prinzip des *travelling light* zum Trotz und nicht selten zur Verwunderung murrender Taxifahrer, die beim Hochstemmen des scheinbaren Mini-Gepäcks verdutzt fragten: Was ist denn da drin? Etwa Bücher? – worauf wir allemal *stone-faced* sagten: Gott bewahre! Goldbarren!

Anfang der achtziger Jahre kam dann, was kommen musste: Unsere Wohnung wurde zu klein, und während ich halb wütend, halb bewundernd auf die Regale starrte, entfuhr mir der Seufzer: Hätten wir doch lieber Briefmarken gesammelt! Hans starrte mich an, als hätte ich von Trennung gesprochen. Jetzt zeigte sich, dass wir auch noch nach Jahrzehnten durchaus zwei unterschiedliche Temperamente waren. Während ich, Beute düsterer Depressionen, mir schwor, nie mehr auch nur ein einziges Buch ins Haus zu tragen, stand für Hans schon fraglos fest, dass wir halt eine größere Wohnung brauchten. Die Wohnung in Haidhausen, die wir dann fanden und in der wir noch heute sind, gefiel uns nicht zuletzt deshalb, weil wir sie nach eigenen Plänen umbauen durften und weil der lange breite Flur, für andere ein Schreckgespenst und reine Raumverschwendung, uns für Bücherregale höchst willkommen war.

Doch irgendwann kommt jede Wohnung an ihre Grenzen, und jedem Büchersammler geht es irgendwann mal wie Buridans Esel, der sich nicht zwischen zwei üppigen Heuhaufen entscheiden kann. Angesichts der alphabetisch so eng benachbarten und poetisch so grundverschiedenen Herren Rilke und Ringelnatz beispielsweise haben wir uns als Sammler für Ringel entschieden. Es ist gewiss schön, den verehrungswürdigen Rilke in einer soliden Gesamtausgabe im Regal zu haben, uns erscheint es weit schöner, den wunderbar verrückten Ringelnatz mit etlichen seiner hinreißend bebilderten Erstausgaben jederzeit in die Hand nehmen zu können. Natürlich hat nicht selten auch unser Schwulsein eine entscheidende Rolle gespielt. Verschollene Bücher aus diesem Gebiet haben unsere detektivische Lust stets besonders gereizt: vergammelte Garagen in Rom, muffige Keller in Berlin, staubige Dachböden in Locarno, wir haben sie selbst bei hochsommerlicher Hitze nicht verschmäht.

Lange haben wir gesucht, bis wir ein gutes Exemplar von Bruno Vogels ›Alf‹ fanden, einer Inkunabel der Schwulen-Emanzipation, erschienen 1929. War die homosexuelle Belletristik jener Jahre gemeinhin auf einen pseudotragischen Ton gestimmt, der oft im Selbstmord des Protagonisten gipfelte, so rief der Anarchist Vogel mit seiner Erzählung zum offenen Kampf gegen jede Unterdrückung auf. Kein Wunder auch, dass ein anderes Buch, acht Jahre zuvor erschienen, gleich verboten wurde. Ich spreche von Busse-Granands ›Erotischem Komödien-Gärtlein‹, das der üblichen Sentimentalität und Düsterkeit gar einen heiter-frivolen Ton entgegensetzte und in einigen seiner Geschichten ganz unbeschwert davon erzählt, wie beglückend ein schwules Leben sein kann.

Aber nicht immer genügt Glück. Geldgeschäfte, Tauschgeschäfte, kein Sammler kommt je ganz daran vorbei. Um beispielsweise ›Die Schnupftabaksdose‹ unseres geliebten Ringelnatz zu erstehn – er nannte sich damals, 1912, noch Hans Bötticher –, muss man entweder bei einem prominenten Antiquar sehr viel Geld hinblättern oder jemanden finden, der seinerseits ein Rarissimum sucht. Zudem sind es in diesem Fall nicht nur Ringels verrückte Verse, die das Buch so begehrenswert machen, sondern ebenso die hinreißenden Zeichnungen von Richard Seewald. Wir fanden schließlich jemanden, der sich nach drei Heften von B. Travens seltener Zeitschrift ›Der Ziegelbrenner‹ verzehrte, an die wir zufällig geraten waren und von denen wir wussten, dass wir sie wohl nie würden komplettieren können. Nichtsdestoweniger wurde bei diesem Geschäft auf beiden Seiten zäh gefeilscht. Aber da kannten wir ja längst die Geschichte von dem berühmt-berüchtigten Magister Tinius, einem Pfarrer, der zu Beginn des 19. Jahrhunderts in seinem Bücherwahn gar zum Raubmörder wird. Immer wieder haben große Erzähler, wie zum Beispiel Gustave Flaubert, dieses Thema aufgegriffen. Und ist nicht selbst der wahnsinnige Bücher-Mensch Kien in Elias Canettis Roman ›Die Blendung‹ erschreckend genug?

Unsere eigene kriminelle Energie hält sich bis zur Stunde in maßvollen Grenzen und darf wohl eher unter dem Begriff *corriger la fortune* verbucht werden. Wir haben eine Visitenkarte, bei der unter unser beider Namen ›Literatur des 20. Jahrhunderts‹ steht. Das hat uns, im Ausland vor allem, schon bei manchem Antiquar zehn Prozent eingebracht, weil wir für Kollegen gehalten werden. Andere, wir mussten es erleben, kämpfen mit härteren Bandagen. Weil wir, wie schon erwähnt, im Laufe der Jahre auch unser händlerisches Talent entwickelten, bitten wir gelegentlich befreundete Antiquare oder auch so genannte Taschentandler ins Haus, denen wir Bücher verkaufen, die anderen, uns jetzt wichtiger erscheinenden, Platz machen sollen. Dabei sind wir einmal an einen Taschentandler geraten – das ist jemand, der sich vor allem als *go-between* zwischen Sammlern und Antiquaren versteht –, der unsere Bibliothek mit viel Geschick kräftig ausgedünnt hat, was uns jedoch erst nach Wochen auffiel, weil Hans gerade ein bestimmtes Buch brauchte. Selbst da dachten wir zunächst noch, es handle sich nur um zwei oder drei Titel. Das vermeintliche Päckchen aber, das der reuige Dieb nach dringlichen Vorhaltungen von Hans in einem benachbarten Ladengeschäft hinterlegte – wir wollten ihm die Beschämung eines persönlichen Treffens ersparen –, erwies sich als ausgewachsenes Paket. Was uns aber am meisten verblüffte, beinahe schon wieder rührte, war der beigegebene handgeschriebene und mit vollem Namen unterzeichnete Brief. Er habe, schrieb er treuherzig, mit diesen Büchern wirklich kein Geschäft machen, sondern nur seine eigene Bibliothek »ein wenig auftrüffeln« wollen.

Lässt sich so was noch als kurios verkraften, so gibt es auch Erfahrungen, die erschrecken. Auf einem Flohmarkt plötzlich Armin T. Wegners ebenso poetische wie politische Broschüre ›Der Ankläger. Aufrufe zur Revolution‹ mit der Einbandzeichnung von Ludwig Meidner in der Hand zu haben und dann von dem anbietenden älteren Ehepaar zu hören »So 'ne Sachen hatte Vater noch mehr, aber Mutter hat sie alle weggeschmissen!« – das tut weh.

Auf ganz andere Weise berührt waren wir vor langen Jahren einmal in Lissabon. In einem kleinen Urlaubsort an der Küste hatten wir in einem Hotel gewohnt, dessen Besitzerin eine emigrierte Berliner Jüdin war. Nachdem wir uns an ihren Schäferhund und ihre Verehrung für den damals noch lebenden Salazar gewöhnt hatten, wurde unser Verhältnis zunehmend herzlich. Wir verstanden zuletzt, dass sie Salazar dankbar war, auch wenn er nur den vermögenden Juden erlaubt hatte, in Portugal zu bleiben. Sie hatte uns inzwischen nicht nur als Schwule, sondern auch als Bücherfreaks enttarnt. Reichlich mit Adressen älterer jüdischer Damen in der Hauptstadt bedacht, schieden wir von ihr und trafen wenig später auf sehr liebenswürdige Frauen, die oft noch in ihrem Gründerzeitmobiliar lebten, das sie rechtzeitig ins Ausland gerettet hatten. Manche besaßen beachtliche Bibliotheken, von ihren Vicki Baums aber oder ihren Alfred Neumanns oder Jakob Wassermanns wollten sie sich auf keinen Fall trennen. Das war ihr Seelenbalsam, ihr Lesefutter, das Zuflucht bot vor der oft grauen und rauen Realität. Andere Bücher hingegen, Bücher, von denen wir zwar gelegentlich schon mal gehört, die wir aber noch nie gesehen hatten, lagen ihnen weniger am Herzen. Es waren meist Bücher, die nach 1933 in den so genannten Katakomben-Verlagen erschienen waren und oft schon die bedrängte Situation der Juden thematisierten. Ein Titel sei für andere genannt: Theodor Simons ›Erlebnis im D-Zug‹, mit den Bildern des expressionistischen Illustrators Michel Fingesten, erschienen 1936 im Verlag Kadem in Berlin. Es sind kleine Skizzen und kurze Geschichten mit so programmatischen Titeln wie ›Ich lerne Jüdisch‹ oder ›Erwachen der jüdischen Seele‹, und sie erzählen in meist lyrisch lockerer Form von einem assimilierten bürgerlichen Juden, der ganz wider seinen Willen mit seiner aktuellen lebensbedrohlichen Situation konfrontiert wird. Nein, nein, meinte recht heftig die alte Dame, bei der wir das Buch entdeckten und der Hans zu erklären versuchte, dass wir es ihr nicht leichtfertig wegnehmen möchten – nein, nein, sie sei eher froh, wenn es aus dem Haus sei, an »so etwas« wolle sie nicht länger erinnert sein. Da konnten wir uns, gleichermaßen beschämt wie beglückt, nur noch bedanken.

Es sind solche Begegnungen, die aus einem lockeren Freizeitvergnügen eine prägende Leidenschaft machen. Auf einer Auktion Thomas Manns ›Tod in Venedig‹ zu erstehn, bei einer

Antiquariatsmesse Ernst Blochs ›Spuren‹ zu kaufen, aus einem Katalog Iwan Golls ›Chapliniade‹ zu bestellen, das mag, wenn man die Mittel hat, durchaus Spaß machen, bringt aber wohl nie jene Adrenalin-Ausschüttung, die jeder verrückte Sammler – und andere gibt es ja wohl nicht! – gelegentlich braucht. Und wie jede Leidenschaft kennt natürlich auch das Büchersammeln die Kehrseite: den Frust.

Einmal, in Österreich, sind wir elend lang durch einen Laden geschlichen, weil es hieß, nur der augenblicklich abwesende Inhaber habe den Schlüssel zum Giftschränkchen, in dem ganz tolle Dinge zu entdecken seien. Giftschränkchen, das ist normalerweise das Synonym für jenes sorgsam verschlossene Hausaltärchen, in dem der Antiquar seine Erotika oder gar Pornografika aufbewahrt. Was uns aber hier erwartete, im heiligen Land Tirol, waren Memoiren-Bände aus den frühen fünfziger Jahren, verfasst von unbelehrbaren Militärs der Hitler-Wehrmacht oder unverbesserlichen Nazi-Größen. Leuchtenden Auges und mit dem grimmen Stolz eines ehemaligen Obersturmbannführers legte uns der Besitzer seine Schätze vor. Dass wir bestürzt schwiegen, hielt er am Ende gar für Ergriffenheit, und wir kamen uns schon sehr höflich vor, als wir wortlos den Laden verließen.

Wie geht ein Mann?

HS. Wieder einmal ging in Venedig ein Filmfestival zu Ende, und wer nicht gerade für eine Tageszeitung schrieb, erlaubte sich, müde zu sein. Ich saß auf der weitläufigen Terrasse des Hotels Excelsior, spürte die milde Luft des Septembertages und blickte gelassen auf die Wellen, die nahezu lautlos den Strand streichelten. Wer hier lange genug saß, der würde wohl von der Ruhe des Meeres etwas in sich aufnehmen. Martin und ich hatten unserem Gast nicht einmal einen Espresso angeboten. Dieser Gast, Klaus Brüne, Leiter der Spielfilmredaktion des ZDF, ist berühmt für seine unerwarteten Provokationen. Diesmal aber meinte er es ernst. Ihr beiden seid doch prädestiniert für diese Arbeit, sagte er lakonisch, als er uns eine Fernsehsendung über Männerbeziehungen im Spielfilm vorschlug, ihr kennt die Filme und ihr wisst, was Männer miteinander treiben.

Heute kaum nachvollziehbar, dass uns 1980 dieser Antrag die Sprache verschlug. Nie hatten wir aus unserem Schwulsein einen Hehl gemacht, es aber auch nie als Banner vor uns hergetragen. Nun sollten wir uns mit einer derartigen Sendung vor aller Welt outen. Gleichzeitig fühlten wir uns durch den Auftrag geschmeichelt, wir erbaten Bedenkzeit, sagten aber schon den Tag darauf zu.

Ein bisschen mehr Courage kann euch nicht schaden, frohlockte unser Freund Thomas. Er hielt uns für total verbürgerlicht, da er fast jede Nacht durch die Bars und Diskos fegte.

Wir hatten Thomas, der im Büro eines Filmverleihers arbeitete, während einer Pressevorführung kennen gelernt: ein agiler, schwarzhaariger Typ, dunkle, strahlende Augen, vielleicht eine versteckte Hysterie, aber das Flair eines Zwanzigjährigen, obwohl er schon Mitte dreißig war. Thomas war auch eine Maulhure: Blieben seine Streifzüge erfolglos, zog er sich zu Hause einen Pornofilm rein, seine reiche Sammlung durften auch wir bewundern. Seiner Mutter gegenüber verheimlichte er aber immer noch, schwul zu sein. Machen wir einen Deal, sagte ich, von Venedig zurückgekehrt, Martin und ich offenbaren uns vor dem deutschen Volk und du dich vor deiner Mutter. Thomas lachte nur.

Für unsere Sendung sichten wir über dreißig Spielfilme, sieben wählen wir aus, sogar zwei aus dem als intolerant geltenden England: ›Wie man sein Leben lebt‹ von Jack Gold mit John Hurt als kampfeslustiger Tunte und den Film ›Teufelskreis‹ von Basil Dearden mit Dirk Bogarde als schwulem Kronanwalt, der den braven Ehemann mimt, schließlich aber begreift, dass er mit seinem Versteckspiel nicht nur andere, sondern auch sich selbst ruiniert.

Einige dieser Filme eilen der Zeit voraus, sind hellsichtiger, als wir zunächst gedacht haben. Wir befürchten sogar, die Zuschauer zu täuschen: Beschränken wir uns auf Filmausschnitte, dann zeigen wir eine Welt der Schwulen, die viel freundlicher, viel hoffnungsvoller ist als die Wirklichkeit. Wie aber sieht der Alltag aus? Wir lassen einen KZ-Häftling mit dem rosa Winkel, Nummer 104888, berichten, der nur durch einen Zufall in Sachsenhausen überlebte, aber bis heute keinen Pfennig Entschädigung erhielt. Ein ehemaliger Redakteur der ›Westdeutschen Allgemeinen Zeitung‹ erzählt, er sei geschasst worden, weil ein Schwuler keine Jugendseiten redigieren dürfe. Versuche, schwule Richter oder schwule Offiziere zu einem Statement zu gewinnen, scheitern. So springen wir denn ins volle Menschenleben.

Wir bauen die Kamera in der Berliner Schwulenbuchhandlung ›Prinz Eisenherz‹ auf und diskutieren mit über einem Dutzend junger Besucher – von den Männern über vierzig, die bei der Vorbesprechung noch engagiert debattierten, ist keiner gekommen. Dominik Schulmeister, ein junger Apotheker, heizt das Gespräch mit einem literarischen Text an: »Ja, ich bin anders. Man hat mir gesagt, wie meinesgleichen sich bewege, nämlich so und so, und ich bin vor den Spiegel getreten fast jeden Abend. Sie haben Recht, ich bewege mich so und so. Ich kann nicht anders.« Großes Staunen, da sich dieser Text nicht auf Schwule bezieht, sondern auf Juden, ein Text aus Max Frischs ›Andorra‹. Befreiendes Lachen, als Klaus Lucas, dunkles Jackenkleid, knallrote Lippen, einen Schuh auszieht und selbstsicher erklärt, für ihn sei sein Gang keine soziale oder moralische Frage, er hänge allein von der Höhe seiner Stöckelabsätze ab.

Der Titel der Sendung wird lauten ›Wie geht ein Mann?‹. Sie beginnt mit Kolonnen marschierender Soldaten vieler Nationen, mit Bildern von Cowboys und Boxern, Leitbildern der Machos. Und dann fällt das Wort schwul, mehrere Male sogar. Große Aufregung im ZDF, das sei dem Zuschauer nicht zumutbar. So sind es denn wir, die schließlich für die Ansagerin unserer Sendung den Text schreiben, betont sanft, jedoch mit dem zentralen Satz: Das Wort schwul hat seinen diskriminierenden Charakter weitgehend verloren. Voller Selbstbewusstsein nennen sich junge Homosexuelle heute schwul. Nach der Ausstrahlung, dank des Themas mit hoher Einschaltquote, erreichen uns Glückwünsche und Beschimpfungen. Einer der Zuschauer, er scheut sich nicht, Namen und Adresse anzugeben, wünscht uns in die Gaskammer, ein Gruß aus Neuss vom 2. Dezember 1981.

Gut gemacht, meint unser Freund Thomas, mir gefiel am besten der spanische Anarchist in Pedro Oleas Film ›Ein Mann namens Herbstblume‹. Wie der vor seiner Erschießung ein letztes Mal zum Lippenstift greift, das hat mich einfach umgehauen. Aber ein so schöner Abgang, klagt Thomas, im Leben bleibt er ein frommer Wunsch. Ich habe mich gerade von Max getrennt, meinem blonden Studenten, den ihr ja auch kennen gelernt habt. Ich kann nicht mit jemandem zusammenleben, der mir ständig widerspricht, nur weil ich der Ältere bin. Martin kann ein Lachen kaum unterdrücken. Thomas wiegt sein Haupt und streicht mit der Hand betont langsam über sein T-Shirt, als hätten wir seinen flachen Bauch nicht oft genug bewundert, eine Geste, die wir kennen, vielleicht ein Zeichen seines angeschlagenen Selbstbewusstseins.

Kommt doch einmal vorbei! Nach Ende der Dreharbeiten hatten uns Dominik, der Apotheker, und sein Freund Ecco, ein Lehrer, eingeladen. In beiden, obwohl zwei Jahrzehnte jünger, sehen wir ein Spiegelbild unserer eigenen Lebensform: eine offene Zweierbeziehung, deren Partner aber immer solidarisch bleiben. Ihre gemeinsame Wohnung in der Johannisberger Straße gefällt uns auf Anhieb: raumhohe Bücherregale, hüfthoch mit Platten gefüllt, das Erkerfenster gleicht einem kleinen Gewächshaus, mannshohe Grünpflanzen, aber auch *magic mushrooms*, die einen abenteuerlichen Trip versprechen.

Während wir uns bei Rotwein und Käse gegenübersitzen, im Hintergrund die schwarze Stimme der Joan Armatrading, erlauben wir uns eine Frage, die uns schon seit einigen Tagen durch den Kopf geht. Wärt ihr bereit, in einem Dokumentarfilm über euer gemeinsames Leben mitzuspielen? Wir denken an ein Doku-Drama, in dem ihr euch selbst darstellt, ein schwules, bürgerliches Paar, kritisch und engagiert, zugleich etwas angepasst, wie wir beide es wohl auch sind. Unser Vorschlag, wir spüren es, kommt einem Überfall gleich, Ecco und Dominik zögern, sind leicht verlegen, doch am Ende unseres Gesprächs stimmen sie zu, ihre Abenteuerlust siegt.

Wir entwerfen ein Szenario, denn auch ein Dokumentarfilm braucht, bei aller Freiheit für spontane Einfälle, einen dramaturgischen Aufbau. In den Text fließen eigene Erfahrungen ebenso ein wie die von Ecco und Dominik. Die beiden Schwulen, wie wir sie skizzieren, sind keine Helden, aber auch keine Opfer der Verhältnisse, sie zählen sich zur alternativen Szene, schätzen aber auch ihren Besitzstand. So lassen wir den Lehrer ein Lied einstudieren, mit dem Boris Vian gegen den Kolonialkrieg in Algerien protestierte, das Lied ›Der Deserteur‹ mit dem unmissverständlichen Text »Ihr so genannten Herrn, müsst Ihr denn Blut vergießen, so lasst das eure fließen, ihr predigt das so gern«. Doch noch ehe die Klasse das Lied öffentlich vorträgt, die Schulleitung hatte mit Vertretern der Parteien eine Diskussion über Krieg und Frieden vorgesehen, überlegt der Lehrer, ob er nicht vorsichtshalber das Lied auf Französisch singen lässt. Angeregt wurden wir zu dieser Szene durch einen Vorfall am Gymnasium Steglitz: Anlässlich eines Friedenstages am 22. Oktober 1981 hatte die Schulleitung das Singen dieses Liedes verboten.

Wir versuchen Ecco und Dominik mit unserem Szenario vertraut zu machen, doch schon bei der zweiten Besprechung, in einer Pizzeria in der Uhlandstraße, kommt es zum Eklat. Beide sehen in der Selbstdarstellung eine Selbstentblößung, fühlen sich ausgezogen, sogar ausgebeutet. So kritisch, wie wir sie sehen, möchten sie nicht gesehen werden. Es fällt uns schwer, ihnen zu widersprechen. Damit ist unsere Idee, ein Doku-Drama zu drehen, gestorben.

Das Verhängnis nimmt seinen Lauf: Ermuntert durch Fördergelder der öffentlichen Hand wagen wir den Sprung vom Dokumentarfilm zum Spielfilm. Wir korrigieren einige Szenen unseres Drehbuches und engagieren für die Hauptrollen zwei junge Schauspieler, Klaus Adler und Stuart Wolfe. Beide haben nur Theatererfahrung, standen noch nie vor der Kamera: junge, unverbrauchte Gesichter, wie man so sagt, vielleicht ein Vorteil, aber nicht für uns, denen jede Erfahrung in Schauspielerführung fehlt. Drei Wochen, täglich über zwölf Stunden, stehen wir auf dem Set, mobilisieren unsere letzten Kräfte und sind stolz, den Drehplan nicht zu überziehen. Die Muster sind technisch top dank Michael Teutsch, unserem Kameramann, der schon für unser Fernsehfeature gearbeitet hat. Aber noch sind die Bilder ohne Ton, und wir merken nicht, dass unsere jungen Stars die Dialoge zelebrieren und sich nicht selten gespreizt bewegen. Wie sehr uns die Schauspielerführung misslang, begreifen wir erst auf den Berliner Filmfestspielen 1983, wo der Film unter dem Titel ›Eine Liebe wie andere auch‹ erstmals öffentlich gezeigt wird.

Hochgemut, vom Festival eingeladen zu sein, gehen wir zur Premiere. Zwei Stunden später flattern unsere Nerven. Das Publikum, vorwiegend schwule Besucher, buht unseren Film lauthals aus, und wir, eingeschüchtert, wagen in der anschließenden Diskussion nicht, in die Offensive zu gehen. Wie reuige Sünder bekennen wir, uns übernommen zu haben, doch viele Zuschauer reagieren schon deshalb verärgert, weil wir Schwule als brave Bürger zeigen: lieb, aber halbherzig. Richard Roud, der britische Filmkritiker, schreibt im ›Guardian‹: »Die Protagonisten sind bürgerlicher, als sie zugeben würden, und ebenso die Zuschauer, die den Film missbilligten, Calibane, in Wut geraten, als sie sich im Spiegel sehen.«

Nichts als Kummer und Freude hat der Mensch, so sagt es unsere Freundin Constanze. Drei Tage nach unserem Debakel liegt für unseren Film eine Einladung nach Los Angeles auf dem Tisch. L. A. ist uns nicht unbekannt, aber noch nie haben wir im Ambassador mit dem Coconut Grove übernachtet, dem berühmten Clubraum, in dem Ella Fitzgerald und Frank Sinatra auftraten, der jetzt aber leer steht, da mit hundert Tischen die heutigen horrenden Gagen nicht mehr zu finanzieren sind. Weitere Einladungen in die USA folgen, auf dem Festival von Chicago avanciert unser Film sogar zum Publikumsliebling: *audience choice*. Dieser Auslandserfolg kommt überraschend, beruht aber nicht auf Hexerei: Wer nur die englischen Untertitel liest, nicht dem gesprochenen Dialog folgt, dem entgehen viele Schwächen des Films.

Euer Film hat Macken, meint auch unser Freund Thomas, doch die Rolle des Paul hätte ich dennoch gerne gespielt. Martin und ich hatten dem schwulen Paar einen jüngeren Freund zugesellt, mit dem es einmal sogar ins Bett geht, den es aber nie ernsthaft an sich heranlässt. So wird denn Paul, der Chancenlose, der immer wieder am Egoismus dieser Zweierbeziehung zurückprallt, auf sich selbst zurückgeworfen. In einer Szene, die wir zu den gelungenen zählen, zappt Paul, einsam in seinem Apartment sitzend, durch die schöne Fernsehwelt, ruft dann mehrere Bekannte an, die er nicht erreicht, und flüchtet schließlich in seine Yoga-Übungen. Im Kopfstand meditierend, hört er mehrmals sein Telefon, doch jetzt sind ihm die Anrufer gleichgültig. Unser Freund Thomas mault, die engen, weißen Jeans hätten auch mir gut gestanden, und diesen Kopfstand bring ich locker mit und ohne Hose.

Im Sommer 1990 läuft unser erster und letzter Spielfilm im ZDF: Das Thema ist längst keine Sensation mehr und die Einschaltquoten mit 4,2 Prozent für ein Spätprogramm gerade noch befriedigend. Unser Freund Thomas hat sich inzwischen seiner Mutter offenbart. Sie hat geweint, beichtet er uns, aber nicht, weil ich schwul bin, das habe sie seit Jahren geahnt, sondern weil ich ihr endlich Vertrauen geschenkt habe.

Lorbeer für den Verlierer

MR. Es ist zehn Uhr abends. Der Autoverkehr in der Rue d'Antibes hat kaum abgenommen, der Abgasgestank, der die laue Mailuft schwängert, hängt lähmend unter dem Tonnengewölbe der Bar, an der zahlreiche Gestalten lehnen, angestrengt um Lässigkeit bemüht, Männer zwischen 16 und 60, teils Freier, teils Stricher, aber das sieht nur, wer es weiß. Mit seinem gnädig gedämpften Licht, seiner betont beiläufigen Einrichtung könnte dieses schlauchartige Lokal ein Nachbarschaftsladen sein wie zahllose andere hier an der Côte d'Azur, ein nostalgisches Relikt aus den fernen zwanziger Jahren, als Schwulentreffpunkte noch auf Diskretion setzten. Wer immer an dieser Bar vorübergeht, deren Name gleich zweimal mit einem Z aufwartet, nimmt sie kaum wahr, obwohl sie unmittelbar an der belebten Einkaufsstraße von Cannes liegt, schräg gegenüber dem hohen fünfstöckigen Hotel Splendid, das schon seit dem Jahre 1873 auf den alten Hafen blickt.

Doch Kenner und Liebhaber dieser Bar gab es immer schon, und bereits 1931 schrieben Erika und Klaus Mann in ihrem ›Buch von der Riviera‹: »Wer kleine Kneipen mit einem etwas speziellen Einschlag gern hat, kann an dem Platz hinterm Hafen die Zanzi-Bar suchen, ein ganz gemütlicher Keller; aber er verspreche sich keine Wunderdinge.« Keller? Wieso Keller? Hat die Bar früher vielleicht einen anderen Standort gehabt? Seit mehr als einem Vierteljahrhundert jedenfalls liegt sie, wo sie jetzt liegt. So lange nämlich kommen wir in jedem Mai an manchem Abend hier vorbei, ohne sie je betreten zu haben. Nun könnten wir uns in die Brust werfen und behaupten, dafür hätten wir auch nie Zeit gehabt, denn Cannes, so verlockend der Name auch klingen mag, sei für uns schließlich nie ein Abenteuerspielplatz gewesen, sondern ein Ort der Arbeit. So oder ähnlich könnten wir sagen, doch es wäre bloß die halbe Wahrheit. Selbstverständlich haben wir andere einschlägige Etablissements wie die Bar Basque, inzwischen gibt es sie nicht mehr, immer schon besucht. Es muss, so merkwürdig es ist, wohl wirklich eine Art Scheu gewesen sein, die uns bis heute hinderte, die Zanzi-Bar zu betreten.

Jetzt endlich, Mitte der neunziger Jahre, haben wir uns dazu entschlossen, zumal fraglich ist, ob wir im nächsten Jahr wieder hier sind. Es gibt, wir entdecken es aufs Neue, ein Leben jenseits der Leinwand und außerhalb des Kinos. Entscheidend kommt hinzu, dass die Zanzi-Bar für uns seit der Veröffentlichung der Tagebücher von Klaus Mann einen neuen Nimbus hat. Zweimal wird sie, und zwar in den letzten Tagen seines Lebens, als er hier in Cannes wohnte, erwähnt. Am 16. Mai 1949 heißt es: »Zanzi-Bar: Louis.« Am Tag darauf notiert er: »Louis bleibt über Nacht.« Und am 20. Mai, einen Tag vor seinem Selbstmord – und dies ist die letzte Tagebucheintragung überhaupt! – steht nur noch zu lesen: »22 h: Louis (Zanzi-Bar).«

Wer nun dieser Louis war, hat keiner von Klaus Manns Biografen bis zur Stunde herausgefunden. Uns, die wir jetzt mehr als vierzig Jahre später hier am Tresen hocken und unseren Whiskey on the rocks warm werden lassen, scheint es im Übrigen auch nicht so wichtig. Weit mehr bewegt uns die Frage, ob Klaus Mann nicht aus dem Leben gegangen wäre, wenn er an jenem Abend jene Zuflucht gefunden hätte, die er offenbar suchte. Dass seine Selbstmordversuche niemals nur einen einzelnen Grund hatten, weiß jeder, der sein Werk und sein Leben kennt. In der ersten zweisprachigen Einzelausgabe seines großen letzten Essays ›Die Heimsuchung des europäischen Geistes‹ hat auch Hans in seinem Nachwort darüber nachgedacht. So ist es nur natürlich, dass wir auch jetzt daran denken, während wir das Kommen und Gehen der Gäste registrieren, die uns zwar kurz taxieren, sich aber abschätzig abwenden, wenn sie merken, dass wir ein Paar sind. Dies hier ist eine Börse, scheint ihr Blick zu sagen, kein Platz für Paare.

Ich sehe Hans an, der nicht ohne Wohlgefallen einen als Matrosen aufgemachten jungen Mann mustert, der ihm gerade einen sehr langen, sehr interessierten Blick schenkt und mich dabei demonstrativ übersieht. Ja, wir sind ein Paar, das ist unsere Chance, aber auch unser Problem: ein Problem, das Klaus Mann nicht gekannt hat. Aus seinem frühen Verlangen nach dem Schulfreund Uto, aus seiner Freundschaft mit René Crevel, aus seiner Liebe zu Thomas Quinn Curtis, aus all diesen oft stürmischen Begegnungen ist nie eine Partnerschaft erwachsen.

Hätte Louis, wer immer das gewesen sein mag, ihn vielleicht davon abhalten können, diesmal dem schon so oft geäußerten Todeswunsch nachzugeben? Geht einer aus dem Leben, weil ein feiger Verleger im Nachkriegsdeutschland aus Rücksicht auf Gustaf Gründgens den ›Mephisto‹ nicht herausbringen mag? Weil ein egoistischer André Gide mit einem hochmütigen Telegramm eine hilfreiche Aussprache verweigert? Weil das Geld alle ist? Weil die Droge das Hirn zu vergiften droht? Weil Bruder und Schwester draußen im Hafen auf ihrem Schiff wegen des Unwetters nicht zu erreichen sind? Ich habe beim Lesen der letzten Seiten des Tagebuches, wo ständig mit bangem Lamento vom großen nie enden wollenden Regen die Rede ist, stets an ein Lied denken müssen, das Ella Fitzgerald oft gesungen hat: *Into each life some rain must fall, but too much has fallen in mine …*

Ich würde jetzt gerne noch einen Whiskey trinken und biete Hans an, den Matrosen, der sich anschickt, die Bar zu verlassen, doch mal auf seine Echtheit zu prüfen. Wie ein Stricher wirkt der Junge nicht, da würde Hans auch nicht mitspielen, das erlaubt ihm seine Eitelkeit nicht und auch nicht sein Geiz. Wir können uns ja um Mitternacht wieder treffen, in der Kneipe hinterm Grand Hotel, wo schon ab elf viele Kollegen herumhängen; auch dies eine Art Börse, für jene vor allem, die wissen wollen, ob sie am nächsten Morgen vielleicht mal ausschlafen dürfen. Die Mitarbeiter der Tageszeitungen, die bereits in einer Spätvorstellung den ersten Film des nächsten Tages gesehen haben, verraten gerne, ob das Anschaun lohnt.

Hans findet meinen Vorschlag so unmoralisch nicht, während mir, im Augenblick jedenfalls, die euphorisierende Wirkung des Alkohols durchaus genügt. Es gefällt mir, noch eine Weile an Klaus Mann zu denken, den ich nie als jene tief unglückliche Gestalt sehen kann, die oft aus ihm gemacht wird. Mir hat die Radikalität, mit der er sich allen Widersprüchen des Lebens illusionslos ausgesetzt hat, immer imponiert, nicht zuletzt natürlich, weil er sich als Schwuler schon so früh offenbar gemacht hat. ›Der fromme Tanz‹, sein ›Abenteuerbuch einer Jugend‹, erschien 1926, ein Jahr, nach dem sein Vater Thomas in seinem Essay ›Über die Ehe‹ Homosexualität noch mit »Flatterhaftigkeit« und »Zigeunertum« gleichsetzte und sich damit kräftig selber was in die Tasche log. Mag wohl sein, dass Klaus, eben wegen seiner Illusionslosigkeit, auf der Verliererseite stand, aber auch das sollte es geben: Lorbeer für den Verlierer!

Ich trinke meinen Whiskey aus und zahle. Noch ist es Zeit, in eines der Kinos zu gehen, die rechts und links die Rue d'Antibes säumen und jetzt, während des Festivals, von Produzenten aus aller Welt mit Filmen beschickt werden, die im Rahmen des Wettbewerbs und seiner zahlreichen Nebenveranstaltungen keinen Platz gefunden haben. Auf diesem Markt sind gelegentlich immer noch Entdeckungen zu machen. Aber was heißt schon Entdeckungen? Vor allem nach Kasse muss er schmecken, der Film, mehr noch, nach Einschaltquote. Dem

Gewinner der Goldenen Palme wird seine künstlerische Qualität vielleicht noch nachgesehn, ansonsten ist sie inzwischen eher hinderlich bei der Ausstrahlung. Primetime-Futter wird verlangt, und die Zahl der Sender, die danach hungert, wächst rapide. Ob wir einen Film hervorragend finden oder überflüssig: Das eine wird nicht heißen, dass man ihn nimmt, das andere nicht, dass man ihn ablehnt. Vorbei die Zeit der handverlesenen Filme, lange vorbei, und so sind denn auch wir überflüssig geworden.

Doch nicht nur wir huldigen der Nostalgie. Trifft man in einer Kneipe zwei Kollegen, Münchner beispielsweise, die man in München so oft nicht trifft, so redet mindestens einer davon, wie toll es doch früher war, als man noch Zeit für Ausflüge ins Hinterland hatte und nachts nackt baden ging. Ich erzähle, dass ich grad aus der Zanzi-Bar komme: erstmals. Frauke Hanck, liebe alte Freundin, will es nicht glauben. Ein schwuler Schuppen, fragt Peter Schröder. Davon habe er noch nie etwas gemerkt! Aber das will bei Peter nichts heißen. Er merkt so was erst, wenn er unmittelbar als schwuler Bär angesprochen wird, der er nicht ist. Ob ich mit ihm, Frauke und seiner Frau Iduna noch auf ein Glas Wein nach oben gehen will, er habe die Steherei satt. Nach oben, das heißt in das großzügige, auf Kirchs Kosten gemietete Appartement im Grand Hotel, das vielen Freunden und Kollegen während des Festivals oft als Rettungsanker dient: vom brandeiligen Fax, auf das irgendwo ein Redakteur wartet, bis zum gesuchten Ticket einer überbuchten Sondervorführung – Iduna und Peter bieten Rat und Hilfe.

Ich bedanke mich artig und sage, dass ich noch auf Hans warte, nach dem diskreterweise niemand fragt. Wenig später kreuzt er auf, vergnügt pfeifend, nicht, dass man eine bestimmte Melodie erkennen könnte, aber ich weiß jetzt, dass er auf dem Weg zum Leuchtturm nicht nur platonischen Nachtschwärmern begegnet ist. Dass er ein kurzweiliges Glück gefunden hat, er muss es mir nicht erzählen, ich kann es ihm ansehen. Es macht ihn für mich noch begehrenswerter, so gehen wir lieber gleich in unser Hotel, Fortsetzung folgt.

Ob uns die Festivals fehlen werden, wenn wir mal aufhören? Venedig vielleicht, meint Hans. Natürlich, auch wir rationalisieren, auch wir reden uns mal was schön und entdecken die Mängel vor allem jetzt, da ein Ende absehbar ist. Aber das Meer, sage ich. Ja, das Meer ist immer noch blau, und morgen wollen wir endlich auch das Grab von Klaus Mann besuchen.

Der Bus, der sich vom Bahnhof aus die Avenue de Grasse hochschlängelt, braucht etwa sieben Minuten bis zum Cimetière du Grand Jas und hält fast genau gegenüber dem Eingang zu diesem Friedhof. Der Mann in der Portiersloge, den wir nach dem Grab fragen, antwortet mit einer Gegenfrage. Ob wir im Auftrag jener Dame kämen, die vor einer Woche angerufen und sich für morgen mit einer kleinen Gruppe angesagt hat. Nein, davon wissen wir nichts, aber der Mann mit Sonnenbrille und goldknopfbesetztem Blazer, der fast wie eine Uniform wirkt, lässt es sich dennoch nicht nehmen, uns zum Grab zu begleiten. Der Weg führt zunächst eine zypressengesäumte Allee entlang, wie sie van Gogh gemalt haben könnte, nach einigen Wendungen sehen wir rechts das Carré de Verdun, zwei Reihen mit Kriegsgräbern, deren Kreuze zumeist die Form von Schwertern haben. Die Spitzen sind wie Pfeile in den Erdboden gerammt, peinliches Pathos, überraschend kontrastiert von einem anderen, nahezu schmucklosen Gräberfeld, dessen Mitte von einem schlichten Marmorkreuz beherrscht wird: *Aux victimes civiles de la guerre. 11-XI-1943.* Zum Carré 16, wo Klaus begraben liegt, sind es nur noch wenige Schritte. Ein übermannshoher kräftiger dunkelgrüner Busch, zurzeit übersät mit Dolden, die kleine weiße fünfblättrige Blüten tragen, lässt den Grabstein fast verschwinden. Der Spruch aus dem Lukas-Evangelium, Kapitel 9, Vers 24, den sich der Tote schon zu Lebzeiten selber ausgesucht hat, er ist nur noch schwer zu lesen: »Denn wer sein Leben erhalten will, der wird es verlieren; wer aber sein Leben verliert um meinetwillen, der wird es erhalten.« Auf dem Grabstein steht dieser Spruch auf Englisch, aber der Hinweis auf den Sohn Gottes fehlt.

Neben dem Grabstein, nur wenig größer als jene Schiefertafeln, wie sie Erstklässlern früher zum Schulbeginn geschenkt wurden, lehnt ein brauner Stein, auf dem in schwungvollen Zügen das Wort UNVERGESSEN eingeritzt ist. Wir nehmen den Stein hoch und drehen ihn um. Da steht, handgeschrieben: Berlin 1993. Es folgt ein Kürzel, das wir leider nicht entziffern können. Bewegt treten wir ein paar Schritte zurück, und erst jetzt sehen wir, dass unter dem blühenden Busch viele einfache Feldsteine liegen, wohltuende Unordnung ausstrahlend. Das Grab der Friedlander/Luppi links, das der Cauvin/Cavalli rechts, mit ihren graublau marmorierten und glänzend polierten Platten: Sie unterstreichen nur, wie schlicht die Grabstätte von Klaus Mann ist.

Hans bricht eine Blütendolde ab, ein Blumenladen in der Stadt wird uns sagen, wie der Busch heißt, der Klaus Manns Grab so anmutig verwandelt hat. Entspannt schlendern wir über den Friedhof, der seinem Namen sehr gerecht wird. Das Kino, es kann uns im Augenblick gestohlen bleiben. Schönstes interesseloses Wohlgefallen erfüllt uns. Ob es wohl richtig war, dass wir, dem Beispiel unserer alten Freundin Constanze folgend, unsere Körper schon vor Jahren der Anatomie vermacht haben? Unsere Freundin Barbara Bronnen zeigte sich eher verstört. Als sie, eine Weile später, ein Buch über Grabstätten schreibt, das den herausfordernden Untertitel trägt ›Warum ich für mein Leben gern auf Friedhöfe gehe‹, lässt sie es uns auch namentlich spüren. Andere Freunde sehen unseren Entschluss ähnlich. Plötzlich stehen wir als Bürgerschreck da, als wollten wir uns feige davonstehlen aus dem Leben. Dabei wollen wir doch nichts anderes als dem entgehen, was im Französischen, weit treffender als im Deutschen, *pompes funèbres* heißt, und eigentlich kaum dem Gedenken der Toten dient, sondern der

Selbstdarstellung der Überlebenden. An eine Feier zu Ehren des Toten denken wir aber durchaus. Wer immer von uns den anderen überlebt, wird ihm ein Fest ausrichten. Auch gegen ein Grab haben wir nichts, nur muss es nicht unbedingt eine eigne Parzelle sein.

Auf dem Waldfriedhof in München werden wir liegen, Gräberfeld 451. Eine obeliskartig sich nach oben verjüngende Säule schmückt den kleinen Platz unter schattigen Bäumen, und auf dem Stein steht: Die Toten lehren die Lebenden. Das hat uns gefallen, weit mehr als der Brief des Professors Wurzinger von der Anatomie, der sich für unseren »hochherzigen Entschluss« bedankt. Da kommen wir uns ja beinahe wie Zechpreller vor, denn mit pikanten körperlichen Gebrechen, die der Wissenschaft Rätsel aufgeben, können wir nicht aufwarten. Dass unser Herz links schlägt, unterscheidet uns von niemandem. Die Toten lehren die Lebenden – das hat uns gefallen, als wir damals, 1991, vom Gräberfeld 451 zum Ausgang Lorettoplatz gingen. Hans fing zu pfeifen an. Was soll das denn nun wieder sein, fragte ich. *Life can be so sweet*, sagte er, *life can be so sweet on the sunny side of the street.*

Auf der Hundefährte

HS. Nicht schon wieder! Meine Bitte, obwohl nicht schüchtern vorgetragen, verhallt ohne Wirkung. Von ALDI kommend, überqueren wir den Orleansplatz, wo sich zwei Hunde balgen, die Martin vergessen lassen, dass er einen schweren Karton mit Zwiebeln, Joghurt-Bechern und Milchtüten trägt. Siehst du, ruft er mir zu, während er stehen bleibt, das können wir Menschen von ihnen lernen: Der Unterlegene wird nicht gestupst, nicht gebissen, er darf tief durchatmen und sich wieder auf seine vier Beine stellen.

Nein, es ist keine Alterserscheinung, kein Anzeichen einer beginnenden Senilität. Schon seit zwanzig Jahren vergeht kaum ein Tag, und fast jeden Tag durchstreifen wir die Münchner Altstadt, an dem Martin nicht plötzlich stehen bleibt und spielenden Hunden zuschaut. Die kreatürliche Anmut dieser Viecher – er konzediert durchaus, dass es durch Menschenhand verdorbene Hunde gibt – lassen ihn die Umwelt nahezu vergessen. Unvermeidlich, dass er mich inzwischen angesteckt hat, dass auch ich heute Hunde beachte, die ich früher wohl gesehen, aber nie richtig wahrgenommen habe.

Die Einwände, die ich ihm und auch mir vortrage, verblassen von Tag zu Tag: dass Hunde abhängig sind und als Abhängige missbraucht werden, als Haussklave oder Spielzeug dienen oder gar als Accessoire, spazieren geführt wie eine teure Handtasche. Alle diese Vorbehalte habe ich fast verdrängt. Auch ich sehe mich zunehmend in der Rolle eines verliebten Beobachters, der die Rassemerkmale studiert und sich an den unterschiedlichen Reaktionen erfreut. Jeder Hund, so belehrt mich Martin, hat wie der Mensch einen eigenen Charakter, der eine fürchtet zum Beispiel Rolltreppen, der andere ersteigt sie freudig erregt, und wenn auch alle Hunde Schweinebraten lieben, so gibt es doch einige, die selbst Marmeladenbrötchen zu würdigen wissen. Noch lieben wir die Zweibeiner mehr als Vierbeiner, und ich denke, dass es immer so bleiben wird. Inzwischen aber kann ich Menschen verstehen, die sich in ihrer Einsamkeit an einen Hund klammern und ihm oft mehr Liebe schenken, als dem Tier gut tut.

Das Bild der sich balgenden Hunde verfolgt mich. Ich sitze auf der Couch in unserem Wohnzimmer, nähe einen Knopf an und höre, wie Martin in der Küche das Abendessen vorbereitet. Das Scheppern der Salatschleuder, das Zerhacken der Knoblauchzehen, es sind Geräusche, die mir vertraut sind, mich heute aber etwas nervös machen, da ich immer noch nicht weiß, was ich Martin zum Geburtstag schenken soll, und dieser Tag kommt schon in einer Woche auf uns zu. Sollte es diesmal vielleicht ein Hund sein? Seit je spielen Martin und ich die Geburtstagsmuffel, die diesen Tag nie feiern, weder Glückwünsche noch Geschenke erwarten, meist sogar verreist sind, um allen Zeremonien zu entgehen. Doch den Abend zuvor, genauer gesagt, die ersten Sekunden des neuen Tages, darf Martin mehr erwarten als einen Kuss, eine Umarmung. Eine Überraschung sollte es sein, ein Hund wäre die Sensation.

Die Fenster sind weit geöffnet, vom Hof höre ich das Plätschern des Brunnens, das Martin sogar den Rhythmen unserer Jazz-Platten vorzieht. Ein Hund würde diese Großstadtidylle wohl aufmischen, aber unser Hund wäre nicht der erste und einzige in diesem Ensemble von etwa fünfzig Wohnungen, die unseren Hof umschließen. Ein gelegentliches Bellen, warum nicht, aber selbst Hunde, die bellen, beißen mitunter, und wenn nicht uns, dann vielleicht unsere Bücher, die in allen drei Zimmern vom Fußboden bis zur Decke reichen. Aber selbst dieses Argument spricht nicht unbedingt gegen einen Hund: Jung genug ließe er sich erziehen, und gut erzogen würde er weder auf den Teppichboden machen noch die Bücher anknabbern. Nie bliebe er einsam in der Wohnung zurück, da wir uns endgültig vom Großen Leo getrennt haben, und falls wir privat verreisen, könnte er uns fröhlich begleiten, notfalls müsste er den Pensionsgast in einem Tierheim abgeben.

Quicklebendig müsste er sein, hüpfgesund, wie es Martin nennt, und dann sollte er noch eine gewisse Ähnlichkeit mit seinem Besitzer haben. Für den schwulen Friedrich, Friedrich den Großen, waren neurasthenische Windhunde die angemessenen Spielgefährten, der herrische Bismarck, der Eiserne Kanzler, möbelte sein Prestige mit einer majestätischen Dogge auf, für Martin aber wäre wohl eher ein Boxer der ideale Begleiter, ein hüpfgesunder.

Der Knopf ist längst angenäht, vielleicht könnte ich noch vor dem Abendessen im Badezimmer ein paar Polohemden einweichen. Das häusliche Einerlei verlangt schon einige Geduld, belohnt aber durch eine Nähe zum Alltag, die vielen Männern fehlt, die weder den Brotpreis kennen noch die Arbeitszeit, die das unvermeidliche Staubputzen kostet, so banal diese Tätigkeit auch sein mag. Vielleicht ist das einer der Vorteile einer Männerbeziehung, dass beide Partner sehr ähnliche Erfahrungen sammeln. Aber wie würde es ein Hund sehen, frage ich mich jetzt, würde er zwei Rudelführer als gleichberechtigt anerkennen? Ich höre, wie Martin zum Essen ruft. Morgen, Samstagmorgen, wenn er zum Flohmarkt eilt, eine schon rituelle Tour, auf der ich ihn nur noch selten begleite, morgen früh könnte ich das Münchner Tierheim aufsuchen. Hund oder nicht Hund, diese Frage lässt sich vor Ort wohl realistischer beantworten.

Auf der Suche nach Fehlern lese ich noch einmal die Seiten, die ich heute geschrieben habe, dieses merkwürdige Loblied auf Hunde, und ich fürchte, vielleicht doch einer sentimentalen Anwandlung zu erliegen. Davor bewahren könnte mich der 29-jährige Oberleutnant Winfried Stecher, er soll mich zurückführen in die so genannte raue Wirklichkeit. Schon seit Tagen blickt er mich herausfordernd an, stahlhelmbewehrt, aus einer alten Ausgabe der Schwulenzeitung ›Queer‹. Dieses Blatt, das ich als Unterlage benutze, ist längst durch Kaffeeflecken verschmutzt, doch die Augen Stechers blicken mich noch immer an. Der Oberleutnant war seiner Homosexualität wegen in eine Schreibstube strafversetzt worden, es muss für ihn, der als Mustersoldat galt, arg gewesen sein. »Auch die einhellige Unterstützung seiner Vorgesetzten und Untergebenen«, so lese ich in ›Queer‹, »half da nichts. Das Verteidigungsministerium blieb hart.« Damals hatte Stecher eine Beschwerde beim Bundesverfassungsgericht eingereicht, vielleicht darf er inzwischen wieder ausbilden.

Damals, das vergesse ich nicht, wollte ich dem Oberleutnant ein Fax schicken. Ich wollte ihn fragen, ob es ein Ziel der schwulen Emanzipation sein kann, junge Männer im Töten auszubilden, und das noch für fragwürdige Befriedungsaktionen. Aber dieses Fax schrieb ich ebenso wenig wie das Fax, das ich Außenminister Joschka Fischer senden wollte, als ihn der Farbbeutel eines Demonstranten traf. Ich wollte Fischer gratulieren, dass er nicht von einem Splitter jener heimtückischen Streubomben getroffen wurde, die tonnenweise auf Jugoslawien fielen, in einem Krieg, den die USA ohne seine Unterstützung wohl kaum gewagt hätten. Auch dieses Fax blieb eine Idee. Bequemlichkeit oder mangelndes Vertrauen auf das Gewicht der eigenen politischen Stimme?

Muss ich mich vor mir selbst verteidigen? Der Blick auf die Welt der Tiere, die ja auch, wenngleich oft erzwungen, unsere Weggefährten sind, schließt ein politisches Engagement doch nicht aus. Also: zurück zu den Hunden und beim nächsten politischen Ärger den Hintern bewegen!

Ich bin im Tierheim. Durch das Gitter blickt ein Hund mit müden, dunkelbraunen Augen, mittelgroß, graubraun gesprenkeltes Fell. Hart drückt er seine Schnauze gegen den Maschendraht, möchte begrüßen, möchte begrüßt werden, ich aber halte mich zurück, will die vagen Hoffnungen des Hundes nicht noch anheizen. Ein Zettel am Käfig informiert mich. Terrier-Mischling, geimpft, entwurmt, wurde von Rentnerin abgegeben, die ihn nicht mehr versorgen kann. Ein sympathisches Tier, denke ich, das schon bald ein neues Heim finden wird, doch dann lese ich die Altersangabe. Etwa zehn Jahre alt soll dieser schöne Mischling sein, ein schon betagter Hund. Wer aber wird sich an ein Tier binden wollen, das aller Voraussicht nach nur noch fünf Jahre leben wird? Wölfi, so ist sein Rufname, wird es nicht leicht haben, noch einmal ein zweibeiniges Leittier zu finden. Auch Wölfis Nachbar muss wohl viel Geduld aufbringen, bis er einen Herrn findet, ein Mischling auch er, vorwiegend deutscher Schäferhund, wie ich lese. Urlauber brachten ihn aus Spanien mit, verwildert, aber nicht aggressiv. Matt liegt er auf seiner Decke, sein Fell zeigt Narben, selbst bei Anruf hebt er nicht den Kopf. Einziger Pluspunkt dürfte seine Jugend sein und die Liebe des Deutschen zum deutschen Schäferhund.

Ich spüre eine gewisse Beklemmung, obwohl ich erst wenige Minuten in diesem Zwinger bin, in dem sich Käfig an Käfig reiht. Die Unruhe der Hunde wird für mich nachfühlbar. Ich versuche, nicht sentimental zu werden, sage mir, dass der Mensch mit seinesgleichen oft unwürdiger umgeht. Hier, im Tierheim München-Riem, werden die Obdachlosen ständig umsorgt: fast hundert überdachte Käfige stehen zu ihrer Verfügung, zwei bis drei Quadratmeter, verbunden mit je einem Auslauf von sechs Quadratmetern. Kinderzimmer sind oft nicht größer. Für mächtigere Hunde, Rottweiler, Dobermänner, gibt es sogar Freigehege mit einer Hundehütte. Afghanen, Bernhardiner oder Doggen finden sich nur sehr selten ein, dank ihres hohen Prestigewertes werden sie nicht ausgesetzt.

Einige Käfige weiter öffnet sich die Türe für ein glatthaariges wuseliges Geschöpf, das sich jeder Klassifizierung entzieht. Ein Mann legt ihm sofort die Leine an, wird ihn wohl zur Probe ausführen. Die beiden Mädchen, die den Mann begleiten, vermutlich seine Töchter, hüpfen vor Freude auf der Stelle, beugen sich dann zu dem Hund herunter, würden ihn wohl geküsst haben, wenn es der Vater nicht verhindert hätte. Obwohl angeleint, eilt der Hund den dreien fröhlich voraus. Ich aber bin immer noch so klug wie zuvor, vielleicht sollte auch ich mir einen Hund für einen Probelauf ausleihen.

In der Quarantäne-Abteilung hinterlege ich meinen Personalausweis. Diese Station muss jeder Hund durchlaufen: Hier wird er untersucht und geimpft, seine Vorgeschichte, soweit bekannt, notiert. Zur täglichen Pflege gehört auch der tägliche Auslauf, und der kostet Zeit. So bin ich denn ein willkommener Helfer, der für eine Stunde einen dieser Vierbeiner ausführt. Nicht weiter als drei Kilometer Umkreis, wird mir gesagt, und nie in die Nähe von Autos. Ein junger Schäferhund wird mir anvertraut, dem Gebiss nach, so höre ich, nicht älter als sechs Monate. Sein Besitzer lebt auch in einem Käfig, wegen irgendeines Deliktes zwei Jahre Gefängnis. Obwohl ich bei Schäferhunden immer an Hitler und seinen Leibhund denke, ist mir dieses Tier sofort sympathisch. Es scheint unverdorben zu sein, weder geduckt noch gedrillt. Wie in einem Freudentaumel springt es an mir hoch, und ehe ich mich versehe, spüre ich seine nasse Schnauze an meinem Mund.

Jenseits der Straße, auf einem Feldweg, lasse ich die Leine locker und sehe schon bald andere Gassigeher, die sich einen Hund ausgeliehen haben. Ein älterer Mann, vermutlich ist er jünger als ich, spricht mich an, bewundert meinen Hund und bedauert, sich nur einen kleinen Hund, einen Schnauzer, leisten zu können. Aber vielleicht, meint er, hat er für mich die richtige Größe, obwohl der Preis, zweihundert Mark für die Unkosten, für alle Hunde gleich ist. Doch ein größeres Tier würde sich in meinem Apartment nicht wohl fühlen. Ich vermute, dass dieser Mann auch ein Schwuler ist, dass er allein lebt und sich einen Lebensgefährten erhofft, anschmiegsam und zuverlässig. Ich nicke ihm freundlich zu, halte meinen Hund zurück, der auch ihm an den Mund springen will, und kehre langsam ins Tierheim zurück.

Mein Begleiter wird zunehmend unruhig, wirft sich auf den Rücken, jault und lädt mich zum Spielen ein. Ich gehe in die Knie, kraule Bauch und Kopf, und der Vierbeiner leckt wie zum Dank meine Hand. Ist es nur ein Spiel oder der Versuch, mich zu ködern, mich abhängig zu machen? Ich sehe vor mir eine Szene aus Francesco Rosis Film ›Christus kam nur bis Eboli‹. Der Schriftsteller Carlo Levi, während des Faschismus in ein Bergdorf verbannt, trifft einen heimatlosen Hund, der ein kleines Schild trägt: Ich heiße Barone. Wer mich findet, muss für mich sorgen. Dass ich jetzt an diese Szene denke, in diesem Augenblick, das stimmt mich nachdenklich. Ich bin doch anfälliger für die Körpersprache eines Hundes, als ich zunächst dachte. Martin wie ich könnten wohl kaum einen Hund, der unser Herz gewonnen hat, kühlen Kopfes in eine Pension geben. Das wäre Verrat. Auf unsere Reisen, so deformiert sind wir durch unseren Beruf, wollen wir aber auch nicht verzichten. Mich überfällt der Verdacht, dass unsere Zweierbeziehung viel zu egozentrisch ist, um einem Hund jene Aufmerksamkeit zu schenken, die er verdient.

Ich stehe wieder auf und reiße den Hund mit der Leine hoch. Bitte, keine weiteren Tricks, sage ich ihm, du bist nur für eine einzige Stunde mein Begleiter, mehr war nicht ausgemacht. Zwei Stunden später stehe ich in einer Buchhandlung am Marienplatz. Keinen Hund, aber vielleicht ein Hundebuch zu Martins Geburtstag. Das Angebot ist überwältigend, doch schließlich finde ich einen Titel, der mich anspricht, ›Klassehunde ohne Rasse‹, von Rolf Spangenberg, einem Tierarzt. Spangenberg rühmt den Mischlingshund, der oft intelligenter und weniger anfällig ist als reinrassige Hunde. Zugleich dient der Text als eine Art Hundeknigge, ich erfahre, wie ich einen Hund erziehe, wie ich ihn pflege.

Das Buch ist ein Treffer. Ich werde sogar etwas eifersüchtig, als Martin in der ersten Stunde seines Geburtstages mir die Bilder seiner Lieblingsmischlinge zeigt und mir laut vorliest: »Verhüten Sie also mit aller Macht die bösen seelischen Mangelerscheinungen, die durch zu wenig Hinwendung entstehen.« Die beiden Gläser Prosecco, mit denen wir anstoßen wollen, wir haben sie beinahe vergessen.

Kehrwiederliebe

MR. Noch wirkt der Trauerzug würdig. Hinter dem Sarg geht als Erster Karl, der letzte Lebensgefährte des Toten, gestützt auf Inge, seine alte Vertraute. Hans und ich folgen, hinter uns zahlreiche Freunde Karls, zahlreiche Freunde Michaels, der nicht mal fünfzig wurde, gestorben an Krebs, ziemlich plötzlich und doch preisgegeben einem Leiden, das anfangs nur ihn, zuletzt auch Karl tief gezeichnet hat.

Erst nach den Freunden kommen jene, die zur Familie zählen: Vater, Mutter, mehrere Brüder mit Anhang. Der lange hagere Vater lenkt den Rollstuhl der Mutter, die gleichermaßen zäh wie zerbrechlich wirkt. In all diesen Gesichtern steht weniger Trauer als Wut, sie kommen sich degradiert vor. Denn das immerhin hat Karl durchgesetzt: den toten Lover vor der falschen Liebe seiner Familien-Bande zu bewahren.

Allmählich aber entstehen Unruhe, Gedränge, Geschiebe, und mit Gewalt bahnen sich Michaels Brüder den Weg nach vorn. Dass der Weg zum offenen Grab jetzt schmaler wird, es feuert sie eher an. Dass ein paar Schwellen zu überwinden sind, es bringt sie erst recht in Fahrt. Wie im Endspurt, der den Sieg bringen muss, rollt der greise Vater die verbitterte Mutter an den anderen Trauergästen vorbei. Unwirsches Gemurmel, verhaltenes Kichern setzen ein, Slapstick-Stimmung kommt auf, es wäre zum Lachen, wenn's nicht zum Heulen wäre.

Michael kämpfte noch mit dem Tod, da meldete sich bereits

die Familie und bedeutete Karl, dass er bald zu verschwinden habe aus dem geräumigen Haus, dessen Besitzer Michael seit dem Tod seines ersten Lebensgefährten Theo war. Dieselbe Familien-Bande, die sich seit Jahren weder hören noch sehen ließ, urplötzlich hatte sie ihr Herz für den verlorenen Sohn und Bruder entdeckt, der jedoch nie daran gedacht hatte, je in ihren Schoß zurückzukehren. Das wurde auch, zum Entsetzen seiner Familie, bei der Testamentseröffnung absolut klar, brachte sie aber erst recht in Rage, und zuletzt – Gesetz ist Gesetz! – konnte Karl nur ohnmächtig zuschaun, wie sie mit dem Löwenanteil des reichlichen Erbes davonzog. Wie ganz anders war es doch zugegangen, dachten Hans und ich, als Theo starb. Theo hatte schon früh die Weitsicht gehabt, den sehr viel jüngeren Michael zu adoptieren. So war Michael nicht der Willkür der bundesdeutschen Justiz ausgesetzt, die sich bis zur Stunde weigert, selbst lebenslänglichen schwulen Beziehungen den Paar-Status zu geben.

Im Übrigen, ich will es nicht verschweigen, war die Beziehung zwischen Theo und Michael keineswegs ein immerwährender *honeymoon,* ja, wir haben nie ganz begriffen, was die beiden verband. Kaum vorstellbar, wie das gut gehn sollte: der laute, ganz vom Charme der dicken Männer durchdrungene Theo, der seine Ähnlichkeit mit dem Schauspieler Charles Laughton oft bewusst ausspielte und bei allem guten Willen sein Herrschaftsgebaren nie ganz aufgab; der schmale, leicht verletzt wirkende Michael, der hinter seinem Schutzschild aus Ironie davon träumte, ein Dichter zu werden und später ein engagierter Journalist wurde.

Dass gemeinsame Wünsche und Ziele dennoch mehr zählten als alle lustvolle Streiterei, das wurde offenbar, als Michael seinen Job als Redakteur einer Jugendseite bei der ›Westdeutschen Allgemeinen Zeitung‹ verlor, weil er, so die hanebüchene Begründung, als Homosexueller auf einem solchen Posten nicht tragbar sei. Da gründeten die beiden den Torso-Verlag, in dem bald ein polemisches Buch der katholischen Dissidentin Uta Ranke-Heinemann erschien, Theos und Michaels unmittelbare Nachbarin in Essen. Es folgte eine dreibändige Ausgabe der vergessenen oder verschollenen Bücher von Hans Siemsen, von der Kritik als mutige verlegerische Tat gepriesen, doch nur von wenigen Kennern gekauft. Vor allem aber steckten beide viel Geld und Energie in das Monatsblatt ›Torso‹, das eine neue Dimension ins schwule Zeitschriftenwesen bringen sollte. Nicht Konkurrenz zu so streitbaren Blättern wie ›homosexuelle emanzipation‹ oder ›Rosa Flieder‹ war gemeint, nicht hochmütiges Herabschaun auf gewisse Anzeigenblättchen, die als Nachtbeleuchtung bei sexuellem Notstand dienen: Das Traumziel war, politischen und kulturkritischen Anspruch kompromisslos und doch locker, ernsthaft und doch heiter mit Klatsch und erotischer Anmache zu amalgamieren.

Michael träumte, im Editorial der ersten Nummer lässt es sich nachlesen, von der Quadratur des Kreises. Immerhin aber hat er diesen Traum achtzehnmal gedruckte Wirklichkeit werden lassen. ›Torso‹ erschien vom Mai/Juni 1982 bis zum Dezember 1983, und wenn die Verleger schließlich das Handtuch warfen, dann weil ihnen die Schulden über den Kopf wuchsen. Es ist ihnen nicht gelungen, was leider auch sieben Jahre später nicht auf Dauer gelang, als in Berlin, gründlicher vorbereitet und mit mehr Geld und Personal ausstaffiert, die Zeitschrift ›Magnus‹ auf den Markt kam. Gehen kritische Standfestigkeit und kommerzieller Erfolg wirklich nie auf einen Nenner?

Nach Theos Tod blieb Michael nicht lange allein. Wechselnden Affären folgte die Bekanntschaft mit Karl. Er habe, gestand uns Michael, einen Mann gefunden, mit dem endlich mal wieder mehr möglich sei als nur Sex: Er habe sich verliebt, und eben davor habe er schreckliche Angst. Aber wieso denn, fragten wir. Michael druckste. Der Mann, der es ihm angetan habe, gestand er endlich, sei HIV-positiv, und er wolle einfach nicht sein Herz an jemanden hängen, mit dem er möglicherweise nicht alt werden könne. Theo verloren zu haben, sei schlimm genug, das alles noch einmal zu erleben, habe er nicht die Kraft. Wir schwiegen lange, dann redeten wir ihm zu, zuletzt sagte er bloß: Ihr habt gut reden!

Liebe, wer wüsste es nicht, kennt mancherlei List. Sie kann sich auch zeigen, wenn einer disziplinlos Auto fährt und der andere nicht aus der Haut fährt. Unsere erste Begegnung mit Karl fand im Auto statt, auf dem Weg von Köln nach Essen. Michael saß hinterm Steuer, das er lässig mit einer Hand hielt, während er auf Hans einredete, der neben ihm saß. Worum es ging, weiß ich nicht mehr, aber die Fahrtechnik kannte ich. Sie war früher Theos Domäne gewesen, eine Art motorisierter Herrenreiterei, nicht selten am Rand der Karambolage.

Jetzt Michael in dieser Rolle zu sehen, verblüffte mich, aber den ganzen Abend war er schon in übermütiger Stimmung gewesen. Die forcierte Ironie von früher hatte einer fast unbekümmerten Fröhlichkeit Platz gemacht. Seine Art, sich jäh vor der Welt zu verschließen, wo war sie geblieben? Er schien verwandelt, es musste an Karl liegen, der ihn ganz sanft dazu brachte, sich wieder aufs Fahren zu konzentrieren. Seine Sätze hatten in ihrer Gelassenheit fast etwas Beschwörendes. Ich, hinten neben Karl, sah auf Michaels verlorenes Profil, er schien zu lächeln. Mein Gott, dachte ich, er scheint seinen Schutzengel gefunden zu haben, und erleichtert lehnte ich mich zurück.

Dass also Karl etwas passieren könnte, damit mussten wir rechnen. Dass es dann Michael war, der tödlich erkrankte, daran hatte keiner von uns gedacht. Was die letzten Jahre mit Michael für Karl bedeuteten, konnten wir nur ahnen. Michael aber hatte sich seit ihrem Zusammenleben sichtbar verändert, war lockerer geworden, hatte gelernt, neben sich zu stehn, sich gehen zu lassen. Das Wichtigste aber: Er arbeitete wieder. Das Projekt einer größeren Untersuchung über Schwule unterm Faschismus, endlich wurde es wieder aus der Schublade geholt. Langsam kam auch die Lust auf Literatur zurück, Lust auf Lyrik sogar, und eines der Gedichte, das dieser neu erwachten Lust entsprang, möchte ich zitieren, weil es zeigt, wie anders er jetzt die Welt sah:

Nichts ist für immer.
Vorbei dein Staunen am Morgen,
vorbei dein Lächeln am Abend,
vorbei deine Hand in der meinen,
vorbei mein Mund auf dem deinen.

Dein Staunen am Morgen,
dein Lächeln am Abend,
deine Hand in der meinen,
mein Mund auf deinem,
nichts ist für immer vorbei.

Und wie soll es heißen, fragten wir, einigermaßen verlegen. Kehrwiederliebe, sagte er, sichtbar stolz. Dass dem früheren Überschwang an Skepsis nun ein solcher Überschwang an Weltvertrauen folgte, es verstörte uns, und wir sagten es ihm. Aber die Form, sagte er bloß. Seht ihr denn nicht, welche Form ich dafür gefunden habe? Wir blieben dabei, dass man das Zusammenleben von Menschen wohl nicht einfach wie ein Stück Natur, nicht einfach ritornellenhaft begreifen kann: Frühling, Sommer, Herbst und Winter, und heißa, schon ist der Frühling wieder da!

Jäh brach seine alte Verletzlichkeit wieder auf, brüsk verließ er das Zimmer, eine Weile hörten wir nichts mehr von ihm, bis seine Krankheit uns wieder zusammenbrachte. Dass ein Wiedersehn schmerzlicher sein kann als ein Abschiednehmen, wir lernten es in dieser Stunde – er war schon vom Tod gezeichnet. Karl aber, selbst seit langem und auf Dauer gefährdet, gab Michael bis zuletzt das Gefühl, nie einsam zu sein. Dabei verfiel er sichtbar, fand aber schon wenige Monate nach Michaels

Tod zu jener delikaten Balance zurück, die wohl entsteht, wenn einer lernt, seinem Körper nie ganz zu trauen und sich doch auf ihn verlassen zu müssen. Er, wie alle anderen in seiner Situation, lebt tagtäglich, was ein ebenfalls Betroffener, der Schriftsteller Mario Wirz, einmal so formuliert: »Das Ende der Illusionen ist noch lange nicht das Ende des Glücks.«

Etwa ein Jahr nach Michaels Tod erlebten wir Karl erstmals in Begleitung eines gut aussehenden Mannes, der ihn fast um einen Kopf überragte, den er aber dennoch beharrlich Kleiner nannte, denn der Mann hieß ebenfalls Michael, und diesen Namen brachte Karl einfach noch nicht heraus. Von diesem Michael, einem Hamburger, erfuhren wir, dass sie sich in einem Sanatorium kennen gelernt hatten und dass er ebenfalls HIV-positiv sei.

Sie sahen gut aus, die beiden, wie sie uns da gegenübersaßen im Pepi, dem italienischen Restaurant in Köln unweit vom WDR. Auch waren sie beide unübersehbar jünger als Hans und ich und haben Chancen, zusammen alt zu werden. Meine Beklemmung aber ließ mich erst los, als ich an das Gedicht des toten Michael dachte, das wir ihm so verleidet hatten. Können wir Menschen einfach nicht anders, als immerzu hoffen?

Ich verlor mich in meinen Gedanken, bis Hans mich anstieß, weil Karl fragte, ob er einladen dürfe. Wir sagten danke und was man so sagt: Das nächste Mal sind wir dran. Karls neuer Freund widersprach, er wolle uns unbedingt in Hamburg bekochen. Wir kamen, und wir wurden wunderbar bekocht, und die beiden sprachen von ihren Urlaubsplänen. Nach Amerika wollten sie, inzwischen waren sie dort, jetzt pendeln sie ständig zwischen Hamburg und Köln. Noch hat zwar jeder seine eigene Wohnung, doch weitere Pläne werden gemacht. Es geht ihnen gut, verhältnismäßig sehr gut: Kehrwiederliebe!

Vollmilch und Bitter

HS. *Buongiorno, cari amici!* Signorina Raffaela beugte sich zur Begrüßung weit über den Tresen des Albergo Rigel, eines kleinen Hotels am Lido, das wir während der Filmfestspiele in Venedig viele Jahre aufsuchten. Wie die meisten unverheirateten Italienerinnen legte Raffaela Wert darauf, Signorina genannt zu werden, obwohl in meinen Ohren das Wort Signora viel respektvoller klingt, und die Jungfräulichkeit, glaubhaft oder nicht, das Ansehen einer Frau nicht länger bestimmen sollte. Die überaus freundliche Begrüßung galt jedoch nicht uns, sondern zunächst unseren beiden Lederkoffern, die uns seit Jahren begleiten, sich nur in der Nuance des Brauntons unterscheiden und in einigen Hotels fast wie zwei Lebewesen respektiert werden.

Dank ihrer bescheidenen Größe könnten wir sie, wie es Kurt Tucholsky im ›Schloss Gripsholm‹ mit der Reisetasche seiner Freundin tat, Dackel nennen, doch wir tauften sie Vollmilch und Bitter, und wir blieben dabei, wenngleich sich im Laufe der Jahre die Farben etwas angeglichen haben. Längst sind sie älter, als ein Dackel je werden könnte. Wir kauften sie 1971 in Rom, das Datum lässt sich an der Filmografie Joseph Loseys überprüfen, es war am Tage der enttäuschenden Preview seines Films ›Die Ermordung Trotzkis‹.

Da ich schon von den Personalien unseres Gepäcks rede: Mit ihren Maßen 45 × 30 × 20 Zentimeter sind diese Zwillinge überall willkommen, ideal im Flieger, da sie sich dort notfalls sogar unter dem Sitz verstauen lassen. Gewiss, sie haben Kratzer und Beulen erleiden müssen, ähnlich wie ihre Besitzer, werden von denen aber ungeschmälert geliebt, und, wie es die Liebe verlangt, sorgsam gepflegt. Ein guter Koffer ist eben mehr als ein Accessoire. Die Größe des Bodens entspricht der Größe eines gefalteten Hemds, eines Pullovers oder eines Blousons. Unterwäsche, Socken und Necessaire finden noch Platz, notfalls sogar eine zweite Hose und ein zweites Paar Schuhe. Da können Autobesitzer nur lachen: Sie donnern drei, vier oder noch mehr Koffer in den Gepäckraum, und wenn es die Lebensgefährtin wünscht, wird sogar ein zweiter Föhn mitgenommen, der erste könnte ja seinen Geist aufgeben.

Nur ein einziges Mal wurden unsere beiden Begleiter despektierlich behandelt: Es geschah im Athener Hilton, wo wir im Voraus zahlen sollten, da wir über kein angemessenes Reisegepäck verfügen. Doch ehe wir zahlten, bemerkte ich, dass dieses Hotel auf einer veritablen Verkehrsinsel liegt, und wir, die wir keine Freunde von Ohropax sind, verzichteten dankend auf diese verkehrsgünstige Lage. Wirklich deklassiert erschienen uns Vollmilch und Bitter einmal in Italien. Wir warteten am Abfertigungsschalter des Flughafens Marco Polo, in der Schlange neben uns stand ein würdiger älterer Herr, Luchino Visconti. Während wir mit sanften Fußtritten Vollmilch und Bitter vorwärts schoben, hielt sich Visconti an einem Gepäckwagen fest, auf dem nicht weniger als fünf mächtige Koffer lagen, und das Leder jedes dieser Koffer war mit seinen Initialen bedruckt, LV, goldgelb. Das ist Reichtum, dachten wir, und blickten auf unsere Zwillinge, *poverini* im Vergleich mit Viscontis Gepäck. Das Gelächter kam ebenso stürmisch wie unerwartet, als wir unserer Freundin Iduna von dieser Begegnung erzählten: Seid ihr noch nie an einem Laden von Louis Vuitton vorbeigekommen? Dort tragen alle Koffer diese Initialen.

Wir repetierten brav *small is beautiful*, zumindest beim Gepäck. Fast zärtlich schmiegen sich Vollmilch und Bitter an, wenn wir im engen Aufzug in den obersten Stock des Pariser Hotels Bonaparte fahren, in einem Aufzug, von dem Jean Cocteau gesagt hätte, er stamme noch aus der Zeit, als es keine Aufzüge gab. Im Zimmer 27 dieses Hotels begrüßt uns jedes Jahr, und mindestens einmal im Jahr besuchen wir Paris, der Schrank mit der offen stehenden, nicht schließbaren Türe. Obwohl das Zimmer nur über ein enges, dunkles Bad verfügt, fühlen wir uns hier wohl: eine Insel der Ruhe im immer noch attraktiven Quartier Latin. Durch das Fenster zum Hof sehen wir die Kathedrale St. Sulpice, durch das Straßenfenster, sofern wir uns auf die Zehen stellen, die Spitze des Eiffelturms. Nur einmal, das Zimmer 27 war trotz unserer Reservierung belegt, ließen wir uns überreden, zum gleichen Preis im Paradezimmer des Hauses zu übernachten: Chambre Napoleon, mit echter Kassettendecke. Als Zugabe durften wir dem nächtlichen Treiben der Bewohner über uns lauschen.

Seit Jahren weiß ich es, es gibt keine Hotels, es gibt nur Zimmer, und so steht auf unserer Hotelliste neben jeder Herberge eine Zimmernummer, wir lassen sie bei jeder Reservierung bestätigen. Beziehen wir ein Hotel, das uns noch unbekannt ist, wechseln wir notfalls die Zimmer. In Locarno, im alten Hotel Belvedere, am Hang unterhalb der Madonna del Sasso und mit einem herrlichen Blick über den See, haben wir das einmal exzessiv durchgespielt. Fünf Nächte nacheinander wechselten wir den Raum, dank unseres leichten Gepäcks keine größere Affäre. Im Zimmer 401 fanden wir die erhoffte Ruhe und als zusätzliche Belohnung eine noch schönere Aussicht. Auf einen Rausschmiss waren wir schon gefasst, doch das Gegenteil trat ein. Signor Franzoni, dessen herrlich altmodischer Palast inzwischen einem noblen Neubau Platz gemacht hat, zeigte Verständnis. Von Zimmer zu Zimmer stiegen wir auch in seiner Achtung. Er muss wohl an Goethe gedacht haben: »Nur Lumpe sind bescheiden!«

Manchmal genügt es, ein Straßenzimmer mit einem Zimmer zum Hof zu tauschen, um glücklich zu sein, doch immer häufiger werden die Höfe von Klimaanlagen und Ablüftungsschächten beschallt. Nachdem wir uns von Leo Kirch getrennt hatten, mussten wir uns auch von unserem New Yorker Hotel Park Lane verabschieden, einer teuren Herberge am Central Park. Hier wohnten wir, wenn wir Filme besichtigten oder für Kunden des Hauses vorführten. Wir fanden eine preiswerte Bleibe in einem katholischen Hospiz, das sich, so kurios können Zufälle sein, Leo House nennt. Hier gibt es keine Klimaanlagen, keine Fernseher und keine Eisboxen. Die Zimmer sind spartanisch eingerichtet, aber mit Bad und einem für Manhattan ungewöhnlichen Luxus: Fenster mit Blick auf einen ruhigen, baumbestandenen Garten, Vogelgezwitscher inklusive. Wer sich nicht fürchtet, von einem der Kruzifixe, die über jedem Bett hängen, erschlagen zu werden, dürfte sich in diesem Hospiz, in der 23. Straße gelegen, wohl fühlen. Wir aber werden dort wohl nie wieder übernachten, haben wir doch bei unserem letzten Besuch ein kleines Buch vergessen, das vermutlich unters Bett gefallen war, ein Büchlein mit schamlos schönen Versen des schwulen farbigen Poeten Assoto Saint.

Einmal versuchten wir uns als Kreuzfahrtreisende zu qualifizieren, und selbst bei diesem Unterfangen begleiteten uns Vollmilch und Bitter. Jutta Hoffmann, eine Reiseleiterin der Cunard, blickte uns verwirrt an, als sie uns beim Abschied mitteilte, für unseren Rückflug nach München könne unser Gepäck nicht rechtzeitig umgeladen werden. Wir zeigten nur auf Vollmilch und Bitter, die wie zwei brave Hunde neben uns saßen. Mein Gott, rief sie ungläubig aus, mehr Gepäck haben Sie nicht, und Sie waren doch immer so adrett angezogen!

Auch das leichteste Gepäck, so hätten wir antworten können, erlaubt noch kein *travelling light*, wenn wir auf einem Kreuzfahrtschiff außer Stewardessen und Stewards keine sympathischen Gesprächspartner finden. Aber vielleicht sind wir etwas überheblich. Wir hätten erzählen können, dass an unserem Tisch der achtzigjährige technische Direktor der IG Farben platziert war mit seiner Frau, einer lebenslustigen Rheinländerin. Der alte Herr, gebildet und erstaunlich gut erhalten, parlierte über Gott und die Welt. Als technischer Direktor dürfte er auch das Tochterunternehmen des Konzerns, die IG Auschwitz, genauer gekannt haben, aber darüber schwieg er sich aus. Er klagte vielmehr über die schwierigen Nachkriegsjahre, für die man aber, weitsichtig genug, einige jüngere Herren präpariert habe, denen man nichts ankreiden konnte. Selbst die Begegnung mit einem jüngeren Ehepaar aus Seattle verlief etwas problematisch: Während uns die Frau zu immer neuen, bunten Cocktails einlud, erklärte uns ihr Mann, was Seattle nicht alles den Firmen Boeing und Microsoft zu verdanken habe. Als er sich am nächsten Abend wiederholte, war unsere Wissbegierde schnell erschöpft.

Sogar der Kontakt mit einem schwulen Paar, ebenfalls Amerikaner, verlief nicht so locker, wie wir zunächst dachten. Sie sahen nicht nur in den eingewanderten Latinos eine soziale Gefahr, sondern bereits in den weißen Jugendlichen, die sich abends auf den Straßen herumtreiben. Ohne Bedenken befürworteten sie eine *curfew,* eine abendliche Ausgangssperre für Jugendliche, die zum Wohle der Bürger, wie sie meinten, in den meisten Großstädten bereits praktiziert würde. Da blieb als gemeinsamer Nenner nur noch die Liebe zu Drambuie on the rocks und vielleicht das Lachen über Dritte, als vom Nebentisch ein Satz herüberwehte, den ich sofort übersetzte: »Nur auf hoher See kann ich meinen Schmuck unbesorgt tragen.«

Aber auch wir bangten gelegentlich um unseren Besitz, zum Beispiel, als sich einmal am Hamburger Hauptbahnhof neugierige Blicke auf Vollmilch und Bitter richteten, und wir etwas nervös wurden: Blicke von Junkies und Obdachlosen, die vermutlich gutmütig waren. Doch gebranntes Kind scheut das Feuer, war uns doch beinahe, und das am Züricher Hauptbahnhof, einer unserer beiden Begleiter abhanden gekommen. Ehe ich also in Hamburg zum Kiosk ging, um für die Reise ein paar Zeitungen zu kaufen, erinnerte ich Martin an den bekannten Trick: Jemand schnappt deinen Koffer und du eilst ihm nach, der Dieb lässt den Koffer fallen, und du glaubst davongekommen zu sein. Der zweite Koffer ist inzwischen auf ewig verschwunden. Und du, entgegnete Martin, auch du solltest dich an etwas erinnern, vielleicht an den Spruch:

Das Glück ist gut und fromm,
gleich teilt es seine Gaben,
den Reichen lässt es Furcht,
den Armen Hoffnung haben.

Wieder in München, sah ich auch hier im Bahnhofsbereich viele Obdachlose, darunter einen, der ›BISS‹ anbot, eine Zeitung der »Bürger in sozialen Schwierigkeiten«. Neben ihm lagen ein Hund und ein Rucksack. Ich dachte an meine Studentenzeit, an jene Zeit, als ich noch glaubte, nur mit einem Rucksack durchs Leben zu kommen: der Rucksack als Symbol eines unabhängigen, sorgenfreien Lebens. Doch schon bald sammelte sich Besitz an, allein mehr Bücher als ein Rucksack fassen kann.

Ich ging auf den Obdachlosen zu, für den der Rucksack wohl eher ein Ausdruck seiner Armut war. Wenn Vollmilch und Bitter reden könnten, dann hätten sie wohl gemault: Du machst es dir leicht, entlastest dein Gewissen mit einem Almosen, mit dem Kauf einer Obdachlosen-Zeitung. Ist das deine Vorstellung von *travelling light*?

Noch einmal mit Gefühl

MR. Mit dem Fahrrad durch Rom? Das ist heute, am Ende des zwanzigsten Jahrhunderts, sicher eine absurde Vorstellung. Vor Jahrzehnten aber war es nicht nur möglich, es war sogar eine sehr spezielle Form des Flanierens. »Man trat«, erzählt uns der Schriftsteller Giorgio Bassani, »auf die Pedale, überlegte sich dabei einen Vers, hielt an, um ihn aufzuschreiben, und fuhr wieder weiter.« In unseren Tagen ist man als Fußgänger schon froh, wenn es in der Via del Corso nicht nur nach Abgasen stinkt; selbst der Qualm der Zigarette, die unser Nebenmann raucht, während er wie wir auf den Bus wartet, ist willkommene Abwechslung.

So war es vor vier Jahren, bei unserem letzten Besuch, und so wird es vermutlich auch jetzt wieder sein, in diesem Dezember 1997. Ich freue mich dennoch auf die Stadt, während ich aus dem Fenster des Flugzeugs schaue, das so traumhaft sanft dahingleitet, als stünde es still. Nur das allmähliche Verebben der Alpen zeigt an, dass wir fliegen. Nein, es wird kein anderes Rom sein, das uns erwartet, aber vielleicht wird unser Blick ein anderer sein: ein Blick des unbeschwerten Wohlgefallens gleichsam, denn wir haben uns aus dem beruflichen Leben verabschiedet. Erstmals seit langer Zeit werden wir ganz allein bestimmen, was wir tun und lassen, wann wir aufstehen und wohin wir gehen. Das muss gefeiert werden, gleich hier, am Himmel. So stoßen wir auf unseren Urlaub an und schaun zur

Erde nieder. Doch da ist jetzt nur noch Watte, der Flug beginnt plötzlich wacklig zu werden, unsanft setzt die Maschine auf, und es regnet.

Während der Fahrt in die Stadt wird der Regen zur Sintflut, das Taxi zum U-Boot, das Hotel zum Hafen, der befrackte Diener, der uns mit einem Schirm entgegeneilt, zum rettenden Lotsen. Mit seiner hohen, weit ausladenden Halle, seinen grasgrün geblümten Polstergarnituren, seinen Kübelpalmen kommt uns das altmodische Hotel wie die Insel der Seligen vor. Im Zimmer, es liegt unterm Dach und erinnert mit seinem Bullaugenfenster eher an eine Schiffskoje, hört der Vergleich dann allerdings auf. Auch ist der Raum, gemessen an der pompösen Lobby, eher karg, doch uns kommt er gemütlich und sogar vertraut vor, obwohl wir ihn nie zuvor betreten haben. Ein guter Freund, der noch mehr reist als wir, hat ihn uns empfohlen. Auch er weiß: es gibt keine Hotels, es gibt nur Zimmer! Hier kann man, es liegt zum Hinterhof, sogar das Fenster öffnen, hier werden wir selbst diese Sintflut überleben. Ich gehe ins Bad und lasse Wasser ein, Hans inspiziert die Technik. Dass es, außer dem obligaten Föhn, im Bad auch ein Telefon gibt, ist uns herzlich gleichgültig. Dass es aber, außer der obligaten Glotze, auch die Möglichkeit gibt, eigene Videos abzuspulen, interessiert uns im Augenblick schon sehr viel mehr, denn auf die Straße werden wir uns vorläufig wohl nicht trauen.

Ich steige erst mal in die Wanne, während Hans entdeckerfreudig wieder runterfährt zur Rezeption, um sich das hauseigene Filmangebot anzuschaun, doch außer der gängigen amerikanischen Ware werden nur Hetero-Hardcore-Pornos angeboten. Immerhin ist die Dame am Desk so nett, Hans die Adresse des nächsten Video-Shops zu nennen. Aber was heißt hier nahe, es regnet immer noch, und mit Schirmen – *lei capisce?* – könne sie zurzeit leider nicht dienen. Also studieren wir den Veranstaltungskalender und lauschen dem Regen, der alles übertönt, auch das allmähliche Erwachen der Stadt aus dem Mittagsschlaf: ein bisschen Kindergeschrei, ein bisschen Küchengeklapper, ein Katzenkonzert aus dem Hinterhof.

Eigentlich wollten wir jetzt ja längst auf dem Weihnachtsmarkt an der Piazza Navona sein und nach einem handbemalten kleinen Gipsengel Ausschau halten und dann vor dem Tre Scalini sitzen und ein Tartuffo-Eis löffeln, eines der besten der Welt. Und was wird bei diesem Wetter aus dem *abacchio al forno*, dem Lammbraten aus dem Ofen, in dem kleinen, garantiert touristenfreien Restaurant hinter dem Campo de fiori, auf das wir uns schon den ganzen Tag gefreut haben? Und was wird mit dem Wetter von morgen? Mein alter Freund Thornton Wilder hat wieder mal Recht, sage ich kleinlaut. Hoffnung hat noch nie das morgige Wetter geändert! Unsinn, meint Hans, da halte ich mich lieber an den Spruch von Constanze: Man weiß nie, wozu es gut ist, dass man Pech hat!

Wir schaffen es schließlich, halbwegs trocken auf die andere Straßenseite zu kommen, ein paar Tramezzini und ein *doppio espresso* richten uns auf. Verschämt begreifen wir, wie verwöhnt wir sind – wie kann so ein Regen uns gleich aus dem Gleis werfen, zum nächsten Video-Shop ist es wirklich nicht weit. Hier sind wir erst mal geborgen und, es entbehrt nicht der Komik, wieder beim Film gelandet. Aber, so stellen wir beide fast gleichzeitig fest, schon der junge Mann hinter der Theke hat den Besuch gelohnt. Auf frappante Weise sieht er dem Ranuccio aus Derek Jarmans Film über Caravaggio ähnlich. Sein blondes Haar ist eher noch heller, seine braunen Augen sind eher noch dunkler: Mag ja wohl sein, dass solcherart Schönheit auch wieder ein Klischee ist, doch aufregend ist sie schon, in Italien vor allem, wo sie allen Erwartungen so herausfordernd widerspricht.

Ganz vergessen ist plötzlich, dass wir uns doch eigentlich nach Filmen erkundigen wollten, in denen Rom die Hauptrolle spielt, Fellinis ›La Dolce Vita‹ zum Beispiel oder sein

›Roma‹ oder Ettore Scolas ›Una Giornata Particolare‹; da hätten wir dann, zusätzlich zu dem Kitzel, im real verregneten Rom noch einmal das cineastische Rom zu erleben, auch gleich noch einen Film mit schwuler Thematik. Fast finde ich es selbstverständlich, dass Hans stattdessen nach Jarmans ›Caravaggio‹ fragt, und wir haben sogar doppeltes Glück, es gibt eine Originalfassung. Der junge Mann, der wie Ranuccio aussieht und dem wir noch einen dankbaren Blick schenken, er weiß nicht, was er da angestiftet hat.

Die Hände hinter dem Kopf verschränkt, liegen wir auf dem Bett und schaun uns den Film an. Das Bild ist nicht das beste, zu dunkel und ein wenig schwammig, es sieht nach einer Klatschkopie aus. Was sagt die alte Amme gerade? Ich höre nur mit halbem Ohr zu, Hans hat angefangen, sich auszuziehen. Wieso eigentlich? So warm ist es nun auch wieder nicht bei diesem Regen, außerdem wollen wir doch noch essen gehen, jedenfalls haben wir für neun Uhr ein Taxi bestellt. »The stars are the diamonds of the poor«, hat die Alte gesagt: Die Sterne sind das Geschmeide der Armen. Hört sich poetisch an, wie überhaupt die Sprache des Films manchmal mehr gefangen nimmt als die Bilder, die gelegentlich posenhaft wirken, nachgestellte Gemälde eben, ein wenig überdeutlich. Das Schöne an so einer Kassette: Wir können vor- und wieder zurückfahren. So kommt das Sehen von Filmen dem Lesen von Büchern gleich. Was zum Beispiel steht auf dem Messer, das sich der junge Caravaggio durch die Zähne zieht, sehr zum genüsslichen Entsetzen seines Gönners, des Kardinals Del Monte? *No hope, no fear!* Das missfällt dem Kardinal, der unübersehbar in seinen aufsässigen Schützling verliebt ist.

Später, er ist sehr viel älter inzwischen, ist auch Caravaggio selber verliebt. Ranuccio, ein Typ von der Straße, eine Papiermütze keck auf dem Kopf, hat es ihm angetan. Und was steht auf der Papiermütze, die gefaltet ist aus der kommunistischen Parteizeitung des heutigen Italiens? UNITA steht da, doch aus der Vereinigung der beiden Männer wird vorläufig nichts, und schon gar nicht lässt sich Ranuccio von seinem verliebten Maler in der Öffentlichkeit küssen. Es kommt zum Zweikampf, beinahe wird Caravaggio von einem Messerstich tödlich getroffen, aber es sieht so aus, als würde er die Verletzung genießen. Wir halten das Bild an, lassen die Sequenz zurücklaufen. Eine merkwürdige Stimmung befällt uns: Die Spannung, die vom Film ausgeht, sie überträgt sich auf uns. Wir arretieren das Bild erneut und schaun auf Ranuccio. Ich lege meine Hand auf die Brust von Hans, er dreht mir sein Gesicht zu, wir liegen Mund an Mund.

Die Musik des Regens übertönt das Geräusch des Fernsehers. Das stehende Bild zittert ein wenig. Es dauert, bis wir es wieder in Bewegung setzen. Im Gedächtnis bleibt uns am Ende vor allem ein Satz: *How can you compare flesh and blood with oil and ground pigment?* Ja, wie kann man bloß Fleisch und Blut mit Öl und Grundierfarben vergleichen? Aber Lust, so jedenfalls verstehen wir Jarman, ist zuletzt doch beides: Die gemalte wie auch die körperliche Liebe, Kunst und Leben, im Glücksfall berühren sie sich. Und jetzt wissen wir auch, was wir tun werden morgen und vielleicht sogar übermorgen, wenn es weiter so regnet.

Die schmale, reich illustrierte Caravaggio-Monografie, die wir anderntags am Zeitungskiosk kaufen – in Italien hat es Tradition, derart die heimischen Künstler unters Volk zu bringen –, nennt uns zahlreiche Anlaufstellen, Kirchen sowohl wie Museen. Nur die Galleria Borghese, so belehrt uns der freundliche Verkäufer, sei zurzeit wegen Umbaus geschlossen, da müssten wir uns schon in einen Ministeriumsbau nach Trastevere bemühen. So heben wir uns einige der berühmtesten Bilder Caravaggios, das frühe Selbstporträt als kranker Bacchus und das späte, auf dem sich der Maler im abgeschlagenen Haupt des Goliath verewigt hat, für später auf. Vergeblich auf ein Taxi hoffend, zwängen wir uns in einen vorbeikommenden Bus, klar, dass der Gedanke an Taschendiebe nicht weit ist. Doch seiner drangvollen Enge und seiner dampfenden Menschenleiber zum Trotz erweist sich das Gefährt als Hort bester bürgerlicher Sitten. Ständig ist ein freundlich singendes *permesso?* zu hören, gefolgt von einem artigen *lei scende?* – Steigen Sie aus?

Dann unser erstes Bild, eine wunderbare Unverschämtheit: San Giovannino, gemalt um 1600, ein blutjunger Johannes der Täufer, total nackt, uns einladend anlächelnd, in verliebter Umarmung mit einem Widder, der ihm beinahe die linke Backe küsst. Das Modell, sowohl Kopf wie Körper verraten es, ist möglicherweise dasselbe, das dem Maler auch als Vorbild für seinen berühmten Amor Vittorioso diente: jenes Bild, auf dem die irdische, die körperliche Liebe, in Gestalt eines lachenden Knaben, der lustvoll auf Noten, Büchern und Musikinstrumenten herumtrampelt, über Kunst und Wissenschaft triumphiert. Wir freuen uns, unsere unfromme Wallfahrt im Kapitolinischen Museum begonnen zu haben. Wie kann ein Heiliger bloß so sündhaft aussehen? Allein schon sein lang gestrecktes rechtes Bein, das provozierend den Bildvordergrund beherrscht, ist die reinste Anmache.

Hehren Wunschvorstellungen nackte Wirklichkeit entgegenzusetzen, bleibt wohl immer eine Herausforderung. Wenig später, in der Kirche San Agostino, wird es uns klar. Dort, in einer Seitenkapelle, hängt die Madonna dei Pellegrini von 1604. Die Milde, mit der Mutter und Kind auf die Pilger schaun, die andachtsvoll knien, lässt uns kühl, begeistert hingegen sind wir von der fast naturalistisch vorgeführten Armut und Demut des bäurischen Pilgerpaares bis hin zu den nackten schmutzigen Füßen. Was aber wird hier als buntes Souvenir an die Besucher verkauft? Ein Bild, auf dem allein die Madonna und der Jesusknabe zu sehen sind, der raue Rest ist ausgeblendet, der Einbruch der Wirklichkeit findet nicht statt.

Langsam tun uns vom vielen Stehen die Beine weh, aber dagegen gibt es ein probates Mittel: In Italien ist das nächste

Schuhgeschäft nie weit. Manchmal ist es eben wunderbar, auf großem Fuß zu leben. Das Erstaunlichste aber: Hier ist man tatsächlich immer noch eher auf Abweichungen vom Mittelmaß eingestellt als bei uns. *Senza scatola, prego*, sagt Hans, als der Verkäufer dann die Schuhe einpackt, ohne Schachtel, bitte, damit sie nicht noch größer wirken, wenn sie in der edlen Tüte an meiner Hand baumeln, während wir uns rasch an einer Häuserwand entlangdrücken, auf Jagd nach dem nächsten Caravaggio. Bald steht sie neben mir, die edle Tüte, auf dem Steinfußboden der Kirche San Luigi dei Francesi, und fasziniert schaun wir auf das Bild, das die Berufung des Evangelisten Matthäus zeigt. Auch hier wieder: nackte, schmutzige Füße. Neben uns unser teures Schuhwerk, vor uns die bloßen Füße eines Mannes, der so gar nichts Erhabenes hat, beinahe den Schemel umschmeißt, auf dem er kniet, und fast erschrocken auf den Engel blickt, der ihm mit belehrendem Zeigefinger etwas zu diktieren scheint.

Kein Wunder, dass Caravaggio seinerzeit als Ketzer galt, kein Wunder, dass er, nicht nur von seinem Kollegen und Konkurrenten Baglione, der künstlerischen Häresie bezichtigt wurde. Aber erst am nächsten Tag, in Trastevere, vor den ausgelagerten Bildern der Galleria Borghese, verstehen wir seine Sprengkraft ganz. Das Selbstbildnis des kranken Bacchus mit seinem elegischen Blick und den fast giftig wirkenden grüngelben Gesichtszügen, im Alter von 22 Jahren gemalt, passt in keinen kirchlichen Kanon mehr. Das Bild des David mit dem Haupt des Goliath, 16 Jahre später entstanden, tut es noch weniger: Der fast begehrende Blick Davids, der auf den Kopf des Goliath mit den brechenden Augen fällt, es ist nicht der Blick eines Siegers. Lange vor Francis Bacon öffnet uns hier ein Maler die Augen dafür, wie eng Lust und Schrecken benachbart sind.

Mitten in der Nacht werde ich wach. Der Himmel ist merkwürdig hell, der Regen hat aufgehört. Rom scheint plötzlich auf einem anderen Planeten zu liegen, so still habe ich die Stadt noch nie erlebt. Ich schaue auf Hans, der neben mir liegt, auf dem Rücken, bewegungslos, lautlos, nur ein gelegentliches Beben der Nasenflügel zeigt an, dass er atmet. Immer noch schlafen wir zusammen in einem Raum, es wäre, zu Hause wenigstens, nicht nötig, aber es würde uns fehlen. Ich habe Lust, mich anzuziehen, auf die nächtliche Straße zu laufen. Ich habe keine Lust, alleine zu laufen. So geht das jetzt seit Jahrzehnten. Wollen wir wirklich einmal allein sein, bleiben wohl nur die Bücher. Ich schalte die Nachttischlampe an und greife nach meinem Tennessee Williams. Eine Schnapsidee natürlich, zu glauben, ›Mrs. Stones römischer Frühling‹ würde meinen Blick auf die Stadt verändern. Das Buch lehrt mich eher, dass uns die Lust auf die Lust nie verlässt, so alt wir auch werden. Ist es am Ende diese Lust an der Lust, die Lust zu atmen, die Lust sich aufzuregen, die Lust zum Widerspruch wie zur Umarmung, die uns am Leben erhält? Bevor ich ins Grübeln gerate, schlafe ich wieder ein.

Hans weckt mich. Es regnet ja nicht mehr, sagt er, fast empört. Ja, sage ich, wir werden einen Touri-Tag einlegen, die Luxusläden der Via Condotti plündern und den Vormittag mit einer heißen Schokolade im Café Greco krönen! Beim Frühstück, auch hier huldigt man inzwischen der Sitte des Buffets, kommt Weißt-du-noch-Stimmung auf: wie du einmal einen Straßensänger gebeten hast, statt der ewigen Belcanto-Schnulzen das Partisanen-Lied ›Bella Ciao‹ zu singen; wie ich den Kanaldeckel-Spruch »Senatus Populusque Romanus« mit dem Pennälerscherz »Sono Porchi Questi Romani« übersetzte; wie der Papagei in der Kantine von Tecno Stampa uns beim Verlassen des Lokals stets aufgeregt sein *Signor ha pagato? Signor ha pagato?* hinterherschrie. Das junge deutsche Paar am Frühstückstisch neben uns hat Probleme, er möchte zur Fontana di Trevi, sie zur Engelsbrücke, auf das Kolosseum einigen sie sich, und alles finden sie geil, echt geil. Wir fragen uns, wo bei so viel Geilheit noch die Lust bleibt.

Natürlich haben wir die Via Condotti nicht geplündert. Wir hätten, jenseits der Preise, wohl nur wenig gefunden, was nicht auch in Münchens Maximilianstraße zu sehen wäre. *One world*, wie schauerlich wahr! So haben wir auch das Greco gemieden, es war mittags um zwölf schon fest in deutscher beziehungsweise amerikanischer beziehungsweise japanischer Hand. Wir setzen uns, der Himmel ist wolkenlos, das Thermometer steigt ständig, vor das Restaurant, das oberhalb der Piazza del Popolo im Park der Villa Borghese liegt. Wir haben Glück, noch einen Platz zu bekommen. Viele huldigen der milden Dezembersonne, Pelzmäntel verwandeln sich in Kuscheldecken, lässig über Plastiksessel geworfen. Kinder verlangen Eis statt heißer Schokolade, wir ordern *due spremute di pompelmo*, frisch gepressten Grapefruitsaft.

Die elegante junge Mutter uns gegenüber in ihrem Missoni-Mantel mit passender Strickmütze, mit pantherhaft weichen Bewegungen, aber dürr wie ein Model, ist von so viel Sinn für Gesundheit sehr beeindruckt und versucht prompt, das Kind an ihrer Seite auch zu einem solchen Getränk zu verführen. Doch das Kind, Dodo genannt, schaut mit Abscheu auf die gelbe Flüssigkeit in unseren Gläsern und verlangt herrisch nach einer Cola. Es ist acht Jahre vielleicht, in seinen großen goldgrünen Augen spiegelt sich die Sonne, die schlanke lange Nase steht wie ein Ausrufezeichen über den trotzig gekräuselten Lippen, die angriffslustig nach der Hand der Mutter schnappen, die einen Schlag markiert. Ob das Kind ein Junge ist oder ein Mädchen, wer weiß. Sein Kostüm, eine Mischung aus Russenkittel und Matrosenanzug, wirkt wie eine mutwillige Verkleidung, das rotblonde Haar, das locker über die Schultern fällt, macht seine Erscheinung noch rätselhafter.

Als die Mutter den Wunsch nach einer Cola mit einem verneinenden Kopfschütteln quittiert, fängt das Kind schrill zu schreien an. *Terrorista*, ruft die Mutter, *terrorista!* Doch das nützt nichts, und so fügt sie rasch hinzu: *Allora, ancora una volta! Con sentimento!* – Also dann, noch einmal! Mit Gefühl! Jäh hört das Kind zu schreien auf, streckt seine Zunge heraus, lacht und wirft sich der Mutter in den Schoß. Beruhigend fährt die Mutter dem Kind durchs Haar, dann wendet sie sich, mit dem Lächeln des Siegers, uns zu. *Che bella giornata*, sagt sie. *Si, signora,* sagt Hans, *che bella giornata!* – Welch ein wunderschöner Tag!

Älter werden nur die andern

HS. Irgendwann musste es passieren, unvermeidlich. Dicht umdrängt stand ich in der U-Bahn, sah mir die Fahrgäste an, ließ meine Blicke wandern. Die Frauen, ob sie nun saßen oder standen, wirkten locker, oft selbstvergessen. Die Männer aber, in ihrer Mehrzahl, standen vor ihrer Seele Wache, ihre Gesichter verrieten die Anstrengung. Die nächste Station, auch hier kam niemand herein, den ich abends im Park um Feuer gebeten hätte. Aber dicht vor mir, ich hatte ihn bisher übersehen, saß jemand, der mir gefiel, ein junger Türke vermutlich. Ich sah ihn an, er blickte zurück, lächelte und nickte mit dem Kopf. Und dann der Schock: Er stand auf und bot mir seinen Platz an. Mit einer Geste, die sicher übertrieben war, winkte ich ab. Er setzte sich wieder, wir lächelten uns noch einmal zu, dann sah ich über seinen Kopf hinweg und war froh, an der nächsten Station aussteigen zu können. Verdammte türkische Höflichkeit, dachte ich. Und ich glaubte schon, aber wer glaubt das nicht: Älter werden nur die andern.

Länger als üblich sah ich abends in den Spiegel unseres Badezimmers. Ich konnte es nicht leugnen: Der Alterungsprozess schritt fort, die Haut war inzwischen das, was eine Kosmetikberaterin »Reif und strapaziert« nennen würde, ganz zu schweigen von meinem immer kahler werdenden Schädel. Mit dreißig entdeckte ich den Ansatz von Geheimratsecken, doch damals grassierte noch nicht der Jugendkult, mit fünfzig bemerkte ich, wie die Haut an Spannkraft verlor und griff zur Nivea, um die sechzig befiel mich die Angst, meine Muskeln könnten abschlaffen. Ich verschrieb mir eine Diät und Schwimmen, möglichst dreimal in der Woche. Immer häufiger blieb ich vor Spiegeln stehen, die Eitelkeit nahm mit dem Alter zu. Selbst Hetero-Männer durften, sollten eitel sein, die Kosmetikindustrie verlangte es geradezu. Ich kam mir eher schuldig vor, nicht genug Salben und Wässerchen zu kaufen.

Nichts Neues unter dem Mond, schrieb doch einer unserer Klassiker die schöne Geschichte ›Der Mann von fünfzig Jahren‹: »Der alte Reitknecht zog den Major nach alter Art und Weise eilig aus; aber nun trat der neue Reitknecht hervor und ließ ihn merken, dass die eigentliche Zeit, Verjüngungs- und Verschönerungsmittel anzubringen, die Nacht sei, damit in einem ruhigen Schlaf die Wirkung desto sicherer vor sich gehe. Der Major musste sich also gefallen lassen, dass sein Haupt gesalbt, sein Gesicht bestrichen, seine Augenbrauen bepinselt und seine Lippen betupft wurden. Außerdem wurden noch verschiedene Zeremonien erfordert; sogar sollte die Nachtmütze nicht unmittelbar aufgesetzt, sondern vorher ein Netz, wo nicht gar eine feine lederne Mütze überzogen werden.« Nachzuschlagen bei Johann Wolfgang Goethe, ›Wilhelm Meisters Wanderjahre‹. Nicht ohne Neid denke ich an unseren Freund Knut Koch, der noch mit fünfzig Jahren als Callboy gefragt war, der schon als junger Schauspieler lernte, Körper und Körpersprache zu kultivieren.

Was aber nutzt die beste Kosmetik, wenn das Selbstbewusstsein flattert? Ich erinnere mich an eine Lesung in München, bei der ich nicht die allerbeste Figur abgab. Wir zitierten aus unseren schwulen Anthologien, und Georg Uecker, die Rampensau, wie er sich selber gerne nennt, moderierte und provozierte: Nun sagt doch endlich, wie alt ihr seid, rief er uns zu. Ich wollte schon witzig werden, meinen weiblichen Anteil herauskehren, Frauen und Schwule fragt man nicht nach dem

Alter, spürte aber noch rechtzeitig, ich würde die falschen Lacher bekommen, und sagte etwas schlichter: Wir leben über vierzig Jahre zusammen, und da wir uns nicht im Sandkasten kennen gelernt haben, kann sich jeder ausrechnen, wie alt wir sind. Vielleicht sollte ich es wie Helena Rubinstein halten. Ihr sagt man nach, sie habe sich immer um etliche Jahre älter gemacht, um dann Komplimente für ihre Jugendlichkeit zu kassieren.

Über das Älterwerden lässt sich wohl leichter und lockerer reden, wenn einem das Glück zufällt, mit einem Partner alt zu werden. Einzelgänger stehen nicht selten in der Wüste. 1994 schrieb ich über die Perspektiven älterer Schwuler einen Bericht für das Magazin ›magnus‹. Den meisten, das war jedenfalls mein Eindruck, fehlt der Antrieb, in einer Gruppe Geselligkeit zu suchen, sei es in einer kulturellen Vereinigung oder in einer sozialen, wie Aids-Hilfe, Amnesty International, Greenpeace oder Refugio.

Mit etwas Fantasie ist aber auch der Einzelgänger nicht ganz verloren, wie mir die Antwort eines Berliners, eines gut betuchten allerdings, verriet: »Seit fast fünfzehn Jahren arbeite ich in Berlin als Synchronautor. Fast nur noch Scheiß-Serien, aber gute Bezahlung. Bisher war ich der *lonely rider*, fühlte mich aber sehr wohl in meiner Haut. Erst in letzter Zeit fehlt mir ein Partner, vielleicht liegt es am Alter, werde nächstes Jahr schon zweiundsechzig. So fahre ich denn eine neue Tour: Ein- oder zweimal in der Woche gehe ich in einen schwulen Laden, suche mir einen netten Typen aus, lade ihn ein zum Abendessen, wozu habe ich denn mein Geld. Du hast die Wahl, sage ich, zwischen italienisch, chinesisch oder türkisch, in zwei Stunden kannst du wieder auf deinem Barhocker sitzen. Das tun die meisten dann auch, aber zweimal wollte mich einer wieder sehen, und der zweite, zwanzig Jahre jünger, verliebte sich sogar in mich. Noch weiß ich nicht, was ich machen soll. Meine Freiheit aufgeben, meine schöne Freiheit? Und dann der Altersunterschied. Das wär's. Wenn du was schreibst, dann nenn mich Mischa oder Manfred, aber nicht meinen wirklichen Namen.«

Wieder fahre ich mit der U-Bahn, allein. Diesmal ist mein Ziel eine Sauna. Mir gegenüber sitzen zwei Russinnen, geschwätzig, kaum älter als zwanzig Jahre, schwarzer, geschlitzter Rock, schwarze, gestraffte Bluse, korallenrote Lippen zur blassen, fast kalkweißen Haut. Am Ausgang ein Rollstuhlfahrer, vermutlich um die fünfzig, den Kopf zur Seite gebogen, um den Hals ein Handy, an der Hand ein Ehering, auch ein Ring mit Siegel. Der teure Gabardine-Anzug wirkt bieder, der Rollstuhl luxuriös, wie ich noch keinen gesehen habe, Scheinwerfer seitlich, sogar ein Rücklicht. Die Fahrgäste halten Abstand, Respekt oder Befangenheit, vielleicht beides. Ich blicke ihn an, er blickt zurück, ich merke, es ist für ihn ungewohnt, dass ihm in der U-Bahn jemand ins Gesicht sieht.

Meine Station ist die nächste. Noch immer gehe ich gerne in eine schwule Sauna, auch wenn ich gelegentlich der Alterspräsident bin, Saunen ersparen umständliches Anschleichen, Wortgeklingel. Der Voyeur kommt ebenso auf seine Kosten wie der Exhibitionist, nur darf ich nicht vergessen, was ich in dieses Spiel einbringe, welchen Körper ich präsentiere. Schon im Umkleideraum stehe ich auf dem Laufsteg, werde ich eingeschätzt, muss ich das Handtuch so schlingen, dass mein Hüftspeck, nicht gerade üppig, aber doch erkennbar, überspielt wird. Die Haare, nicht gerade zahlreich, sollten locker liegen.

Unter der Dusche dann volles Licht, die Handtücher hängen am Haken. Ich recke und dehne mich unter dem Strahl, blicke weg und blicke doch auf die Nachbarn wie jeder hier, suche das schöne Gesicht zum schönen Körper. Nicht immer kommen sie zusammen. Ich sage mir auf: Den Jungen schenkt Gott das gute Aussehen im Schlaf, was sie dann daraus machen, wie sie mit vierzig oder fünfzig daherkommen, das steht noch dahin. Hier aber steht das Heute. Auch ich seife mich ein, der übliche Seifenspender, flüssige Seife, vorbei die Zeit mit den Seifenstücken, das Spiel mit der glitschigen, gleitenden Seife.

Der Dampfraum dampft wie immer im Zwielicht, nur ein paar Schritte und schon stehe ich im Halbdunkel, spüre Körper neben mir, hinter mir, sehe nur sich bewegende Schatten. Einer kommt auf mich zu, berührt meine Brust, greift tiefer und zeigt sich enttäuscht, dass nicht alles auf Knopfdruck funktioniert. Wenig später gehe ich auf einen der Schatten zu, der aber entweicht mir. Ich versuche, gelassen zu sein, stelle mich in eine der Ecken und wünsche mir mit Detlev Meyer, dass im Dampfbad ein Engel nach mir greift.

Der Engel hat heute wohl Ruhetag, und so mache ich mich auf den Weg durch die Korridore der Sauna, durch Zwielicht und Halbdunkel, doch keiner kommt mir nach. So greife ich schließlich zu einem alten Trick, postiere mich neben einem verdunkelten Fenster, wo das Licht mir gnädig ist, und gebe vor, auf niemanden zu warten. Ich stelle mich auf die Ballen meiner Füße, wirke noch etwas größer und demonstriere Selbstbewusstsein. Wer etwas von mir will, soll, bitte, zu mir kommen. Auch diese Pose verlangt Geduld, zumindest in meinem Alter. Endlich kommt jemand näher, auch er berührt zuerst meine Brust, erwartet aber keinen Tieffliegerangriff. Unsere Hände begegnen sich, greifen nach den Schultern des andern und suchen dann langsam ihren Weg. Bald spüre ich schon, was er mag, auf sanfte Art unsanft, dieses Spiel liebt er.

Nicht länger der Größte, der Erste sein zu wollen, irgendwann sollte mich diese Altersweisheit erleuchten. Martin und ich sitzen am Münchner Odeonsplatz in der Sonne, räkeln uns auf den Stühlen – früher gab es hier bequeme Sessel – und warten ungeduldig auf den schnuckeligen, aber müden Kellner. Als ob es auf fünf Minuten früher oder später ankommen würde. Martin sieht mich schweigend, aber strafend an: Den Leistungsdruck verinnerlichen und dann noch an Dritte weitergeben, *shame on you*. Ich gebe zu, es fällt mir nicht leicht, älter zu werden. Und da ich es sage, hört es sich sogar kokett an. Endlich kommt der Kellner, hübsch, aber verkniffener Mund. Nein, kein Kaffee, zwei Orangensaft, bitte, frisch gepresst. Ab fünf Uhr nachmittags trinken wir keinen Kaffee mehr, kleiner Tribut an das Alter, Schonkaffee kann uns gestohlen bleiben.

Die Sonne neigt sich zum Horizont, steht hinter der Theatinerkirche, deren barocker, ockerfarbiger Bau noch im Gegenlicht fasziniert – das Innere der Kirche hält leider nicht, was das Äußere verspricht. Den Passanten, die hier flanieren oder in die U-Bahn stürmen, wollen wir auch nicht ins Innere sehen, wir beobachten ihre Bewegungen, ihre Körper, ihre Kleidung. Wir freuen uns, wenn unser neugieriger Blick für Sekunden erwidert wird. Nichts Schöneres für uns, als Menschen zu beobachten. Ein Song von Barbra Streisand geht mir durch den Kopf: *People who need people are the luckiest people of the world.* Mir wird bewusst, wie privilegiert wir sind: In der Sonne zu sitzen, ohne körperliche Schäden, ohne größere materielle Sorgen, das ist im Alter nur wenigen gegeben.

Wie geht es denn deinen alten Schwulen, fragt Martin, und meint das Kapitel, an dem ich gerade schreibe. Nicht sehr gut, antworte ich, bin ich doch wieder die Hauptfigur, und die sucht noch immer sexuelle Abenteuer. Die hohe Kunst des Striptease, ich hätte sie wohl leichter in frühen Jahren gelernt. Und was schreibst du über uns, über das, was wir heute so miteinander treiben? Nun, dass uns Zärtlichkeit wichtiger ist als Sex. Und, sagt Martin, war das nicht immer so?

Messerwerfer sind wir alle

MR. Rote Sofas sieht man besser, sagt der Mann, der die Sendung macht. Es soll einladend klingen, so verlockend wie nur irgend möglich, es soll unsrer Eitelkeit schmeicheln. Der Mann, der die Sendung macht und auch selber moderiert, ist ein absoluter Profi mit vieldutzendfacher Erfahrung und weiß, was seine Gäste gerne hören. Das ›Nachtcafé‹ des Wieland Backes ist vielleicht nicht die quotenträchtigste Talkshow des öffentlich-rechtlichen Fernsehens in unserem Land, aber sie zählt sicher zu den sympathischen. Das liegt nicht nur am lockeren Ambiente der Sendung, die aus einem fast intimen kleinen Saal des Schlösschens Favorite bei Stuttgart kommt und schon durch ihren kurzen musikalischen Auftakt die Zuschauer in heitere Erwartungslaune versetzt. Backes bringt es im Glücksfall auch fertig, nicht einfach nur Kopf an Kopf zu reihen und zumindest zu Beginn dem Auge einiges mehr zu bieten als die üblichen *talking heads*. Auch diesmal, wir werden es gleich erleben, ist ihm wieder etwas eingefallen, was die Zuschauer in Neugier und Spannung versetzt.

Aber das alles ändert nichts daran, dass wir uns im Augenblick betrogen fühlen und so wütend sind, dass wir uns am liebsten auf dem Absatz umdrehen und abhauen möchten. Das Sofa nämlich, auf dem wir für die Sendung ›Zusammen leben, zusammen arbeiten‹ Platz nehmen sollen, ist keineswegs in die übrige Gesprächsrunde integriert, sondern steht unübersehbar abseits. Dies, wie man uns gern suggerieren möchte, als Auszeichnung und Ehrenplatz zu empfinden, ist einfach eine Zumutung, und so bleibt uns nur der einzig mögliche Schluss: Immer noch und immer wieder sind wir als Schwule Außenseiter, selbst in einer Sendung, die mit dezidiert emanzipatorischem Anspruch auftritt. Es nutzt wenig, dass Backes uns schmeichlerisch versichert, er fürchte bloß unsere Eloquenz, die er doch schon, und das im Duett, am Telefon erlebt habe. Erst als er verspricht, unsere jüngsten Publikationen, zwei Anthologien mit schwuler Poesie und Prosa, groß ins Bild zu bringen, werden wir sanfter gestimmt, auch möchten wir nicht grundsätzlich an seiner Moderatoren-Fairness zweifeln.

So nehmen wir zuletzt auf dem roten Sofa Platz, selbst wenn unser Unbehagen keineswegs völlig ausgeräumt ist. Wir wissen, dass wir keine Helden darstellen sollen, noch weniger aber haben wir Lust, uns als Opfer zu präsentieren. Wir verstehen uns als ganz gewöhnliche Homosexuelle, und genau dazu möchten wir etwas sagen. Dass dies so selbstverständlich immer noch nicht ist, wissen wir sehr wohl. Ziemlich genau wissen wir es, seitdem wir 1984/85 bei Hanne Hiobs bundesweiter Tournee ›O Deutschland, bleiche Mutter‹ mitgemacht haben. Im Programm der unendlich engagierten Schauspielerin und Brecht-Tochter, die damals zum 40. Jahrestag der Befreiung vom Hitlerfaschismus durch Deutschland zog, um mahnend an die Erfahrungen verfolgter Minderheiten zu erinnern, hatten wir den Part übernommen, einen kritischen Blick auf die Geschichte der Schwulen in unserem Land zu werfen. Da ging es oft gar nicht anders, als von Opfern und Helden zu sprechen, von Opfern als Helden, von jenen nämlich, die weder ihre Überzeugung noch ihre Natur verleugnet haben.

Dass ein solches Gedenken heute, rund fünfzehn Jahre später, nur noch ein Blick zurück wäre, lässt sich leider nicht behaupten. Erst am 10. März 1994 ist der unselige Paragraf 175 endgültig gestrichen worden, fast hundert Jahre nach Magnus

Hirschfelds mutiger Petition. Dass die Aufhebung eines Paragrafen aber noch lange nicht die Bejahung einer Lebensweise bedeutet, haben wir es nicht gerade erlebt? Solche Gedanken jedenfalls gehen uns durch den Kopf, während wir im Saal des Schlösschens Favorite auf unserem roten Sofa sitzen. Hanne Hiobs Botschaft in Sachen Aufklärung und Toleranz, die uns Mitte der achtziger Jahre nicht nur in große Städte brachte, sondern auch in die Provinz, ins schwäbische Günzburg etwa, hat uns so mancherlei gelehrt. Da wandte sich beispielsweise nach der Vorstellung ein hübscher, doch hinkender junger Mann an uns, der sich als Dachdeckerlehrling vorstellte und uns zugleich den Grund seines Hinkens verriet. Seine ach so lustigen Kollegen hatten ihm, als er ihnen an einem weinseligen Abend sein Schwulsein offenbarte, tags darauf die Leiter angesägt. Kommt so was im Jahr 2000 nicht mehr vor? Oder sind wir in Wahrheit, aller knalligen und karnevalesken Christopher-Street-Day-Demos zum Trotz, doch bloß die Clowns der Konsumgesellschaft? Schwule Dachdeckergesellen und Bäckerlehrlinge, in der Provinz jedenfalls, sehen ihr Leben wahrscheinlich auch heute noch nicht so locker wie ihre Schwestern und Brüder in den Metropolen.

Während uns derlei durch den Kopf geht, verfolgen wir via Monitor, wie draußen vor der Tür Fritz Brumbach seine hübsche zierliche Frau Helga, beide sind prächtig in Rot und Gold gewandet, zielsicher mit Messern bewirft. Im Gespräch, das Wieland Backes anschließend mit den beiden Artisten führt, wird auf überraschende Weise deutlich, was zwar keiner ausspricht, was aber wie ein geheimes Motto hinter dem scheinbar lockeren Geplauder steht: Liebe ist Arbeit! Seit 36 Jahren sind die Brumbachs zusammen. Einen ernsthaften Unfall hat es Gott sei Dank nie gegeben. Verletzungen aber, so zeigt sich, sind ein Risiko, das nicht nur den beruflichen Alltag prägt, auch hinter den Kulissen sind beide gleichermaßen verwundbar. Helga Brumbach vor allem spricht locker von ihren Problemen, und sehr gelassen weist sie darauf hin – Backes hat sich eben einen entsprechenden Scherz erlaubt –, dass sie keineswegs nur die Frau fürs Brett und fürs Bett ist. Liebe ist Arbeit! Das gefällt mir, und langsam kehrt meine gute Laune wieder. Sie wächst noch, als das zweite Paar die Szene betritt.

Nicole aus Düsseldorf und Ricardo aus Amsterdam tanzen auf dem taghell ausgeleuchteten Platz vor dem Schloss einen hinreißenden Tango. Beim Tango, erfahren wir später, haben sie sich gefunden, der Tango ist zum Mittelpunkt ihres inzwischen gemeinsamen Lebens geworden. Das war vor Jahren, in Buenos Aires, wo sie jetzt leben, zunächst von den einheimischen Profis eher mit Misstrauen betrachtet, mittlerweile auch von den berühmten Kollegen akzeptiert. Doch Nicole beherrscht nicht nur die Kunst, ihren wechselnden Gefühlen im Tanz unmittelbaren sinnlichen Ausdruck zu geben, sie ist auch von bestechender Eloquenz. Dass Liebe Arbeit ist, sie findet die Worte dafür. Man kann nicht immer alle Rollen haben, sagt sie zum Beispiel über ihr Verhältnis zu Ricardo. Mal bin ich seine Frau, mal seine Freundin, mal seine Geliebte, mal bin ich der Arbeitskollege. Wann bin ich wer? Später, als Backes Hans und mich nach unserer Vorstellung von erotischer Freiheit fragt und wir zu verstehen geben, dass die Begriffe Treue und Solidarität wohl kaum im Unterleib angesiedelt sind, ist Nicole diejenige, bei der wir explizit Zustimmung finden. Sie plädiert für illusionslose Offenheit, denn sonst, so meint sie, kriege man doch eines Tages zu hören: Deinetwegen habe ich das und das nicht ausleben dürfen!

So deutlich wird die Diskussion leider nur selten. Der vorsichtige Moderator hat nämlich nicht nur uns auf Distanz zu seinen übrigen Gästen gebracht, er hat sich in der Person des Psychologen und Eheberaters Dr. Ulrich Beer auch noch einen Mann zur Seite gestellt, der als Vermittler zwischen den verschiedenen Paaren fungiert. Dr. Beer macht das durchaus fachmännisch und nicht ohne Witz. Wenn er davon spricht, dass manchmal die erste Begegnung »im hormonellen Vollrausch« stattfinde, hat er die Lacher natürlich auf seiner Seite. Auch sein Hinweis, die Gefährlichkeit der Ehe stehe der des Autofahrens – und dafür brauche man ja immerhin einen Führerschein – in nichts nach, wird dankbar beklatscht.

Was wirklich ein Paar werden und bleiben will, so soll der Zuschauer schon jetzt resümieren, arrangiert sich beizeiten. Und für die nächsthöhere Stufe solchen unauflöslichen Zusammenseins, das gemeinsame berufliche Ziel nämlich, hat Dr. Beer sogar einen fabelhaften Spruch parat. Saint-Exupéry, der Dichter des ›Kleinen Prinzen‹, wird mit dem folgenden Satz zitiert: »Liebe besteht nicht darin, dass man sich gegenseitig ansieht, sondern dass man gemeinsam auf etwas schaut.«

Das hört sich so gut an, dass mich ein Verdacht beschleicht. Sitzen wir hier vielleicht als Vorzeige-Schwule, die dieses Klassenziel erreicht haben? Ich merke, wie auch Hans unruhig wird. Ironisch erklärt er, dass wir mit der üblichen Rollenverteilung von Mann und Frau keinerlei Probleme haben, da ja im Bedarfsfall jeder jeden Part übernehmen kann. Deutlich erzählt er von dem, was nach bürgerlichen Begriffen Fremdgehn heißt. Als knappe Anekdote erwähnt er auch jene Begegnung mit Juan, der an anderer Stelle ein ganzes Kapitel gewidmet ist. Das gibt mir Gelegenheit, kurz auf die Gefahr des Doppel-Egoismus zu verweisen, die wohl in jeder Partnerschaft schlummert. Wieland Backes, ich muss es anmerken, verhält sich fair und versucht nicht, unsere Statements glatt zu bügeln. Er lässt uns, gegen Schluss, mit umso mehr Gewicht also, auch noch was zur so genannten Homo-Ehe sagen. Versteht sich, dass wir derlei, vielleicht gar noch in hochzeitlicher Verkleidung und mit Kutsche, Kirche und Glockengeläut, schlicht für lachhaft halten. Umso dringlicher aber plädieren wir für eine juristische Gleichstellung, auch vor dem Finanzamt, auch vor den Krankenkassen und Versicherungen. Ich will nicht nur für meinen Partner aufkommen müssen, wenn es ihm schlecht geht –

da hält der Staat ja schon jetzt ganz ungeniert die Hand auf –, ich will auch gleichberechtigt teilhaben an dem, was wir uns gemeinsam erarbeitet haben. Das hier in dieser Sendung klar sagen zu dürfen, ist mir dann sogar die Verbannung auf das rote Sofa wert.

Hinterher, beim gemeinsamen Abendessen, unterhalten wir uns lange mit Nicole. Mit geradezu missionarischem Eifer erzählt sie vom Tango, von seiner Geschichte, seinen Wirkungsmöglichkeiten heute. Erst jetzt wird mir ganz bewusst, wie sehr dieser Tanz eine Kunst ist, die gleichermaßen Kopf und Körper, Gefühl und Verstand in Atem hält. Mit einem Tango kannst du einfach alles ausdrücken, sagt Nicole. Sie ist ganz Leidenschaft. Wenn es ans Messerwerfen ginge, wäre sicherlich sie es, die wirft. Nicht vorstellbar, sie stände stumm und still und lächelnd an der Wand. Später im Hotelzimmer, es ist eine laue Julinacht und wir können nicht schlafen, lassen wir den Abend noch einmal Revue passieren. Hätten wir polemischer werden sollen? Haben wir uns unterbuttern lassen? Die Ausstrahlung der Sendung im September 98 zeigt, dass wir tatsächlich weder Helden noch Opfer sind. Selbst meine Schwester, die hinterher anruft, hat bis auf unser allzu lässiges Outfit kaum etwas an uns auszusetzen.

Sind wir jetzt endlich, was wir doch immer nur sein wollten: zwei ganz gewöhnliche Homosexuelle? Meine Schwester sagt, sie habe sich teilweise sogar amüsiert, über mein erstes Statement zum Beispiel. Was habe ich da gesagt? Ich fand es ganz wunderbar, habe ich zu Wieland Backes gesagt, dass Sie Ihre Sendung eröffnet haben mit den Brumbachs, mit den Messerwerfern. Ich denke, das ist eine ganz, ganz große Metapher für das, was irgendwie jede Zweierbeziehung ist: Sie ist nach wie vor, wie lange man immer zusammen sein mag, ein Messerwerfen, vielleicht nicht gerade im naturalistischen Sinne, aber im Prinzip ist sie immer eins, und man kann nur sehn, wie man damit fertig wird!

PS. Ein letztes Mal lesen wir unsere Texte, bevor sie in Satz gehen. Sie kommen, nicht wahr, manchmal einer Liebeserklärung gleich. Wie anders hätten wir es über vierzig Jahre miteinander aushalten können. Wir wissen aber auch, dass unsere Beziehung schmerzlich endet, dass uns ein dritter Mann trennen wird, vielleicht kein Detlev, Juan oder Thomas, aber gewiss der Tod.

München, 2000